山东省社会科学规划研究项目·重点项目

中国近代学习思想研究

ZHONGGUO JINDAI XUEXI SIXIANG YANJIU

杨全顺　刘春华　胡小林　著

人民出版社

目　录

上编　综述

下 编　传 记

序　言

　　人类是主动学习的动物，学习是人类进步的道路。因此，人类一方面通过学习而追求进步，一方面为了提高学习水平而研究学习本身，从而留下了丰富的学习思想。当这丰富的学习思想成为人类研究的对象，于是，研究学习思想就成为一门学问。可是，仅就国内而言，对学习思想特别是中国历代的学习思想的研究一直属于冷门，专门研究的人不多，研究成果也比较少。并且，这些已有的研究成果多是从教育学、心理学的视角进行研究的产物，而缺乏历史的向度。多年以来，我就期盼着这一领域能有高质量的学术著作出现。基于此，当《中国近代学习思想研究》这部著作的作者杨全顺教授寄来书稿，希望我给这部著作写序的时候，我虽然因为对这个领域不是很熟悉而有瞬间的犹豫，但是，还是很高兴地答应下来，并感谢杨教授对我的信任。给该书写序，对我来说就是难得的学习机会。

　　学术研究，追逐热点，是时下很多学者的学术取向。原因在于，这方面的研究人员多，彼此容易切磋，研究成果容易发表、出版，也容易引起学界的注意。这无可厚非。但是，任何一个学术领域，一旦成为热点、成为学者们竞相追逐的对象，常常就是这个领域逐渐走向成熟甚至走到尽头的时候，要想研究出特别突出的成果，不太可能。相反，潜心研究十分重要而又不是热点的领域，虽然有长期"无人喝彩"甚至"无人问津"的寂寞，却容易研究出具有持久价值的、奠基性的成果。

这也是对研究者的艰苦劳动的"补偿"。再说，真正心无旁骛、一心向学的学者，也是感受不到所谓"寂寞"的。还有，在真正的、纯粹学术的意义上，学术无冷门，任何一个具有重要价值的学术领域，只要有人辛勤耕耘，迟早会成为热门的。杨全顺、胡小林、刘春华等教授长期从事中国历代学习思想这一所谓"冷门"的研究，其献身学术的精神、甘于坐冷板凳的精神，值得我敬佩。他们所奉献出的学术精品《中国近代学习思想研究》，值得学术界为之骄傲。

《中国近代学习思想研究》这部著作是杨全顺、胡小林、刘春华等教授所承担的山东省社会科学规划研究重点项目的最终成果，该书不同于学术界已有的相关成果对于学习思想的教育学、心理学角度的解读，而是从历史学特别是思想史的角度进行解读与研究，试图让中国近代学习思想"回到"其赖以生存与发展的社会历史之中，而不是从"历史"中抽离出来，成为孤立的存在，成为纯粹的理论研究的对象。该书从内容上讲，分为"上编"和"下编"，"上编"以晚清所特有的、千百年来未有之"变局"为政治背景，以中西文化特别是中国传统文化与西方现代文化的碰撞与融合为文化背景，以教育制度、教育内容的改革为社会背景，从总体上论述中国近代的学习思想的形成、发展、内容及其特点；"下编"以传记的形式分别具体论述中国近代史上具有重要的学习思想的学者和政治家的学习思想。这让读者既能看清中国近代学习思想的全貌、脉络，又能看清中国近代史上著名学者和政治家具有时代特色的学习思想，同时，又能让读者感受到这些学者、政治家的成长、奋斗过程在学习的层面上就是其学习以及思考学习的过程，终身学习与思考是其成功的关键。在此意义上，他们关于学习的思考、他们的学习思想就更值得我们关注、学习。

我们知道，中国近代的历史既是中国逐渐沦为半封建、半殖民地的屈辱的历史，也是中国人民英勇抗击外国侵略、书写爱国主义与民族自立的雄伟篇章的历史；既是列强凭借其政治、军事上的暂时的胜利，向中国强行贩卖其文化的历史，也是优秀的中国人奋发图强，睁眼看世界，积极学习西方先进的科学技术乃至西方文化中具有进步的因素的历史。在此政治、经济、科技、思想、文化大变局之下，中国的近代学习思想呈现出与中国古代学习思想有着巨大以致根本不同的特点。从继承的角度看，那是中国学习思想的"重建"；从创新的角度看，那是中国学习思想的"新生"。而无论是"重建"，还是"新生"，都伴随着肯定与否定、继承与创新、发展与变革等艰难而痛苦的抉择，这使得中国的学习思想在近代具有浴火重生的新面貌。

　　从《中国近代学习思想研究》这部著作来看，中国近代学习思想的新面貌的确立需要直面、处理如下问题：随着西方文化的强势进入，以及中国优秀的知识分子对其的主动接纳与宣传，中国固有的传统文化面临着崩塌的危机，中国近代学习思想因此而陷入"重建"与"新生"的时代"旋涡"之中，既要打破以儒学思想为主导的，以儒家经典为学习文本，以诸子学与佛道为补充的，多元并存而又主次分明的和谐共生的形态，又要建立以中西文化尤其是中国古代文化与西方现代文化碰撞、融合为背景，以扬弃传统文化，学习西方科技文化为特征的新形态。在此基础上所确立的中国近代学习思想的新面貌就是：从向西方学习器物技艺之学，到向西方学习制度与文化；从提倡中体西用，到呼吁"中西会通"。简言之，就是以我为主，广泛学习西方先进的科学、文化、思想等，然后立足于中国的实际，为我所用。

　　《中国近代学习思想研究》作为学术界第一部中国近代学习思想研究领域里的高水平著作，其出版不仅对于中国近代学习思想的理论研究具有开创性意义与"拓荒"价值，而且对于我们今天建构新时代的学习思想、建构学习型社会有着一定的指导意义。我们今天所处的世界是个信息化、全球化的世界，是个科学技术日新月异的世界，只有努力学习、勇于创新，同时研究学习、追求高效率学习，我们才有可能走在世界的前列。《中国近代学习思想研究》这部著作对于中国近代学习思想成果的总结，可以在提高我们的学习效率、扩展我们的学习视界等方面给予我们一定的理论指导；也可以在我们研究学习思想、探究未来的学习理念等方面提供借鉴作用，使我们少走弯路。

再次感谢杨全顺教授对我的信任，使我有机会在《中国近代学习思想研究》这部著作正式出版之前就能仔细拜读这部优秀的著作，同时，有机会絮絮叨叨写出以上的文字。

陆建华

2017 年 11 月 12 日写于安徽大学

上编 综述

第 一 章
社会转型——开数千年未有之变局

第一节　中国封建社会解体，开始步入近代化时期

1840—1919年短短80年的历史，波澜壮阔，内容丰富繁杂，是一部剑与火、血与泪、苦难与抗争、屈辱与奋进的交响曲。在这一历史时期里，一方面，外国资本主义势力侵略中国，把一个独立的封建的中国，逐步变成了半殖民地半封建的中国。外国资本主义势力和本国封建主义势力的掠夺、奴役和压榨，给中国人民带来了无穷的灾难，严重阻碍着中国社会生产力的发展。另一方面，面对外来侵略，中国社会各阶级、阶层在不同的历史发展阶段，都以自己力所能及的方式，为维护国家主权、求得民族独立不断奋起而抗争。先进的中国人（林则徐、魏源、康有为、孙中山等人）为摆脱落后挨打的局面，争得社会进步和国家富强而勇于求索、不懈奋斗，使得中国避免了沦为殖民地的厄运，封建制度渐趋瓦解，旧社会母体中孕育了新的生机和希望。

近代史就世界范围来讲，是指资本主义社会与资产阶级统治形成、发展的历史，时间上是从17世纪英国资产阶级革命起到俄国十月社会主义革命为止这段时间。中国没有独立的资本主义社会形态，在鸦片战争以前，中国虽然已经有了资本主义的萌芽，但它没有得到正常的发展，西方侵略者的商品和大炮截断了它的前进道路。

中国近代化是世界现代化的一个组成部分。从历史的角度来透视，现代化作为一个世界性的历史过程，是指人类社会从工业革命以来所经历的一场急剧变革。中国从19世纪中叶即鸦片战争开始，被纳入世界现代化的轨道，缓慢、曲折而艰难地由传统社会向现代化社会迈进。

中国近代化（亦称中国早期现代化或现代化），是指从1840年开始的中国资本主义化。有关近代化内涵的理解，史学界有不同的表述，其中有两种主要观点：一是认为近代化的核心是工业化，从落后的封建社会前进到工业化社会，与资本主义是分不开的。走上资本主义道路，实现近代化，是历史发展的一种趋势；二是认为近代化是人类社会由封建专制统治下的小农经济社会，向近代民主制的大工业社会迈进的历史变革过程。工业化、民主化、革命化，是近代化历史进程的主要内容。尽管说法不一，但用"近代化"或"早期现代化"或现代化等术语来探讨中国近代由传统农业社会向资本主义工业社会转型这一近代化过程，已经逐步成为近年来史学界关注的一个热点。

鸦片战争失败后，如何由传统的农业社会向近代化的工业社会转变，中国面临着两种道路的选择：一是痛定思痛，承认落后，认真学习西方的长处，实现国家的繁荣、富强和近代化；二是苟且偷安，对外妥协，对内实行镇压政策，以维护自己的封建秩序和统治。以林则徐、魏源等人为代表的地主阶级革新派为了挽救民族的危亡，初步提出了向西方学习的主张，但没能引起封建社会最高统治者的重视，使中国近代化的进程被延误了20年之久。

此时，清朝的封建统治者，对外被迫与英、美、法等国签订一系列不平等条约，割让香港给英国，开放广州、福州、厦门、宁波、上海为通商口岸，允许外国人在这些地方传教、办学和行医；对内拒绝变革，实行严密控制和镇压的反动政策，致使国内封建地主阶级与农民阶级的矛盾更加尖锐。这样，终于爆发了一场试图建立空想的社会主义和资本主义混合色彩的太平天国农民运动。太平天国运动不仅在实践上具有反帝反封建的革命意义，而且它提出的方案在中国近代化历程中也有自己的历史价值。从辩证唯物主义的观点来看，西方资本主义列强对封建中国的侵略具有二重性：一是它客观上促使中国封建社会自然经济解体，造成了中国资本主义因素某种程度的发展；二是资本主义列强为了控制中国，不允许中国独立地发展资本主义。

近代中国的发展是错综复杂的。在这个复杂的历史演变过程中，封建王朝腐败与外国资本主义殖民化同步进行，中国人民的革命斗争与近代化的努力相互交替。在资本主义列强的强大压力和中国人民的革命斗争面前，封建统治者为了维护自身的特权，一方面选择了一条紧密地与帝国主义相勾结，以维护自己的反动统治的道路；一方面被迫进行近代化的种种尝试。但是，中国的封建主义与近代化本质上是格格不入的，二者之间存在着尖锐的矛盾，因为实现了近代化，也就意味着封建主义的终结。这是中国的封建主义者所不愿意看到的。因此，清朝末年统治者发动的洋务运动、新政运动两次近代化变革最终走向失败，决不是偶然的。

近代中国社会的主要矛盾是帝国主义与中华民族的矛盾、封建主义与人民大众的矛盾。这个主要矛盾决定了中国近代化与中国人民反帝反封建的革命交织在一起，决定了反帝反封建成为贯穿近代中国的根本主题。反帝反封建的革命与实现近代化相辅相成，推动了中国社会进步的发展趋势。

第二节　中国近代社会经济的新特点

一、自然经济遭破坏

鸦片战争以后，随着外国资本主义的侵入，中国自给自足的自然经济遭到破坏。从1840—1899年的60年间，在中国的外国企业已达933

个。在资本主义经济侵略加剧的情况下，大批农民、手工业者破产、失业。

五口开放后，以英国资本家为代表的西方资本家，掀起了向中国倾销商品的浪潮。1840 年，英国输华货物总值为 52.4 万余英镑，其中棉纱为 8.8 万余英镑，棉布为 23.8 万余英镑；1845 年，英国输华货物总值猛增至 239.4 万余英镑，其中棉纱为 9.9 万余英镑，棉布为 163.5 万余英镑。棉布输入量，5 年就增了将近七倍。这一时期，美国的输华货物总值也有显著上升，在数量上仅次于英国。

当时棉制品的输入以通商五口为基地，向周围城镇乡村大量销售，打击了这些地区的手工纺织业。而且为了摧垮中国的手工纺织业，英美资本家不惜薄利多销，甚至以低于成本 20%—30% 的价格倾销。《共产党宣言》指出，"它（资产阶级——引者注）的商品的低廉价格，是它用来摧毁一切万里长城、征服野蛮人最顽强的仇外心理的重炮"。[①] 这样，外国廉价的棉布、棉纱，充斥东南沿海市场，使中国的城市手工纺织业和农民家庭手工业遭到沉重打击。闽南地区自 1843 年厦门开埠后，由于"民间之买洋布、洋棉者，十室而九。由是江浙之棉布不复畅销，商人多不贩运；而闽产之土布土棉，遂亦因之壅滞，不能出口"。[②] 广州附近的手工纺织业也是"几停其半"。这些情况表明五口及其附近地区，由于外国商品的输入，作为农村主要家庭副业的手工棉纺织业受到破坏。手工棉纺织业不仅是晚期中国封建社会中最重要的手工业，而且也是自给自足的自然经济中的重要成分。它遭到破坏，使小农业和家庭手工业，即耕与织在通商五口及其附近的一些地区从此开始分离。它标志着自给自足的自然经济开始解体，广大农民、手工业者纷纷破产、失业，过着愈益贫困的生活。

---

① 《马克思恩格斯选集》第 1 卷，人民出版社 1972 年版，第 255 页。
② 彭泽益编：《中国近代手工业史资料》第 1 卷，三联书店 1957 年版，第 494 页。

二、城乡商品经济的发展

作为资本主义萌芽的工场手工业也受到了打击，东南地区的经济开始卷入资本主义世界经济旋涡。这也标志着封建自然经济向殖民地半殖民地经济转变的开始。

西方资本主义国家，一面竞相向中国倾销商品，一面加紧掠夺中国的原料和农产品。鸦片战争后，中国的出口贸易仍以茶、丝为主。丝的出口，战前平均每年为1.2万包，1847年达到2.2万余包，1853年增至6.2万余包，为战前的五倍多；茶的出口，战前每年为5000万磅左右，1845年达到8000万磅，1853年以后，超过一亿磅，增加了一倍。上海开埠后，附近地区纷纷养蚕缫丝，产量激增。湘、闽、赣、浙、粤等省广植茶树，种茶业有了发展。上海、广州的茶商还开设茶厂，加工制造适合外国人需要的茶叶。当时中国丝、茶出口的数量、价格和规格均受到外商，尤其是英商的控制和操纵，丝、茶的出口服从资本主义国家的需要，开始纳入世界资本主义市场。同时，丝、茶出口的骤增，促使农产品商品化，促进了城乡商品经济的发展，对自然经济又起了一定的分解作用。中国农产品的商品化和农业生产服从于世界资本主义市场的需要，是中国封建自然经济解体的又一重要标志。

同时，西方资本主义国家又在广州、厦门等地开设洋行、银行、工厂，建立码头、船坞等。例如上海，在1853年就开设了一百二十余家洋行，而后，几家著名的殖民地银行也设立了分行，并且开办了船厂、印刷厂、食品厂、打包厂以及码头、仓库等，把资本主义的生产方式带进了中国，从而在客观上也促进了中国城乡商品经济的发展。

第三节　中国社会阶级结构的新变化

一、新阶级的产生

随着社会经济的变化，中国社会阶级结构也开始改变。鸦片战争以后，公行制度取消，在通商口岸及其附近地区出现了一批买办和买办商人。他们担任外商的代理人，销售鸦片和各种进口洋货，收购茶、丝等出口原料；或者在外国人的洋行、公司、银行里，替洋人管理账务，出纳保管，推销洋货；或者自己开设洋货行栈，专门与外国人做买卖。他们充当外国资本家的爪牙，攫取中国人民的财富，并从中发财致富，有的人骤然间成为积资巨万的暴发户。这些人还通过捐纳取得官职，成为身份显赫的人物，有一定的社会地位和影响。

鸦片战争后，外国资本家还在通商口岸开辟航线，修造码头，建立船坞，设置船厂，以适用商品运输的需要。他们招收了不少华工，作为海员水手、码头工人、船厂工人；他们还兴办了制药厂、印刷厂、报馆等工厂企业，雇佣了较多的中国工人。这样，就在外国资本家的工厂企业里产生了中国最早的产业工人。

随着外国商品的大量涌入，促使中国自给自足的自然经济急剧解体，千千万万的手工业者便失去其谋生手段而变成了劳动力的出卖者。此外，还有大量因天灾人祸而破产的农民也加入了失业行列，从而扩大了劳动力市场；外国商品输入增加又促使中国城乡商品经济有了较大发展，扩大了中国的商品市场；外国在通商口岸设立了一批近代企业，将资本主义的生产方式带进了中国，这也促进了中国资本主义工业的产生。19世纪六七十年代，一部分官僚、地主、商人、买办开始投资于新式企业；一些原来的旧式手工工场或大作坊开始采用机器生产。这些就是中国最早的民族资本主义企业。

随着民族资本主义企业的产生，中国又出现了一个新的阶级——民族资产阶级。它主要是由商人、地主、官僚、买办转化而来，是个带两面性的阶级。一方面它同外国资本主义和本国封建势力有矛盾，因而具有反帝反封建的革命性；另一方面，它又同外国资本主义和本国封建势力有着千丝万缕的联系，因而对帝国主义和封建势力又具有妥协性。

19 世纪 60 年代末以后，在民族资本主义企业里，又出现了一批无产阶级。中国无产阶级同世界其他国家的无产阶级一样，是与最先进的生产方式相联系，最富于组织性和纪律性。除此以外，中国无产阶级还具有在半殖民地半封建社会条件下形成的自己独有的特点：身受外国资本主义、本国封建势力和资产阶级的三重压迫。这些压迫的残酷性和严重性，为世界各国所罕见，从而使其具有特别强烈的反抗性和坚决的革命性；他们分布很集中，有利于工人的组织和团结，共同进行革命斗争；他们大多数出身于农民，因而与农民保持着广泛的天然联系，有利于建立工农之间的天然联盟。

二、两种基本矛盾的交织

鸦片战争以前，中国人民只是受清朝统治者和封建地主阶级的剥削和奴役，社会的主要矛盾是封建地主阶级和人民大众的矛盾。鸦片战争以后，中国人民除受清朝统治者和封建地主阶级的剥削和奴役之外，还要受西方资本主义侵略者的剥削和奴役，因而中国社会的主要矛盾，除了封建地主阶级与人民大众的矛盾之外，又增加了外国资本主义侵略者与中华民族的矛盾。这两种主要矛盾相互交织在一起，尤其是外国资本主义侵略者与中华民族的矛盾，是中国社会最主要的矛盾。鸦片战争以前，中国人民肩负的只是反对封建压迫、反对清王朝腐朽统治的任务。鸦片战争以后，中国人民肩负起反对外国资本主义侵略和本国封建主义压迫的双重革命任务，同时也肩负起发展近代经济和文化，使祖国繁荣富强的历史重任。

三、两种基本矛盾的斗争形式

反抗帝国主义侵略的有鸦片战争、甲午战争、义和团运动。

1840—1842 年的鸦片战争是资本主义英国对封建中国的野蛮侵略，英国船坚炮利，有备而来，战争中有它的优势，但中国在本土作战，地广人众，并非百无一利。其间，也有以林则徐为首的抵抗派的泣血吁请和爱国将士的拼死抗争，但由于妥协派主导了朝廷的决策，清政府没有抗战到底的决心和勇气，不敢也不能发掘亿万人民群众中蕴藏的无穷力量，终于导致中国在鸦片战争中失败，签订了丧权辱国的中英《南京条约》等一系列不平等条约，英国等西方列强在中国攫取了大量侵略特权，中国的封建社会逐步变成了半殖民地半封建社会。

1894 年，日本侵略者在侵占朝鲜的同时对中国进行挑衅，发动了侵略战争。因为这一年中国农历是甲午年，所以这场战争也叫中日甲午战争。虽然爱国将士英勇奋战，但由于清政府执行的是妥协投降方针，战争以中国失败而告终，并签订了卖国条约《马关条约》。《马关条约》是继《南京条约》以来最严重的丧权辱国条约，使中国社会的半殖民地化进一步加深，同时它也成为中国近代民族觉醒的一个重要转折点。

爆发于 19 世纪末的义和团运动是一次以农民群众为主体的反帝爱国运动，也是一次抗击八国联军侵略的民族自卫战争。义和团举起了"扶清灭洋"的旗帜，给了外国侵略者以沉重的打击。虽然义和团运动最后被中外反动势力联合绞杀，但却显示了中国人民的巨大反抗力量，粉碎了帝国主义列强瓜分中国的迷梦。

反抗封建主义统治的有太平天国运动、辛亥革命。

太平天国兴起于 1851 年的金田起义，到 1853 年定都天京（今南京市），再到 1864 年失败，历时 14 年之久。以洪秀全为代表的太平天国英雄们，以武装斗争开路，以拜上帝教为精神支柱，创建了与清王朝对峙的政权，颁布了《天朝田亩制度》，掀起了中国历史上规模空前巨大、发展水平极高的一场农民战争,对中国近代历史进程产生了重大影响。1856 年天京事变是太平天国由盛到衰的转折点。从此,它在军事上由战略进攻转入战略防御,政治上由盛而衰,在中外反动势力的联合绞杀下终于走向失败。

1911 年资产阶级革命派发动的辛亥革命,推翻了清王朝的封建统治,结束了在中国延续两千多年的封建君主专制制度,在世界的东方建立起了第一个资产阶级共和国。辛亥革命的这一伟大功绩,是太平天国、戊戌变法等革命和运动都无法比拟的。因此,它是一次比较完全意义上的资产阶级民主革命,在中国近代历史上占有极其重要的地位。然而,辛亥革命却是一次失败的革命,反帝反封建的任务并没有完成。尽管革命党人又发动了挽救共和制度的"二次革命",但却没有能够推翻袁世凯的专制独裁统治,挽回革命的失败局面。

第 二 章
中西文化冲突与融合

第一节　西方思想、文化的大规模输入对
中国思想、文化的冲击

西方的思想、文化早在元明时代即传入中国，但规模不大，影响甚微。从鸦片战争开始，西方各国以坚船利炮打开了中国封闭的大门。随着外国资本主义势力的侵入，又加深了民族危机，使地主阶级中的进步思想家受到震动。于是，在要求抵抗侵略的前提下，有人主张了解西方，学习西方，改革图强，以御外侮，并逐渐形成了认识西方，向西方学习的新思潮。在这种背景下进入中国的西方各种思想文化与中国传统思想文化发生激烈的碰撞、交流而开始被吸纳、融合，进而引出了中国资产阶级新文化与封建阶级旧文化的斗争。

西学在中国的传播可溯源至唐代的景教和元代的也里可温教，但真正在文化教育领域激起反响的则始自明清之际西方传教士所主导的"西学东渐"。不过，明清之际"西学东渐"的推进并非一帆风顺，与开明士大夫热情吸纳和会通的态度不同，正统士大夫始终站在"华夏中心"论的立场上予以坚决抗拒。从中我们不难发现中西文化冲突的激烈程度，以及"夷夏大防"传统观念对中国教育和社会发展的阻滞作用。

中国近代百年间，随着传统社会的解体，民族危机的加深，民族的觉醒，中西文化的交汇以及百年动荡中社会的新陈代谢，都与外国的军事、政治、文化入侵与输入息息相关。近代中国的诸多社会思潮无法割断与西方同类思潮的血缘关系，如进化论、自由主义、民主主义、马克思主义、社会主义、无政府主义、基督教等等，它们之在近代中国，首先是西方文化传输与移植的结果，即使不是直接传播的产物，如文化保守主义、民族主义、佛教复兴等思潮，也与西方文化的刺激、示范作用密不可分。

与世界近代文明进程逆反，中国自康熙末年即奉行闭关锁国政策，其政治经济和文化教育制度在百余年昏睡中渐次腐朽。至鸦片战争前后，龚自珍、魏源等一批先进中国人首先觉察到衰世的征兆，最早以哲人的锐利对社会进行无情的揭露和批判，提出"师夷长技以制夷"这一颇具时代气息的学习主张。他们崇尚主体精神，肯定功利意识，追求个性化理想人格，建构"经世致用"的新价值观念。他们学习西方的主张，虽然还只是停留在器物层面，但毕竟是中国人迈向文明的第一步，是传统教育走向现代化教育的过渡环节。

中国近代80年，无论与中国古代三千年比，还是与欧洲近世数百年比，社会变迁都显得特别迅速。近代社会内部，上层建筑变化快，经济基础变化慢，这两方面同时并存而相互制约，决定了百年变迁过程既是急速的，又是不成熟的。社会的急速跳动也决定了近代中国诸多社会思潮的来踪去迹。

从鸦片战争到五四运动，中国传统文化与西方文化之关系，有一个纵向的不断变迁的过程。大致可以分为三个阶段：第一阶段是抵制西方思想、文化的输入，大约在鸦片战争爆发前后占社会思潮的主流地位。早在雍正年间，雍正帝便因耶稣会士（传教士）参与帝位之争，遂厉行全面禁教。此后一百多年，封建皇帝相继袭用禁教和闭关政策，致使西学传播中断了，中国与世界的联系隔绝了。而就在这一百多年中，西方社会正在以数倍于以往几百年的速度向前发展，西方科技文明取得了举世瞩目的成绩，中国悄然地落后了；第二阶段为"限制"西方文化阶段，大约在洋务运动期间，即 19 世纪后期，口号是"中体西用"。"中体西用"是近代中西文化交流冲突的产物，代表着近代中国人谋求救国强国的一种文化选择。这一文化模式是随着中国向西方寻求强国之方而形成和发展的，又因张之洞曾作过较全面的总结和阐发而定形。它在中国第一次提出了中西两种文化如何结合的重大问题。这个问题一直是中国人不断探索的问题，也一直是中国人倍感困惑的问题；第三阶段是 20 世纪初，口号为"洋为中用"。这一时期，资产阶级革命派在国内外掀起了一个办报刊的热潮。他们通过报刊，介绍西方的资产阶级社会政治学说，宣传西方的民主思想，使国内的环境较为宽松，从而使西方的思想、文化得到了传播。

第二节　西学东渐对传统学习思想的冲击

"西学东渐"最初形成于明清之际。中国近代学习思想是在中西文化的撞击交融中向前推进的。作为异质文化，西学实际上充当了中国学习思想从传统走向现代的催化剂。虽然明末传教士已挟西学东来，并对当时开明士大夫的思想观念产生了深刻影响，促使其开始探讨中西文化会通，反思传统教育的历史走向，但整体而言，明清之际的西学东渐毕竟是被动的，其渗透力十分有限，尚不能从根本上冲破"夷夏大防"的传统观念。随着禁教和闭关政策的实施，西学也就停止东渐了。

直至 19 世纪上半叶，长期闭关的封建帝国已是满身疮痍，文化教育领域更是陈腐不堪，经学与科举已经成为教育发展的桎梏。龚自珍、魏源等首先进行深刻反思和自我批判，提出了以"经世致用"为主旨的教育观念。其中，魏源"师夷长技以制夷"的主张，从器物层面冲破了夷夏防线，松动了中国传统教育学习思想的某些固定观念，主动自觉地引进西方的器物文化，预示着近代意义上中西文化融通拉开了序幕，传统观念中的"道"与"器"的关系出现了裂变。

王国维在《论近年之学术界》一文中，认为西洋思想的输入对于我国学术的发生、启迪作用，可与六朝隋唐"佛教之东适"巨大影响相比。王国维主张中西文化之"相化"。在中西文化关系问题上，他主张超越中西界限，认为只要能够解决宇宙人生问题，不管是出于中学，还是西学，都值得肯定。他还要求中西学"当破中外之见"。① 中西学均可彼此借鉴，互相推助。实际上，从龚自珍、魏源至康有为的今文学运动，的确是在外来思潮的影响下或至少是刺激下形成规模的。

梁启超说："'鸦片战役'以后，志士扼腕切齿，引为大辱奇戚，思所以自湔拔；经世致用观念之复活，炎炎不可抑。又海禁既开，所谓'西学'者逐渐输入；始则工艺，次则政制。学者若生息于漆室之中，不知室外更何所有；忽穴一牖外窥，则粲然者皆昔所未睹也；环顾室中，则皆沈黑积秽；于是对外求索之欲日炽，对内厌弃之情日烈。欲破壁以自拔于此黑暗，不得不先对于旧政治而试奋斗；于是以其极幼稚之'西学'智识，与清初启蒙期所谓'经世之学'者相结合，别树一派，向于正统派公然举叛旗矣。此则清学分裂之主要原因也。"② 由此可见，鸦片战争以后，西学东渐强势对中国传统知识分子思想冲击之剧烈。

所谓"别树一派"，首先是设立同文馆，翻译西方的典籍。早自明徐广启、李之藻等广译西欧算学天文水利诸书籍入中国为之始，但数量极少，影响不大。而真正开始大规模地翻译介绍西方典籍，还是鸦片战争以后的事，尤其是洋务派的倡导与组织。1839 年林则徐赴广州查禁

---

① 王国维：《静庵文集·论近年之学术界》，辽宁教育出版社 1997 年版，第 97 页。
② 梁启超：《清代学术概论》，刘梦溪主编：《中国现代学术经典·梁启超卷》，河北教育出版社 1996 年版，第 183—184 页。

鸦片期间，他在官署中设译馆，聘请多人编译西书西刊。他组织翻译西方报纸中与中国有关的时事报道和评论，把它们摘译出来，装订成册，作为制订对敌斗争策略时参考。另外，他还主持编译了《四洲志》，介绍了世界五大洲三十余国的历史、地理和政情。

第二次鸦片战争以后，西方列强要求清政府在北京设立专门的外交机构，清政府被迫于1861年设立"总理各国事务衙门"（简称总理衙门）。总理衙门的设立是清政府从闭关锁国到走向门户开放的一个标志。总理衙门负责外交，后来权力扩大到负责通商、海防、军务、关税、传教以及"洋务"活动。它急需懂西方各国语言文字的人才。为此，清政府于1862年批准成立同文馆，以培养翻译人才为主，隶属于总理衙门。起初仅设英文馆、法文馆和俄文馆，后增设德文馆、东文馆。1867年，设算学馆。教习多为外国人，学生从五品以下、30岁以下的官吏中选取，人数始为10人，渐增至120人，以外语作必修科，各国地理和历史、代数、化学等课程分途讲求。1900年并入京师大学堂。同文馆既是清政府的一个新的机构，也是学习西方语言与技术的专门学校。不久，上海、广州等地也设立了类似的机构。

同文馆为中国近代培养了一批通晓洋务的政治与技术人才。它的出现与发展，对中国传统教育模式是一个巨大的冲击，是中国近代教育的创新与开端。它有几个不同于传统教育模式的特点：一是课程设置不同于传统教育以读经为主的内容，在19世纪70年代以前，它主要是所外语学校；二是办学目的、方向与传统不同；三是办学形式异于传统，采用班级授课制，修业年限为8年和5年；四是授课方式多元化；五是考试制采用月考、季考、年考三种形式，区别于专以八股文章取士的考试制度。这些方面都对传统教育思想、教育制度起到冲击作用，对中国教育现代化有重要意义。办同文馆，启动了兴办新式学校的浪潮。

曾国藩、李鸿章于1865年在上海创办江南制造总局。该局于1868年设立翻译馆，招致西人伟烈亚力、傅兰雅、林乐知和金楷理等为译员，中国学者有五十余人参加，华蘅芳（1833—1902 年）是其中最主要的译员之一。华是江苏金匮（今无锡）人，1861 年入曾国藩创办的安庆内军械所。1865 年与徐寿等合作造成木质轮船"黄鹄"号，是为中国自造轮船之始。旋在上海参与创设江南制造总局，与徐寿共同筹办翻译馆。

华蘅芳精研数学，旁及地质、矿物、气象，志趣广泛，学识渊博。他翻译和自编的书籍有三十多种，三百多万字。他与美人玛高温合译《金石识别》12 卷，与美人金楷理合译《御风要述》3 卷、《测候丛谈》4 卷、《风雨表说》等共计 76 卷，对我国现代地质学、气象学起了启蒙作用。此外，华蘅芳还翻译了《代数术》25 卷、《微积溯源》8 卷、《三角数理》12 卷、《代数难题解法》16 卷、《决疑数学》10 卷、《合数术》11 卷、《算式解法》14 卷等计 96 卷。华蘅芳通过翻译西方科技书籍，对西方数学了解较深，经多年的潜心研究，自己编写了许多数学专著，如《抛物线说》《开方别术》《算学笔谈》《西算初阶》等，后集成《行素轩算学》6 种，共计 23 卷。

1863 年，华蘅芳与徐寿、傅兰雅创办上海格致书院，主讲十余年，后曾任教于天津武备学堂、湖北自强学堂、两湖书院、无锡俟实学堂，为中国培养了一批近代数学人才。

华蘅芳和徐寿父子是我国近代造船工业先驱，是我国近代科学技术的开拓者和启蒙者。华蘅芳等为我国近代工业技术的奠基、西方科技的引进等方面做出了贡献。他们在科技翻译、造船、兵器、矿冶、教育事业等方面所做的工作，都带有开创性。他们在江南制造总局参加制造了我国第一艘大型的明轮机器兵船、第一批新式枪炮和火药，并参加建成了第一个翻译馆、第一所科技学校、第一个工艺学堂（1898 年江南制造总局创建）。清政府曾经封华、徐等为四品官员，可以去当知县、知州之类的地方官，但他们认为译著、教育的专治一事作用比做官要大，因而无意仕进。他们除担任指挥工程的提调、督办职务外，其余官爵均不接受，坚持走科教救国之路。他们热爱祖国、献身科技的精神，为后代树立了光辉的榜样。

与华蘅芳同时在上海的还有一位著名的数学家、翻译家李善兰（1811—1882 年）。他是浙江海宁人，字壬叔，号秋纫。少年时代从大学者陈奂治经学。他酷爱数学，精学李冶的《测圆海镜》，后钻研戴震的《勾股割圜记》，深思得其理，从此时有心得，后又得朱世杰的《四元玉鉴》，深思七昼夜，尽通其法，由此"所造渐深"，开始著述，先后写出《四元解》2 卷（1845 年）、《对数探源》2 卷（1845 年）、《方圆阐幽》1 卷（1845 年）、《弧矢启秘》1 卷（1846 年）、《麟德术解》3 卷（1848 年），在数学研究方面取得了可观的成就。他认为自己数学研究的精到之处不让西方。在研究数学的同时，李善兰对天文历算也进行研究，这对他以后的西学翻译和西学吸收打下了坚实而宽广的基础。

1852 年，李善兰来到当时西学传播中心的上海，结识了正在墨海书馆译书的英人伟烈亚力（1815—1887 年）、艾约瑟（1823—1905 年）等，与之合作翻译西方科技著作。他与伟烈亚力合译《几何原本》后 9 卷（1857 年出版），1865 年前 6 卷与后 9 卷一并出版。至此，该书有了完整的中译本；又与伟烈亚力合译《代微积拾级》18 卷（1859 年出版），这本书是我国数学史上第一部高等数学；与艾约瑟合译《重学》20 卷（1859 年出版）。《重学》是近代中国翻译介绍的第一部比较系统的西方力学著作，其中牛顿力学三大定律是第一次介绍到中国；与伟烈亚力合译《谈天》18 卷（1859 年出版）。《谈天》虽不是第一次将西方天文学知识介绍到中国的著作，但它的内容较丰富，知识较系统，使其成为中国近代天文学史上的一部重要著作。由于李善兰等人的努力，从哥白尼开始到牛顿完成的建立在牛顿古典力学体系上的西方近代天文知识便比较系统地传入我国。所译《植物学》8 卷（1858 年出版），是中国系统介绍西方近代植物学的第一部译著。李善兰与西人共合译出版了八十余卷西方科学著作，较系统地介绍了西方数学、力学、天文学、植物学等方面的知识，"其用力之勤劳及其成功之伟大，均不在徐光启李之藻之下也"。① 李善兰的这些译著的出版，"满足了一些渴望学习西学者的需要，这些人中有许多成为了随后传播西学的中坚人物，如徐寿、华蘅芳、徐建寅和赵元益等都受到这些译著的影响"。② 他是我国近代科学史上著名的翻译家和科学家。

同治初年，李善兰入曾国藩幕府，1868 年任同文馆算学总教习，后历任总理衙门章京、户部郎中。他著有《则古昔斋算学》，对尖锥求积术、三角函数与对数的幂级数展开式、高阶等差级数求和等皆有研究，其尖锥求积术已有初步的积分思想。总之，李氏所译科学名著及数学著作，对中国近代自然科学的建立产生了重大影响。

在上海江南制造总局里与华蘅芳合作的徐寿（1818—1884 年）也是一位具有科学思想的启蒙主义者。他是江苏无锡人，字雪村，曾一应童子试，后以不切实用而弃之。他精研西方自然科学、工程技术。1861 年入曾国藩幕府，在安庆创设机器局。1866 年与华蘅芳等试制木质轮船成功。后在上海江南制造总局任职，向李鸿章建议设立翻译馆，翻译西方自然科学、工程技术书籍，先后成书数百种。1875 年，与西人傅兰雅在上海设立格致书院，进行化学实验的演示，对中国化学的发展起过先驱作用，并参加筹办大冶铁矿、开平矿务局、漠河金矿等活动。译著有《西艺知新》《化学考质》《化学鉴原》《物体遇热改易说》《汽机发轫》《测地绘图》等著作。其子徐建寅（1845—1901 年）一直跟随他在江宁、上海助任制造。1867 年，在江南制造总局与李善兰、华蘅芳等翻译西方自然科学书籍。后供职天津机器局、山东机器局（任总办）。1878 年任驻德国使馆参赞，赴英、法等国考察。他积极参加戊戌变法活动，失败后被革职。后由张之洞调赴湖北，总办全省营务，督办

---

① 钱宝琮：《钱宝琮科学史论文选集》，科学出版社 1984 年版，第 313 页。
② 尹苏：《论近代科学家李善兰的科学文献翻译》，《上海科技翻译》1997 年第 3 期。

保安火药局，后因试制无烟火药失事身亡，献身于中国近代枪炮火器制造业。他著有《造船全书》《兵法新书》《欧游杂录》等，也是一位杰出的中国自然科学先驱学者，对中国近代化事业做出了重大贡献。

19世纪末，中国有大批青年学子出国留学，漂洋过海赴欧美，或东渡日本，译述也随之兴盛起来。"壬寅癸卯间，译述之业特盛；定期出版之杂志不下数十种，日本每一新书出，译者动数家；新思想之输入，如火如荼矣。然皆所谓'梁启超式'的输入，无组织，无选择，本末不具，派别不明，惟以多为贵。而社会亦欢迎之。"① 最著名的翻译家是严复，他是近代中国第一个系统介绍西方思想与文化名著的翻译家。他先后翻译了英国赫胥黎的《天演论》、英国亚当·斯密的《原富》、法国斯宾塞的《群学肄言》、英国约翰·穆勒的《群己权界论》、法国孟德斯鸠的《法意》、英国甄克思的《社会通诠》等名著，其中最负盛名的是他译述英国生物学家赫胥黎的《天演论》。他以进化论"物竞天择，适者生存"的思想，反对封建顽固派的守旧思想，鼓起了爱国志士救亡图存的信心，促进了中国人民的觉醒，在中国引起了巨大震荡和深远影响。另外，还有林纾翻译的西方小说百数十种。

首先，光绪年间的中国一部分想变革社会的知识分子"欲求知识于域外"，他们把翻译过来的西方著作视为"枕中鸿秘"。这些被称作"新学家"的人物怀着强烈的"学问饥荒"去学习西方的著作。维新变法的主要代表人物康有为、梁启超、谭嗣同等，就是生活在这中西文化冲撞中的"学问饥荒"之环境中。他们产生某些变革要求，尤其渴望参与政权，借以保持和扩大本阶级的利益，于是他们要求"民主"，呼吁改革，便"冥思枯索"欲以构成一种"不中不西即中即西"之新学问。但是他们"固有之旧思想，既深根固蒂，而外来之新思想，又来

---

① 梁启超：《清代学术概论》，刘梦溪主编：《中国现代学术经典·梁启超卷》，河北教育出版社1996年版，第205页。

源浅觳，汲而易竭"，在以慈禧太后为首的顽固派势力的强大压迫下，"其支绌灭裂，固宜然矣"。①

其次，向西方或日本派留学生，对西方文化由"受动"转为"能动"。派遣留学生，说明中国政府对西洋文明的价值已经有所认同，而对广大青年学子来说，初步产生了向西方学习的自觉要求。留学生开启了中西文化交流、对话进而融合的新里程。

再次，是外国教团在中国办学传播西方科学文化，这是中国半殖民地化的特征之一。外国教团的主观意图（狼子野心）是对中国进行文化侵略，但他们在中国办了许多教会学校、医院、文化机构，这在客观上又有利于中国文化教育的近代化。

第三节　教会在中国传播西方文化起到很大作用

早在 16 世纪第一批传教士来华，他们就将西方的天文历算、农田水利以及力学等方面的书籍译介过来，开始传播西学。传教士固然是以传教为根本目的，但为了更好地达到这一目的，早期传教士颇善于把握中国文化的精神和特点，注意迎合中国士人的传统习惯心理，确立了"学术传教"的行动方针，从而客观上导致了西学在中国的最初传播。虽然传教士囿于宗教原因多半局限于西方的古典科技知识传播，很少触及当时最新的科技成果，但即便如此，相对于以伦理为本位的中国教育传统而言，仍然是十分新鲜的，它强烈地吸引着一部分中国士人的求知兴趣。

有人统计，从利玛窦来华算起的二百余年间，耶稣会传教士在中国译著西书共 437 种，其中宗教书籍 251 种，占总数的 57%；人文科学书

---

① 梁启超：《清代学术概论》，刘梦溪主编：《中国现代学术经典·梁启超卷》，河北教育出版社 1996 年版，第 205 页。

籍 55 种，占总数的 13%；自然科学知识书籍 131 种，占总数的 30%。① 又据统计，1810—1867 年间，在中国的新教教士出版的非宗教书籍共达 108 种。② 这些非宗教性书籍所写的主要是关于西方历史、地理、政情、风俗及科技等方面的内容。从这些统计数据中可以看出，虽然宗教书籍占去了大多数，但传教士确已注意到西学中的人文和自然科学知识的传播。

尽管传教士的主观动机是为了宗教目的，但其裹挟而来的西学毕竟为封闭的中国社会打开了一扇瞭望世界的窗口，一些开明士大夫得以扩大视野，领略到异国新奇的文化情调。饱览之余，他们细细回味并开始有意识地将中西两种异质文化进行初步的比较会通，以追求更为理想的文化和教育图景。

1860 年以后，随着通商口岸地位的上升，一些现代文化组织也都以口岸城市为活动基地。最先在中国通商口岸办西方式现代教育的是外国传教士。西方传教士在自己家中或在教堂办学，开始规模很小，招收的人数也很少。较为成功的如设在杭州的育英书院（后来的之江大学），设在上海的英华书院、清心书院、圣芳济书院等等。后来他们成立了中华教育会，作为全国性的联合机构，借以促进各教派的联系，交流办学经验。同时，教会办学已注意开设高等学校，并把科学技术教育作为办学的一个重点。

教会学校，美国人办得最多。据统计，19 世纪美国传教士在中国办起的初等学校 1032 所，学生 16310 人；中等以上学校 74 所，学生 3819 人。③ 这对中国现代大学教育的发展有着极为重要的影响。最为明显的例子，如 1871 年美国圣公会主教文氏在武昌办学堂，1891 年名为

---

① 钱存训：《近世译书对中国现代化的影响》，《文献》1986 年第 2 期。
② 费正清：《剑桥中国晚清史》上卷，中国社会科学出版社 1985 年版，第 638 页。
③ 陈景磐：《中国近代教育史》，人民教育出版社 1983 年版，第 65 页。

文华书院，后发展为华中大学。1879 年美国圣公会主教施约瑟在上海成立圣约翰书院，后发展成为圣约翰大学。1882 年，美监理会传教士林乐知在上海创办中西书院，该会又于 1897 年在苏州设立中西书院，1901 年合并改名为东吴大学。1885 年，美国基督教会在广州设立格致书院，后发展为岭南大学。1888 年，美国教会在北京设立潞河书院，1919 年和另一学校合并成为燕京大学。1889 年，美国传教士福开森在南京开设南京汇文书院，后发展成为南京金陵大学。

外国传教士在中国办学促进中国教育现代化作出重大贡献者，有李提摩太（1845—1919 年）、林乐知（1836—1907 年）、傅兰雅（1839—1928 年）等。1877 年"益智会"（即学校教课委员会）成立，其任务是为各教会学校编写教科书，除了宗教教学用书外，还编写了大量自然科学教本，如狄考文的《笔算数学》《形学备旨》《代数备旨》，傅兰雅的《三角数理》《数学理》，艾约瑟的《重学》等。1887 年，"广学会"建立，外国人在中国的文化教育活动的范围更广泛了，包括建立报馆、翻译西书、设置学校等。著名的《万国公报》就是该会的机关报，主编为林乐知，1887—1907 年间共出版了 221 期。该报以介绍西方各国的地理、历史和社会风俗为主要内容。

西方教会在中国的文化教育活动的积极意义不容抹杀，它们传播了西方的自然科学知识与人文主义精神。作为一种外来文化力量，它们推动了中国文化教育的现代化。中国人从他们那里学到实用性很强的工业技术，从他们身上开眼看世界，逐渐认识到本国的愚昧和落后，从而产生了向西方学习，走工业化道路，摆脱穷困落后、被动挨打地位的思想。

至 1898 年，美国已经在中国建立了一百五十多个教会和八百多处分会，教会学校一千一百余所。这一方面说明美国对中国更加注重精神文化方面的侵略和奴役，另一方面也客观地传播了西方一些先进的科学文化，对中国近代化是有益的。

第四节　传统文化学术之振荡与变革

道咸以降，中国学习思想发生了明显的变化，大体划分为三个阶段：

首先，是晚清今文学派的崛起。

中国历史上几次大的学习思想的变迁，都是与外来的思想刺激有关，西学东渐的意义在于促进中国传统文化走向现代化。

近代中国文化学习思想之流变有两条线索：一是由传统今文学演化而来的趋于政治化的新学，从庄存与、刘逢禄发轫，经龚自珍、魏源发扬，到康有为以经术作政论，集清代今文学派之大成；二是直接译介、输入西方文化学术思想为主的"启蒙派新学"，以严复为第一号人物。

近代新学是直承清学中的今文学派而来的。庄存与著《春秋正辞》一书，可视为清代今文经学的第一部著作。该书杂引董仲舒《春秋繁露》、何休《公羊春秋解诂》，专求其所谓微言大义者，与戴（震）段（玉裁）等正统派研究《公羊春秋》的大学者全然不同。他的同县后进刘逢禄继之著《春秋公羊经传何氏释例》，对东汉今文学家何休的所谓"非常异义可怪之论"大加发挥。其书在清人著述中，实最有价值之创作，在学派传承上便相当自觉了。

到晚清龚自珍、魏源，都好今文学。经过此二人的发扬，清代的今文学派在思想界真正成了气候，当然这也与他们所处的时代有关。龚自珍往往引《公羊》讥议时政，诋诽专制。道光末，魏源著《诗古微》《书古微》批判《毛诗》及《古文尚书》，其言博辩，且亦时有新解。但是龚、魏之今文与庄、刘之今文不同，前者为"纯学术"，后者则是学术与政治纠缠在一起。梁启超说："今文学之健者，必推龚魏，龚魏之时，清政既渐陵夷衰微矣；举国方沈酣太平，而彼辈若不胜其忧危，恒相与指天画地，规天下大计。考证之学，本非其所好也，而因众所共习，则亦能之，能之而颇欲用以别辟国土；故虽言经学，而其精神与正统派之为经学而治经学者则既有以异。自珍、源皆好作经济谈，而最注意边事；自珍作《西域置行省议》，至光绪间实行，则今新疆也；又著《蒙古图志》，研究蒙古政俗而附以论议。源有《元史》，有《海国图志》，治域外地理者，源实为先驱。故后之治今文学者，喜以经术作政论，则龚魏之遗风也。"①

　　从乾嘉以后的庄、刘今文学演变而来的康有为，则成为新学家。康有为是清代今文学派的集大成者，他研究今文学的目的是托古改制，为变法维新作文化学习思想上的准备。康有为著《新学伪经考》，他认为《周礼》《毛诗》《左传》等古文经传，皆为伪经，是刘向之子刘歆为迎合王莽新朝篡汉的需要所伪造的，故名"新学""伪经"。康有为的这一论断，用梁启超的话说，是"此实为事理之万不可通者，而有为必力持之。实则其主张之要点，并不必借重于此等枝词强辩而始成立；而有为以好博好异之故，往往不惜抹杀证据或曲解证据，以犯科学家之大忌，此其所短也。有为之为人也，万事纯任主观，自信力极强，而持之极毅；其对于客观的事实，或竟蔑视，或必欲强之以从我，其在事业上也有然，其在学问上也亦有然；其所以自成家数崛起一时者以此，其所以不能立健实之基础者亦以此，读《新学伪经考》而可见也"。② 但是，它确实是"思想界之一大飓风"，使清学"正统派之立脚点，根本摇动"。③ 近代新学的第一号领袖人物非康有为莫属。

　　康有为之弟子梁启超，初从师说，自然也入新学家之流，但他与康

---

① 梁启超：《清代学术概论》，刘梦溪主编：《中国现代学术经典·梁启超卷》，河北教育出版社 1996 年版，第 187 页。
② 梁启超：《清代学术概论》，刘梦溪主编：《中国现代学术经典·梁启超卷》，河北教育出版社 1996 年版，第 189 页。
③ 梁启超：《清代学术概论》，刘梦溪主编：《中国现代学术经典·梁启超卷》，河北教育出版社 1996 年版，第 188 页。

有为学术思想的分野很明显。康思想中传统的东西多，后期成为顽固的文化保守主义者；梁虽立身于传统，却思想多变，能与时俱进。从学术重心上看，康是经学，梁是史学。康梁并提，并非全因"戊戌变法"，实因学术成就相颉颃，同为新学翘楚。戊戌之后，康梁分道扬镳，康成为保皇党首领，梁成为新史学的开山祖。

近代史上的所有人物，都在外来思潮的影响或刺激下活动，但程度的深浅有别，与庄、刘相比，康、梁所受影响更深些，康、梁"欲以构成一种'不中不西即中即西'之新学派"①，受西方思想之冲击大多了。戊戌政变，继以庚子赔款为他们所亲历，"嘉道以还，积威日弛，人心已渐获解放；而当文恬武嬉之既极"。② 康、梁作为"稍有识者，咸知大乱之将至；追寻根原，归咎于学非所用；则最尊严之学阀，自不得不首当其冲"。③ 是他们追求传统经学之后，欲以今文经学之微言大义以挽国运之将坠也。

其次，对传统考据学的继承与创新。

正当康、梁张今文学大旗创立新学风靡一时之际，章炳麟（1869—1936 年）直承清学正统派遗风，高举古文经学之大旗，其目的仍在变革现状。章氏也受西学思想影响，但其根基在乾嘉朴学，思想渊源来自晚清诸子之学。

章氏青年时期，从古文经学大师俞樾研治古文经学和历史，后亡命日本，涉猎西方典籍，以西学附益旧学，走出一条新的治学之路。章氏著《国故论衡》，以小学、音韵为主干，其精义多为乾嘉诸老所未发明，他运用正统派之研究法，"而廓大其内容延辟其新径，实炳麟一大

---

① 梁启超：《清代学术概论》，刘梦溪主编：《中国现代学术经典·梁启超卷》，河北教育出版社 1996 年版，第 205 页。
② 梁启超：《清代学术概论》，刘梦溪主编：《中国现代学术经典·梁启超卷》，河北教育出版社 1996 年版，第 183 页。
③ 梁启超：《清代学术概论》，刘梦溪主编：《中国现代学术经典·梁启超卷》，河北教育出版社 1996 年版，第 183 页。

成功也"。① 中年以后，他又对佛学产生兴趣，精心研究佛典。他用佛学解老庄，极有理致。所以，章炳麟中年以后的学问固非清学所能限矣。章氏晚年趋于保守，提倡读经复古。

章炳麟的学人品格中有一种不随时流的独立不倚的精神。实际上，在现代学者中，他是"最具有定见、遇事从不动摇的真儒"。②

王国维（1877—1927 年）是中国近代传统文化学术的殿军，他既是总结者，又是从近代走向现代的开拓者。他比章炳麟晚生 8 年，早死 9 年，两人在学术上的成就是多方面的，尤其是王国维提出的新研究方法，开辟了许多新领域，建立了几种新学科。章炳麟由近代学术向现代学术跨越时，到门槛前又缩回脚去，而王国维却是由近代跨入现代的著名学者，王国维与章炳麟都继承清代考据学的传统，而都有所开创。在学术渊源上，章炳麟与俞樾的关系比较密切，王国维与孙诒让的关系比较密切。总的看来，在政治思想上章炳麟要比王国维解放得多，而学术思想王国维则要比章炳麟解放得多，因而王国维在学术上创获尤多。在政治态度上，章炳麟直接参加孙中山领导的革命活动，比今文学派康有为等还要激烈，他是在西潮的强烈刺激下，产生了不能安于固有秩序思想的行动家，世势使之然也；而王国维在政治上既没有章炳麟那样激烈，也没有康、梁那样活跃与明朗。王国维的政治思想与学术思想在中国社会大振荡时期显得隐蔽而悲壮，如果说新学家的康、梁和古文派的章炳麟，在用嘴巴和笔头子来表达自己的思想，那么王国维则是用生命和悲壮来书写时代和自己的思想、学术史。

1927 年 6 月，王国维自沉于北京颐和园昆明湖，其死因众说纷纭。陈寅恪从文化视角分析其死因，集中于两处：一处是 1927 年王国维死

---

① 梁启超：《清代学术概论》，刘梦溪主编：《中国现代学术经典·梁启超卷》，河北教育出版社 1996 年版，第 203 页。

② 刘梦溪：《中国现代学术经典总序》，刘梦溪主编：《中国现代学术经典·梁启超卷》，河北教育出版社 1996 年版，第 32 页。

后不久所作的《王观堂先生挽词序》；一处是 1934 年所作的《王静庵先生遗书序》。前者所论最详，节要如下：

> 凡一种文化值衰落之时，为此文化所化之人，必感痛苦，其表现此文化之程量愈宏，则其所受之苦痛亦愈甚；迨既达极深之度，殆非出于自杀无以求一己之心安而义尽也。……其所殉之道与所成之仁，均为抽象理想之通性，而非具体之一人一事。夫纲纪本理想抽象之物，然不能不有所依托，以为具体表现之用；其所依托以表现者，实为有形之社会制度，而经济制度尤其最要者。故所依托者不变易，则依托者亦得因以保存。……近数十年来，自道光之季，迄乎今日，社会经济之制度，以外族之侵迫，致剧疾之变迁；纲纪之说，无所凭依，不待外来学说之掊击，而已消沉沦丧于不知不觉间；虽有人焉，强聒而力持，亦终归于不可救疗之局。盖今日之赤县神州值数千年未有之巨劫奇变，劫尽变穷，则此文化精神所凝聚之人，安得不与之共命而同尽，此观堂先生所以不得不死，遂为天下后世所极哀而深惜者也。

陈寅恪先生的这段话对于我们理解王国维的文化精神、学术思想至为重要。王国维由近代跨向现代，又经过五四新文化运动。他在做出不可估量的学术贡献之后，又悲壮地走上传统文化的祭坛。王国维不仅是一个了不起的学者，也是一位以西方学术思想研究中国传统文化的启蒙者。

最后，中国近代佛学之复兴。

晚清以来，佛学也是近代学术不可忽视的一支，梁启超称之为"伏流"。他说："晚清思想界有一伏流曰：佛学。前清佛学极衰微，高僧已不多，即有，亦于思想界无关系。其在居士中，清初王夫之颇治相宗，然非其专好。至乾隆时，则有彭绍升、罗有高，笃志信仰；绍升尝与戴震往复辨难。其后龚自珍受佛学于绍升，晚受菩萨戒；魏源亦然，晚受菩萨戒，易名承贯，著《无量寿经会译》等书。龚魏为'今文学家'所推奖，故'今文学家'多兼治佛学。石埭杨文会少曾佐曾国藩幕府，复随曾纪泽使英；夙栖心内典，学问博而道行高。晚年息影金陵，专以刻经弘法为事；至宣统三年武汉革命之前一日圆寂。文会深通'法相'、'华严'两宗，而以'净土'教学者；学者渐敬信之。谭嗣同从之游一年，本其所得以著《仁学》；尤常鞭策其友梁启超，启超不能深造，顾亦好焉；其所著论，往往推挹佛教。康有为本好言宗教，往往以己意进退佛说。章炳麟亦好法相宗，有著述。故晚清所谓新学家者，殆无一不与佛学有关系。而凡有真信仰者率皈依文会。"①

梁氏在这段扼要而精确的论述中，除杨文会刻经为佛学研究提供方便之外，他指出近代佛学复兴的原因有三点：一是今文学家的提倡，开学佛风气之先；二是西学东渐，而对佛学引起连带的兴趣；三是社会丧乱，厌世思想极易流行，生存危机使人们"则必遁逃而入于佛"。② 以上三点，既可释之为佛学流行的原因，又可视为佛教振兴的背景。更全面地看，还有一点值得注意，就是佛教自身发展的内部也有规律性，因此也应从佛教发展史的视角探索其在近代复兴与变革的原因。

近代中国社会经济生活和政治生活的急速变迁引起的社会震荡，使得反映它们种种实相虚相的文化思想和宗教哲学等意识形态也相应偕变。晚清佛学在受到内外种种强力的冲撞下被推入近代社会的门槛，这是佛教传入中国近两千年来从未有过的"变局"，它深刻表明晚清佛教革新运动与中国及欧美、日本诸国社会制度的变动和统治力量的兴替，存在着一定的联系。

作为晚清思想"伏流"的佛学，龚自珍、魏源以下，杨文会是这一伏流的关键人物。他于 1866 年在南京创办金陵刻经处，1908 年又在刻经处内建立"祇洹精舍"，招收僧俗学子，讲授佛教经典，推动了晚

① 梁启超：《清代学术概论》，刘梦溪主编：《中国现代学术经典·梁启超卷》，河北教育出版社 1996 年版，第 206—207 页。
② 梁启超：《清代学术概论》，刘梦溪主编：《中国现代学术经典·梁启超卷》，河北教育出版社 1996 年版，第 207 页。

清佛学的全面发展。在杨氏左右，那些活跃在戊戌和辛亥时期的思想文化界头面人物，纷纷效法杨氏对比观照佛孔老庄诸家，加深了近代佛学与传统文化的会通。文会晚年，追随他学佛的弟子为数颇多，如谭嗣同、桂伯华、李证刚、蒯若木、欧阳渐等。

进入民国以后，实以欧阳渐居士和太虚法师二人最为突出。二人同为近代佛教思想之巨擘，其对近代佛学之复兴产生了重大的影响。欧阳渐继承杨文会的刻经事业，尊信唯识法相学，其精研卓识，可称玄奘后的第一人；太虚是僧人学者和社会活动家，参加过反清的革命活动，创立了以济世利人为宗旨的"人间佛教"。他创办《海潮音》杂志和武昌佛学院及中国佛学会，赴欧洲各国弘扬佛法，是近代的佛教领袖和佛学思想界大师。

在清末民初社会巨变的历史背景下，中国佛教的革新运动进入一个崭新的阶段，涌现出一批以入世救众、爱国爱教为特征，以挽国运、启蒙救亡为内容的研习佛学的新学家。这些新学家在锐意从事社会政治改良或革命的过程中，大胆地把经过改造、重释的佛教思想运用于自己的社会改革事业。这样，使佛学发生了深刻的变化，原来追求内在超越的佛学开始向关注国家兴亡、社会政治和人生问题的经世之学转化，这可以称之为佛学由出世向入世转变的一次革命性大变革。

新学家们的共同特征是"以己意进退佛说"，使传统佛学异化为资产阶级民主革命的思想武器。佛教思想或被他们说成为与西方"自由""平等""博爱"之说完全一致，或与民权说、国权论相通。他们用充满时代精神的语言，大胆而直白地宣称："佛教之言信仰也，则以为教徒之智慧，必可与教主相平等，故以起信为法门。佛教之所以信而不迷，正坐是也。"[①] "其立教之目的，则在使人人皆与佛平等而已。夫专

---

① 梁启超：《论佛教与群治之关系》，张品兴主编：《梁启超全集》第 2 册，北京出版社 1999 年版，第 907 页。

制政体固使人服从也，立宪政体亦使人服从也。"① 同时，新学家又把佛教思想说成是激励道德、开启民智的利器，佛家力破"我执"，有助于激励自我牺牲精神，能使人在外患内忧的危境中发扬勇猛无畏精神。谭嗣同说："善学佛者，未有不振动奋厉而雄强刚猛者也。"② 对于克服根治中华国民道德的痼疾，克服迷恋物欲的偏向，都有救疗作用。

新学家们认为，大乘佛教中的"普度"救弱精神和大雄无畏思想，是塑造一代具有崭新民德民智的新人所不可缺少的营养品。从一定意义上说，新学家们使中国佛教在近代从"变局"进入"创局"，使中国佛学跨出传统的藩篱迈入近代的门槛。

由于时代的熬煎，以康有为、梁启超为代表的新学家，将公羊学、佛学与西学视为浑然一体，政治考虑在第一位，于文化学术建设又往往分不清思想与学术之关系，因而他们研究佛学更多地集中于思想领域。陈寅恪先生论及中国佛学，认为有两种倾向：一为外书（老庄、儒）比附内典，格义附会；一为以合本子注深重源流。康、梁等新学家谈佛均为附会。

近代佛学的复兴有西学的影响，这是一个不容忽视的重要方面。西学的传入，很多问题无法用儒学经典来解释，而佛学理论则对接引西学很有用，特别是新唯识论。"建设在极严密极忠实的认识论之上。用巧妙的分析法解剖宇宙及人生成立之要素及其活动方式，更进而评判其价值，因以求得最大之自由解放而达人生最高之目的者也。"③

因此，佛学便成了谭嗣同、梁启超、康有为等理解和介绍西学的一种手段。他们常常运用西方哲学中的本体论、认识论、人生论、宇宙论

---

① 梁启超：《论佛教与群治之关系》，张品兴主编：《梁启超全集》第 2 册，北京出版社 1999 年版，第 909 页。
② 蔡尚思、方行编：《谭嗣同全集》下册，中华书局 1981 年版，第 321 页。
③ 梁启超：《佛陀时代及原始佛教教理纲要》，张品兴主编：《梁启超全集》第 7 册，北京出版社 1999 年版，第 3744 页。

等来解释和区划佛学中有关内容，还常以感觉、知觉、现象、本质、意识、心理等名词来比附有关佛学名物。谭嗣同于 1896 年撰《仁学》，描绘了一个由无数量的星团星林星云所组成的浩茫无涯的大千世界。他把"仁"作为最高范畴，并与"心"相联系，集合儒佛中西、科学与哲学。章太炎在《无神论》和《建立宗教论》等论著中，借助佛教的因果逻辑和唯识义谛，批评费希特、孔德、叔本华等近代欧洲哲学家。梁启超尤为突出的是把佛学与西方哲学作比较研究，他用斯宾塞的实体不可知论比附佛学，用佛教的"无我"肯定笛卡尔的"我思"否定"我在"，他吸收马赫关于一切客观存在的都是心理产物的精神一元论，充实其唯心主义的人生观和社会观，又以佛教的慧观思想否认马赫的感觉经验论。

学者佛学发轫于龚自珍晚年对天台宗的研究，至熊十力而形成了中国新唯识学格局，它的特点：一是反对科学却包孕科学；二是崇尚信仰而又长于思辨；三是追求出世而又呼唤入世；四是否定理性却又在崇尚理性。

第 三 章

教育制度改革为培育现代学习思想创设条件

第一节　洋务派的教育革新

　　晚清废科举、兴学校有一个六七十年的过程，是中国教育近代化的产物，是教育改革的成果。晚清教育改革经历了洋务时期、维新时期和新政时期三个阶段。这三个阶段是以鸦片战争、太平天国运动和中日甲午战争等重大历史事件为变革背景的，可以说教育改革是当时社会改革的一个方面，它与中国现代化的进程紧紧联系在一起。在西方文化的冲击下，在中国现代化活动驱动下，三次教育改革从局部调整到全面改革，逐步冲破了封建传统教育思想和制度的重重束缚，实现了废科举、兴学校的大变革，从而确立了近代化的教育体制。

　　19 世纪 60—90 年代，中国出现了"洋务运动"。其领袖人物为奕䜣、曾国藩、李鸿章、张之洞等，他们着手改造封建的传统教育，建立近代的教育机构，试办新式学堂，向欧美及日本派遣留学生，培养现代科技人才和外语人才，传播西方科技知识。这些措施的推行，都是围绕变革科举制而展开的，也就是说封建科举制是推行洋务教育的极大障碍。洋务派的代表人物张之洞对科举制非常不满，他在《奏请递减科举注重学堂折》中，对学堂和科举的利弊作了分析说："除兴学堂外，更无养才济时之术。"① 李鸿章也认为科举考试的内容"施于洋务，隔膜太深"。② 他建议："一是将考试功令稍加变通，另开洋务进取一格，以资造就；二是设立洋务局，培养洋务人才。"③

为自强求富的目的而向西方学习，洋务派从 1862—1895 年共创办了 26 所学堂。如京师同文馆（1862 年）、上海广方言馆（1863 年）、广州国文馆（1864 年）、湖北自强学堂（1893 年）、上海电报学堂（1892 年）、天津电报学堂（1879 年）、湖北铁路局附设化学堂、矿学堂（1892 年）和工艺学堂（1898 年）等。这些学校在办学模式上效法西方，教学内容以现代科学技术为主，这是对以四书五经儒学内容为主的旧式传统教学模式的革新与突破。

洋务派在教育改革方面的重大贡献，还在于他们的主要人物在各种公开场合和给皇帝的奏疏中揭露指斥科举之弊，并逐步改变科举考试内容和冲破科举取士的祖制而另开选官之途。1866 年，奕䜣提出京师同文馆招收 30 岁以下的秀才、举人、进士、翰林及科举出身的五品以下的官吏入学，让这些原来通过科举选出只会读儒家经典的士人入洋务学堂学习西学，学习"俾于实用"而不是"学习皮毛"。④ 1867 年将数学科列为科举考试科目，明习算学人员可以量予科甲出身，第一次将"西学"与"中学"同考。

过去做官必由科举，洋务运动之后，洋务学堂学生的仕途、任用则突破了这一不移之法。京师同文馆建立后，就规定学生每三年由总署大

① 中国史学会编：《中国近代史资料丛刊·洋务运动》第 5 册，上海人民出版社 1961 年版，第 153 页。
② 中国史学会编：《中国近代史资料丛刊·洋务运动》第 5 册，上海人民出版社 1961 年版，第 53 页。
③ 中国史学会编：《中国近代史资料丛刊·洋务运动》第 5 册，上海人民出版社 1961 年版，第 53 页。
④ 中国史学会编：《中国近代史资料丛刊·洋务运动》第 1 册，上海人民出版社 1961 年版，第 26 页。

臣考试一次，成绩优等者分别授七、八、九品官；又规定："嗣后由同文馆考取七品官复考一等授为主事者，请仍准制分各衙门行走，遇缺即补。"① 这种规定对科举取士从法定制度上开了个口子，学洋务同样可以做官。

与改革科举，兴办学堂相辅相成、互补互促的举措，是翻译西书，传播西学；派遣留学生去欧美、日本学习西方科技。这对扩大我国人民的学习领域，提高我国知识分子的自然科学知识水平和专业技能起了很大的推动作用。

如果说，洋务派办学堂是以聘洋人来中国直接传授西方科学知识，那么派遣留学生去欧美、日本则是走出去学习西方科技。

洋务派的教育改革是以引进西方学校模式为主，以翻译西书和派遣留学生为辅，在客观上对封建教育与科举制产生了极大的冲击作用，开创了向资本主义国家学习办学经验、学习西方科学技术，为教学注入崭新的西学内容，为中国先进知识分子开阔了视野，为中国现代化深入发展形成新思潮、新观念和新的世界观创造了条件，为后来资产阶级维新运动的发生和发展积累了最初的物质基础和精神力量，其历史作用是应该予以肯定的。

洋务派教育改革的局限性也是很大的，主要是表现在他们维护封建主义专制制度的根本立场没有变。这就决定了洋务派的改革措施带有浓厚的封建性和买办性。他们改革的思路是增新而不废旧，对科举制度不主张彻底否定。学习西方，停留在器物层面的引进西方利器和声光电学，这些方面的局限性是由当时半殖民地半封建社会条件所决定的。

洋务派的教育改革尚处在开创时期，但他们是近代中国教育发生资本主义性质变化的倡导者，其地位和作用是不容忽视的。那种认为洋务

---

① 中国史学会编：《中国近代史资料丛刊·洋务运动》第 1 册，上海人民出版社 1961 年版，第 10 页。

教育在客观上为帝国主义分子在中国进行文化侵略和精神掠夺创造了条件，加深了中国教育的半殖民地半封建化的论断失之片面而欠公允。

第二节 维新变法运动中的教育改革

1894—1895 年发生中日甲午战争。中国战败，割地赔款，丧权辱国，举国震动，先进的青年士人疾首扼腕言"维新变法"。在维新变法运动中，康有为不断向光绪皇帝上奏折，其中三分之一的奏折涉及教育改革。1898 年 4 月，康有为上《请废八股试帖楷法试士改用策论折》，5 月又上《请开学校折》。维新派正式向旧教育制度发起冲击，与洋务派相比较，他们在更新的意义上突破了传统的教育思想与制度。

洋务运动失败的教训，使维新派明白向西方学习，不仅仅是学习器物层面上的科学技术，而更为重要的是借鉴西方的国家体制，进行政治制度方面的改革。而这种改革触及社会文化机制和民族素质教育这样一些带有根本性的问题，必须从教育改革入手。教育救国是维新教育改革的主题。康有为认为教育是国家富强之本，梁启超认为教育为变法之本。康、梁都主张"开民智、育人才"，认为"才智之民多则国强"。在维新变法期间，康有为通过光绪皇帝，颁科举新章，下令变通考试办法，乡、会试各三场，头场试历史、政治；第二场试时务；第三场试四书、五经。三场考试，都以讲求实在学问和实际政治为主，废止八股文章，又议定设"经济特科"。围绕"废八股、倡西学"，维新派与守旧顽固派展开了激烈论战，顽固派坚持尊孔读经、八股取士的科举旧制不能变；维新派则揭露八股取士制度有"锢智慧""坏心术""滋游手"三大祸害。

维新派对旧教育制度进行变革提出的另一重大举措是改书院为新式学堂或专门学堂。从 1895—1898 年维新派在全国共设立学堂 19 所。其中最著名的维新学堂有康有为在广东长兴里创办的万木草堂，梁启超、谭嗣同在湖南长沙主办的时务学堂。这些新式学堂一反旧式教学传统，不要求学生把主要精神花在训诂词章方面，而是引导学生关心天下大事，学习西方自然科学与社会科学知识，以求实现"广立学校，培植人才"的目的。

特别值得一提的是在1898年维新变法中创建的我国第一所现代高等教育学校——京师大学堂，即北京大学前身。

在刑部侍郎李端棻等人的奏请下，清政府于"戊戌（1898年）元月诏开京师大学堂"。① 此后，清政府把它作为"各省之表率"而成为全国创设新式学校的样板，"皆颁给京师大学堂章程，令其仿照办理"。② 并将全国各地的书院、义学和社学一律改成兼习中西学问的学校。京师大学堂创立的巨大意义在于它带动了晚清教育改革，摈弃旧式学堂，从改革科举内容入手，递减科举中额，过渡到废除科举制。

维新教育改革的时间短暂，但它在思想理论建树方面的成就特别显著。戊戌变法失败后，已经办起来的新式学校虽然几乎全被停办了，但作为新生事物是扼杀不了的，几年以后又恢复起来，并有所增多。

第三节　新政时期教育具有突破性的改革是废除科举制度

百日维新失败后，接连发生许多重大事件：1900年8月，八国联军发动侵华战争攻入北京，慈禧太后带着光绪皇帝仓皇逃往西安；1901年9月，奕劻、李鸿章与德、美、英、法、俄、日等十一国公使签订

① 舒新城编：《中国近代教育史资料》上册，人民教育出版社1979年版，第28页。
② 舒新城编：《中国近代教育史资料》上册，人民教育出版社1979年版，第45页。

《辛丑条约》，帝国主义从政治、经济、军事上控制了清政府，中国完全沦入半殖民地半封建社会的境地；1904 年，日俄战争对我国东北边疆构成严重威胁。摇摇欲坠的清政府迫于中外形势的巨变，以慈禧太后为首的统治者宣布实行新政，悄悄拾起维新派的部分主张和建议，从1901—1911 年的 10 年内（所谓的新政时期），清政府在教育方面进行了重大改革，其中具有重大突破性意义的举措是废除科举制。因为腐朽的科举制是晚清教育改革的最大障碍，科举不废除，新式学校就无法建立与推广，新的学制与新的教育行政机构就无法建立。

1901 年 6 月，清廷又令复开经济特科。这虽然是由官吏保送来参加考试，但经济特科的考试内容却有了很大的改变。8 月又下令废除八股取士和永停武科。1903 年袁世凯、张之洞联名奏请递减科举中额。1905 年 8 月，袁世凯再次领衔与赵尔巽、张之洞等联名上奏，奏请立停科举，推广学校。清廷同意此奏，颁布上谕："自丙午（1906 年）科为始，所有乡会试一律停止，各省岁科考试亦即停止。"① 它宣告自隋朝开始在中国沿袭了约一千三百年的科举制度最终结束了，这是清政府内部革新思想战胜守旧思想所取得的一大成果。科举制的废除，断绝了士子们追求功名利禄的仕途，他们不再只读圣贤之书，不再沉湎于抽象空洞的义理之中，并逐渐从务虚转向务实，从书斋走向社会。大批旧式文人不得不转入学堂，新式教育因此而得到了发展。

清政府内部围绕废除科举制的斗争而提出的重大问题是学制改革。中国最早的学制是 1902 年清政府颁布的《钦定学堂章程》，即"壬寅学制"。晚清的学制改革从洋务运动开始，洋务派在创办洋务学堂的过程中，初建了一些规章制度，虽无系统性，可其中也孕育着不少新的学校教育制度幼芽。维新派在戊戌变法运动中先后在京师及各省兴办了一大批新式学校，已经改建起许多有系统性的规章制度。洋务派与维新派

---

① 马宝珠：《文化更新的尝试》，山东教育出版社 1999 年版，第 132 页。

为新学制的产生铺垫了最初的基石。

京师大学堂管学张百熙于 1902 年遵照清政府的谕旨拟定"壬寅学制"，包括《京师大学堂章程》《考选入学章程》《高等学堂章程》《中学堂章程》《小学堂章程》和《蒙养堂章程》，共 6 种。其内容大体相似，分为全学纲领、功课、学生入学、学生出身、设官、聘用教习、堂规和建置等项目。这是我国第一个新学制。

由于"壬寅学制"太简略，必须对其考求增补，便由张百熙、荣庆和张之洞又于 1903 年"博考外国各项学堂课程门目，参酌变通"，而拟成了《奏定学堂章程》，对学校系统、课程设置、学校管理，都做了比较具体的规定，亦称"癸卯学制"。

这个章程除了修改"壬寅学制"的缺略外，还增加了适应于各类学堂的章程二十余种。

这是我国第二个新学制，也是第一个在全国颁行实施的较为完备的学制。这个学制以法律形式规定了各级教育的年限，引进了西方资本主义的教学内容和方法，为中国教育近代化奠定了制度性基石。

科举停止之后，新式学校不断创建。1907—1909 年，京师及各省学校从 37888 所增至 59177 所，两年增加了 21289 所。[1] 过去主管旧式学堂的国子监不再适合作为中央管理教育的机构。1903 年，张百熙奏准让张之洞会商京师大学堂教务，并着手改革清末学务机构，建议"专设总理学务大臣，统辖全国学务，另设学监一员，专管京师大学堂事务，受总理学务大臣节制"。[2] 这一建议被清政府采纳。这是晚清中央学务机构的又一次大变革，为后来将其改为教育部奠定了组织基础。同年，颁布《学务纲要》，裁撤各省学政，设学务处，总理全省学务。1905 年，清政府在设立学务大臣的基础上又特设学部，成为中央政府

① 陈景磐：《中国近代教育史》，人民教育出版社 1979 年版，第 305 页。
② 舒新城编：《中国近代教育史资料》上册，人民教育出版社 1979 年版，第 274 页。

11 个部之一。

学部成立后，于 1906 年奏定《劝学所章程》，改革了各地方学务机构，规定府州县教育行政机关为劝学所，即民国后各地教育局的前身。清末以学部的设立为初始的教育行政改制，使中央和地方各级教育机构建立和健全起来，是近代教育行政体制的正式确立。

晚清以废科举、兴学校为重心的教育改革，确立了近代化的教育体制。这种变革与当时的社会政治经济的半殖民地半封建的背景密不可分，都是与国内外发生的重大历史事件相联系的。从晚清统治者的主观上看，不是他们主动与自觉地要进行教育改革，是外国列强的侵略步步加紧逼出来的，废科举、兴学堂、派留学生、翻译西书、引进西方科技，都是出于外交、军事、经济上的直接需要，改革的指导思想没有超出"中体西用"的框架。如"癸卯学制"亦存在着封建性与保守性的东西，其规定新的教育宗旨为忠君、尊孔、尚公、尚武、尚实。其中，忠君与尊孔就具有明显的灌输封建专制主义愚忠与封建伦理道德观念的目的性。

第四节　晚清废科举、兴学堂对学习思想的影响

罗志田先生说："科举制是一项集文化、教育、政治、社会等多方面功能的基本体制，它上及官方之政教，下系士人之耕读，使整个社会处于一种循环的流动之中，在中国社会结构中起着重要的联系和中介作用。科举制的废除不啻给与其相关的所有成文制度和更多的约定俗成的习惯行为等等都打上一个难以逆转的句号，无疑是划时代的。如果说近代中国的确存在所谓'数千年未有的大变局'的话，科举制的废除可

以说是最重要的体制变动之一。"① 罗先生认为，废科举前，取士的标准已从鼓励新旧学兼通变为新学是尚，与之伴随的参考书籍的变换对印书、卖书、买书及应试者均带来程度不同的影响。科举制度废除后，耕读仕进的上升性社会变动取向发生转变，城乡逐渐分离，在传统社会中，原居四民之首的士阶层不复存在。由于政教相连的政治传统中断，政治的常规社会来源枯竭，又缺乏新的职业官僚养成体制，原处边缘的军人和工商业者新兴权势社团因"市场需求"而逐渐进据政统，而政治军事群体的社会组成及其行为也逐步呈现非常规化，出现了"游民"和"饥民"这类边缘社群，对政治军事的参与及类似开会、发电报等新兴的政治行为出现了。可以看出，清季科举的改废并非仅仅是个政治变革，它引起了非常广泛的社会变迁，造成了相当深远的社会影响。罗先生是从社会史视角来观察清季科举制改废的。如果我们从学习思想史视角来考察它，那么不仅有助于我们理解由此制度变革引发的学习思想变革，而且提出了一个考察近代中国封建社会解体孕育出的资本主义的学习思想，为先进的中国知识分子形成新思想、新观念和新的世界观创造了有利条件，为马克思列宁主义传入中国和中国马克思主义诞生准备了条件。

首先，废除科举、兴学堂是一次学习思想大解放运动，是一次思想启蒙运动，它把中国的读书人（士子）从孔孟儒家思想桎梏中初步解放出来。

儒家思想从汉代被确立为国家的意识形态之后，历代统治者均采用一系列的制度设计来确保儒家思想的独尊地位，具体的做法反映到教育、学习思想方面，有汉代的设立五经博士而使儒家经典法定化；尊奉孔子，建立由国家祭祀孔庙而使儒家创始人孔子成为"素王"而圣人化。隋唐开始推行科举制，进一步巩固了儒家思想的统治地位，扩大了

---

① 罗志田：《清季科举制改革的社会影响》，《中国社会科学》1998 年第 4 期。

儒家思想的影响。而儒家思想也为科举制度提供了充足的理论依据，并成为考试内容和准则。这样，儒学在权力的运作下逐渐转化为具有强制性和排他性的文化思想系统而被制度化，同时国家的许多制度也被儒家化。科举制是儒家制度化的最为核心的设计。科举制是一种以考察对于儒家知识和观念的把握、精通作为取士唯一标准的选官制度。考试内容中的"明经""经义"本身便是儒家经典，策问也需符合儒家思想，是儒家思想的具体化与致用化。读书士子为应举，必须熟读儒家经典，倾注所有精力于四书、五经，因而造成大批读书人皓首穷经，死抠经典，只许"代圣立言"，不许出格发挥。

这样，儒家经典便成为应举做官的"敲门砖"，儒家思想便成为禁锢知识分子思想的囚笼。正如马克斯·韦伯所言："中国的（科举）考试，并不像我们西方为法学家、医师或技术人员等所制定的新式的、理性官僚主义的考试章程一样确定某种专业资格。……中国的（科举）考试，目的在于考察学生是否完全具备经典知识以及由此产生的、适合于一个有教养的人的思考方式。"① 韦伯说对了一半。科举考试只考儒家经典，"由此而产生的"是少数人做官，而多数人则终生被困在儒家思想的囚笼里。特别是清代的科举考试，将儒家经典作为标准文本，将"明经""经义"依据的经典变成了朱熹所作的《四书集注》，并发展出一种严格的考试文体——八股文。士子们对于考试技巧的揣摩、模拟超过对于考试内容的学习、沉潜。到了晚清，士子们的这种偏执已经到了积重难返、深陷不能自拔的地步，造成中举者没有实际学问、没有经世致用能力的现象，比比皆是。

在儒家的制度化和制度的儒家化的互动之中，科举制考试将儒家经典异化了，将中华民族的文化宝典异化成功名利禄的蜘蛛网。现代新儒家第二代传人徐复观说："科举在事势上只能着眼于文字，文字与一个

---

① ［德］马克斯·韦伯：《儒教与道教》，洪天富译，江苏人民出版社2010年版，第130页。

人的行义名节无关，这便使士大夫和中国文化的基本精神脱节，使知识分子对文化无真正的责任感；使主要以成就人之道德行为的文化精神，沉没浮荡而无所附丽。文字的好坏，要揣摩朝廷的好恶，与社会清议无关，这便使士大夫一面在精神上乃至形式上完全弃乡里于不顾，完全与现实的社会脱节，更使其浮迹无根……科举考试都是'投牒自进'，破坏士大夫的廉耻，使士大夫日趋于卑贱，日安于卑贱；把士与政治的关系，简化为一单纯的利禄之门，把读书的事情，简化为单纯的利禄的工具。"①

　　鸦片战争无情地验证了科举制和传统教育制度培养、选拔出来的人才根本无力应对帝国主义的坚船利炮。在民族尊严遭受严重的侵犯之时，改革教育与科举制度首先成为对民族国家的前途思考中的舆论共识，许多有识之士均将科举制视为自强求富、抵御外侮的极大障碍，清政府被迫于1905年正式宣布废除这一儒学化的制度。废除科举在某种意义上是对于传统制度体系中的儒家独尊的否定，导致了以士为基础的儒家群体力量的削弱，割断了"学"与"仕"的制度性的连接，使数千年来不断强化的"仕而优则学，学而优则仕"的儒家观念受到粉碎性的打击，代之以西方的教育模式为基础而建立起来的新式学堂。教学内容也由儒家经典为主体而改为重视自然科学知识和外语的教学，教学内容兼容中西、文理并列，学生学习儒家经典不再是用作获取利禄的"敲门砖"，而是为继承传统文化、涵养华夏民族精神。儒家思想被迫从教育制度、国家考试制度中"撤退"，儒家的合法性不复存在，在现实政治中失去了存在的根基。

　　这种"数千年未有之大变局"，对知识分子来说是一次政治上的大解放，也是一次史无前例的学习思想大解放，使他们把眼光从科举、经书挪向西方的自然科学，挪向世界文化和中国传统文化的各个领域、各

---

① 徐复观：《学术与政治之间》甲集，台中"中央"书局1956年版，第144页。

个学科，从而克服知识结构编狭，重文轻工理的畸形发展而成为全面发展、综合提高的国家有用之才。

科举制的废除更为深远的意义是，知识分子建立自己人生观、世界观的主要思想、精神源泉，从孔孟之道向学理（包括资产阶级学说和马克思列宁主义学说）转变。废除科举而建立起来的新式学堂和教育体制，不再为"学而优则仕"提供制度性保证，士不再是政府官吏的唯一来源，"学而优"可以从事社会各种职业的选择，从而为中国培养新型的自由知识分子创设了条件。官与学（思想家、史学家、文学家、艺术家、科学家）一身二任型的士大夫转化为职业官吏与职业学者，即士与大夫分离，"士"变成主要议政而不参政的职业知识分子，解除了皇权和等级制度（专制主义）对知识分子的钳制与束缚，从而获得实质性的人身自由和思想自由，这就为中国实现现代化所需要的科学与民主准备了宣传与推行的"人"的条件。

其次，废科举、兴学堂，为封建士大夫型知识分子向现代化型知识分子转型扫除了障碍，建立起阵地。

罗志田先生看到的晚清废科举制所造成的民国时期的传统耕读仕进的上升性社会变动所产生的失序现象，应该与整个社会大变动中的政治、经济、军事的资产阶级民主革命有关。笔者认为，在传统社会中原居四民之首的士阶层不复存在，它们不是消失而是转型，士阶层由传统士大夫转化成现代型知识分子。知识分子作为社会中的一个阶层不是不复存在，而是空前扩大了。没有这种知识分子的转型，哪来的五四运动呢？

知识分子由传统向现代转型，应该是从鸦片战争前后开始的，经历了近八十年漫长的时间，到1919年的五四运动完成。具体地说，经历了鸦片战争时期龚自珍、魏源、林则徐等经世派士大夫，以镇压太平天国运动为背景兴起的曾国藩、李鸿章、张之洞等洋务派官僚知识群体，中日甲午战争后维新派的康有为、梁启超、谭嗣同，辛亥革命派的章太炎、蔡元培及五四时期的鲁迅、李大钊、陈独秀、胡适等四代知识分子的奋斗、嬗递才完成。第一、二代属于传统型士大夫，他们都是科举出身，龚自珍、魏源是道光进士，张之洞为同治进士，而康、梁、谭维新派士人自称为新学家，是"不中不西亦中亦西"的过渡型士人，他们中也有科举出身的。新学家的共同点是均反对科举取士制度，他们思想中资本主义成分比封建成分占的比重多些，力主废科举以西方教育模式育人才。蔡元培曾为光绪进士、翰林院编修，但他于 1898 年弃官南下，从事教育并投身旧民主主义革命。1904 年与陶成章等组织光复会，第二年加入同盟会。1907 年赴德留学，学习西方人文学说。而章太炎更是激进的反清的旧民主主义革命家。蔡元培与章太炎基本上属于现代型知识分子，到鲁迅、陈独秀、李大钊、胡适的出现，中国现代型的知识分子已经成熟，他们彻底清算封建主义文化，批判尊孔读经。他们都是在废除科举之后，在新的教育制度下培养出的新型知识分子，鲁迅、陈独秀、李大钊都曾留学日本，胡适留学美国。五四运动前后的现代知识分子多数是"留洋"出身，他们是废除科举制度之后诞生的现代型知识分子。

第五节　晚清教育改革的历史意义

一、废科举制度而设为新式学堂制

魏晋以来，门阀世族把持政权，门第变为任用官吏的依据，九品中正制就是门阀世族垄断政治地位的选官制度。隋朝建立后，文帝开始用分科考试方式选用官吏。到炀帝时，于公元 607 年设置进士科，以策试取士，标志着科举制的建立。这一制度历千余年至清代而完善并趋僵化。

随着"西学"以其特有的气势涌入中国，传统意义上的"中学"受到了空前的挑战。洋务派强烈地感到"泰西各国日益强盛"，确有许多值得中国学习的地方，故而应该"取彼之长，益我之短，择善而从"。① 为了学习近代科学技术，洋务派李鸿章等人提议设立"洋学堂"，创立新式教育。于是，他们先后开办了外国语学校（京师同文馆、上海广方言馆等）、工业技术学校（福州船政学堂、上海机器学堂等）和军事学校（天津水师学堂、广东水陆师学堂等）。这些新式学堂在传播西学、引进外国先进科学技术、普及科学知识等方面发挥了重要作用。

维新变法运动，为教育的更新起到了重要的促进作用，并产生了深远的影响。康有为等人重视通过创办新式学堂培养新人。1891 年康有为在广州创办万木草堂，1896 年严复在北京创立通艺学堂，1897 年梁启超在长沙设立时务学堂，以求实现"广立学校，培植人才"的目的。接着，维新派吁请改革科举制度，主张考试废除八股而改试策论，清廷也于 1898 年 6 月 23 日颁谕称："自下科为始，乡、会试及生童岁科各试，向用《四书》文者，一律改试策论。"②

"百日维新"虽然在以慈禧太后为首的封建顽固势力的镇压下失败，但两年多以后清政府在"清末新政"中又不得不仿效"戊戌新政"。1901 年 8 月，清廷下诏废除八股文形式。1905 年 9 月 2 日，清廷发布上谕称："自丙午科为始，所有乡会试一律停止，各省岁科考试亦即停止。"③ 而代之以新式学堂。这样，自隋朝建立起来延续约一千三百年的科举制度从此宣告退出历史舞台，这是清政府内部革新思想战胜守旧思想所取得的一大成果。科举制的废除，断绝了士子们追求功名利禄的仕途，他们不再只读圣贤之书，不再沉湎于抽象空洞的义理之中，他们逐渐从务虚转向务实，从书斋走向社会。大批旧式文人不得不转入

---

① 马宝珠：《文化更新的尝试》，山东教育出版社 1999 年版，第 55 页。
② 舒新城编：《中国近代教育史资料》上册，人民教育出版社 1961 年版，第 44 页。
③ 马宝珠：《文化更新的尝试》，山东教育出版社 1999 年版，第 132 页。

学堂，新式教育因此而得到了发展。对此，梁启超曾有评价："现代的学问和思考方法确已有了一条大进步之途径"，"这里头最大关键，就是科举制度之扑灭"。①

旧式科举变为新式学堂为现代学习思想的发展提供了制度方面的保证和转变的契机。它的巨大意义在于：一是学习文本由"四书五经"变为现代化的知识体系，中西文理、古今学科都纳入学习范围。二是培养人才的目的、宗旨的变化。科举为皇权服务，"务富少教之学识，以博少数人之荣誉"，而少数人在科举之路上成功又极少；学校则为国家培养人才，"务全国人之知识"，大大拓宽了学习者的学习道路，由科举取士的"独木桥"变为有个人选择自由的多种学习途径。科举制度下，读书人的出路由皇权指定，学习不过是入仕的敲门砖，读书人读经走科举之路多数是以悲剧告终；新式学校与科举制的不同，从学习视角看，"它重视知识传播，成就的是个人专业科目的基础，所以知识独立论的色彩有所增强。废科举、举学堂，改革国家的教育制度，是推动学术（学习）思想走向现代的非常重要的一步"。②

二、由新式学堂而过渡到现代大学的正式建立

新式完整的教育体系开始于 1902 年张百熙拟订的《钦定学堂章程》。这个章程是中国近代第一个法定的学制体系，因该章程公布时是壬寅年，故又称"壬寅学制"。《钦定学堂章程》包含《京师大学堂章程》《考选入学章程》《高等学堂章程》《中学堂章程》《小学堂章程》《蒙养堂章程》等。1903 年，张百熙、张之洞、荣庆又重新拟定了《奏定学堂章程》，对学校系统、课程设置、学校管理都做了比较具体的规

---

① 马宝珠：《文化更新的尝试》，山东教育出版社 1999 年版，第 132 页。
② 刘梦溪：《中国现代学术经典总序》，刘梦溪主编：《中国现代学术经典·梁启超卷》，河北教育出版社 1996 年版，第 50 页。

定。这是我国第二个新学制，也是第一个较为完整并经法令正式公布实行的全国学制体系，因公布于癸卯年，所以又称"癸卯学制"。

这个学制从纵向上看分为三段六级，"第一阶段为初等教育，设初等小学堂五年、高等小学堂四年，另设蒙养院；第二阶段为中等教育，设中学堂五年；第三阶段为高等教育，设高等学堂或大学预科三年，分科大学堂三年至四年，通儒院五年。从横向上看，与高等小学堂平行的有实业补习学堂、初等农工商实业学堂和艺徒学堂；与中学堂平行的有初级师范学堂、中等农工商实业学堂；与高等学堂平行的有优级师范学堂、实业教员讲习所、高等农工商实业学堂。除以上所设，在京还设有译学馆，外省有方言学堂，都属于高等教育性质。此外，还设有为新贤进士学习新知识的进士馆，为已仕官员学习新知识而设立的仕学馆，修业年限为三年，也属于高等教育性质"。①

自《奏定学堂章程》颁布以后，学校有了一定的发展。近代意义上的各类学校初具规模，师范教育和实业教育也初具雏形。

学堂带有浓重的封建色彩，它是由传统教育向现代教育转化的过渡形式，就教师来说多为旧式学者，或"半新半旧的过渡学者"，其中只有少数是欧美大学获博士学位的人。大学则不同，基本上是按照欧美大学模式建立的。1911 年北京大学在原京师大学堂（京师大学堂是在维新派积极倡导下，1898 年 6 月 11 日，光绪帝在"百日维新"开始时所颁布的"明定国是"诏书中明令创办的，这是新式教育发展的一个重大收获，而其又是戊戌维新失败后唯一保留下来的成果）的基础上成立，这是中国第一所具有现代意义的大学。20 世纪初，天津、上海、杭州、广州等地纷纷建立起许多中等或专科的现代学校。严格地说，北京大学获得现代学府的地位，是在 1916 年 12 月蔡元培出任校长之后。蔡元培就任北京大学校长后，对学校进行大力改革，在"兼容并包，

① 马宝珠：《文化更新的尝试》，山东教育出版社 1999 年版，第 133 页。

思想自由"的办学方针下，积极领导传播进步的思想文化，从而使北京大学的知名度上升很快。而清华大学的前身是清华学堂，成立于1911年，当初是清政府建立的留美预备学校。1912年更名为清华学校。为尝试人才的本地培养，1925年设立大学部，1928年成为国立清华大学。1929年清华设国学研究院，这是它获得现代高等学府地位的一个标志。

北京大学、清华大学的出现，标志着中国由新式学堂到建立正式大学过渡的完成，是学习思想进入新时期的又一个契机。五四新文化运动，北京大学学生举起科学与民主的旗帜，反帝爱国，而科学与民主也是近代学习思想的旗帜。

三、现代科学在学校教育中得到确认

20世纪初，中国的中学与大学里开始设置自然科学课程，改革了以读经为主的课业系统，大学取消经科，并出现了理工科，中学加强了实业学科和职业教育。大学理工科的出现是中国教育改革的重大举措，延续几千年的中国传统教育的解体，也是在西潮的强烈冲击下发生的。时势使之然，教育固然无法回避。任何一种文化，如果没有外来文化的冲击、影响和补充，是难以产生革命性变异的。

中国人在古代科学技术上是领先西方的。唐朝，由于国家的统一、经济文化的空前繁荣、科学技术的发达，已成为亚洲甚至是世界的头等强国；宋代自然科学的成就，最突出的是印刷术、指南针和火药三大发明的完成和发展，远远领先于世界水平。然而，至明朝以后中国整个社会的发展开始落后于西方。其原因：从中国方面看，与封建社会处在腐朽的晚期，专制主义搞文化一元而禁锢了文化发展的生机，阻碍了中国科学技术的发展有关。中国文化中以儒家思想为主导的特色之一是重"道"轻"器"，孔子早就说过"君子不器"。自然科学属于"器"的范畴，这也是一个重要的认识的偏执，阻碍、束缚了自然科学的发展；

从西方的情况看,却与那儿的文化多元格局有关。我们要充分认识到近代科学技术对中国文化的影响。中国传统型科举制的知识分子是人文与科学二个领域的分裂形态下的产儿,从而造成梁启超说的"学问饥荒"。中国在近现代的文化战略方面应着重解决的"学问饥荒"问题的关键是学习西方的科学。

从中国近代史来看,虽然中国社会发展不同阶段中的科学总是受制于整个社会的生产力的发展水平和权力中轴,但是"科教兴国"至少从"五四"前后,国人就明确认识到这一问题,科学与教育最终使整个社会转向智力中轴。作为智力代表的科学在现代社会中将起着决定性的作用。感情、道德、权力、经济四种因素都将受到智力因素的规范。"五四"提出的科学与民主并举,其意义在于促进科学的人性化,以防止科学与人文的分离。

清末民初,科学思想作为一种救亡图存的工具性观念,已被中国人所认识,但是直到新文化运动发生,经过陈独秀、李大钊、胡适、蔡元培等人的深入阐释和大力宣传,其影响才迅速扩大,很快成为一种社会思潮。胡适为此评论说:"这三十年来,有一个名词在国内几乎做到了无上尊严的地位,无论懂与不懂的人,无论守旧和维新的人,都不敢公然对他表示轻视或戏侮的态度。那个名词就是科学。"[1]

四、模仿欧美大学模式,确认博士制度

中国办大学之初完全照搬西方大学模式,说是全盘西化一点也不过分。西方办大学有 12 个世纪的历史,而中国在 20 世纪初却是新鲜事儿,"破旧立新"也要有"样板"照着学,于是哈佛大学、剑桥大学、柏林大学、巴黎大学诸欧美名牌大学成了中国办学的仿效对象。这些大学的基础是博士制度,没有博士学位点的大学则上不了经传,更不会有

---

[1] 胡适:《科学与人生观序》,《胡适文集》第 3 册,北京大学出版社 1998 年版,第 152 页。

什么声望。20世纪初的北京大学、清华大学虽然还没有博士制度设立学科博士点，但有相当一部分教师是从西方留学获得博士学位的人，而清华大学国学研究院基本上是按照西方大学博士制度建立起来的。

从甲午惨败至废除科举制，依托宗法——皇权的儒家教育上千年政教合一格局的终结，中国第一批现代知识分子由此独立问世，他们多数是19—20世纪之交出国留学的青年学子，与康有为、梁启超、谭嗣同、章炳麟相比，他们终究割断了与传统科举制度的脐带，尽管他们中的绝大多数受西方思潮影响而成为自由主义者，但在爱国主义这一点所表达出来的言论和行为并不比激进主义者、恪守传统的文化保守主义者差。戊戌变法与五四运动的差别，抛开其他国际国内因素来看，就发动者来说，其差别是相当明显的。

中国自隋朝实行的科举制度，历唐、五代、宋、元、明、清约一千三百年而完善而僵化。从其起始就把社会上主要和最高的价值欲求整合为一个：即指向官场，把选举和取人的途径、标准日趋为一。这样，读书人首先在观念上确立经书（后来的八股文）和做官密切之联系，一旦入仕则获得权力、声望和财富。科举制把知识分子的思想束缚在孔孟之道和程朱理学之中。士人为了猎取功名，埋头于圣贤书中，一切时务经济的学问，概不留心，成为书呆子和利禄之徒。因此，这一制度成为愚民政策的工具，严重阻碍了科学文化的发展。科举制对绝大多数读书人来说是陷阱或是独木桥，通过科举入仕的毕竟是极少数。吴敬梓的《儒林外史》把科举制度作了艺术化的描写，没有人会怀疑这是明清知识分子走科举之路的血泪史。所以废科举——兴学堂——办大学，是中国知识分子由传统到现代的自由解放之路。

第 四 章
晚清学习文本的新发现引出的新学问

19 世纪末到 20 世纪初，在学习文本方面有"四大发现"，即：殷墟甲骨文字；汉晋木简；敦煌遗书；内阁大库档案。此外，还有古金石、古器物、古外族遗文的零星发现，虽然没有四大发现那样集中而数量多，但其理论与文献价值也不低于上述四项。王国维认为"今日之时代可谓之发见时代"①，并预见学术史学科的发展常得益于新材料的发现。四大发现经王国维等学者的研究，在 20 世纪发展为举世瞩目的甲骨学、敦煌学、简牍学、清史学。四大发现中的任何一种都可以与孔子壁中书、汲冢竹简相抵当，而甲骨文字和敦煌遗书的发现，学者们认为这是可与埃及金字塔相媲美的重大发现。中国传统文化学术向现代学术转变，有清末四大发现的契机。20 世纪初疑古学派的产生与四大发现相关联，它直承今文学派而来，是传统学术走向现代的重要一步。它导致历史学由疑古走向释古、历史学向经学挑战，为中国古史的重建工作奠定了坚实的基础，为"新史学"的出现也起到催生作用。甲骨学与敦煌学的建立与王国维的二重证据法的提出，基本确立了 20 世纪史学逐渐取代经学而占据学术研究中心地位的大格局。

---

① 王国维：《最近二三十年中国新发见之学问》，《王国维遗书》第 5 册，上海古籍出版社 1983 年影印本。

第一节　殷墟甲骨文字

一、甲骨文的发现

甲骨文在刚发现时名称很多，如"龟甲兽骨文""契文""贞卜文""殷虚卜辞"等等，现在学术界约定通称"甲骨文"。认出甲骨文的年代，王国维确定在"光绪戊戌己亥间"。① 所谓"甲骨文"就是指我国殷代那些刻在龟甲、兽骨上的文字，有用刀刻的，也有用毛笔写的，前者称为"契文"，后者称为"丹书"。

第一位判定刻于甲骨上的是殷商文字的学者是王懿荣（1845—1900年）。他是一位奇才，于书无所不窥，于经学、史学、小学、天文、舆地、金石，均能贯通。他在中进士之前已名满京都，并与当时学界的硕儒宿学如赵之谦、吴大澂、缪荃孙、张之洞等过从甚密。王氏中进士后，先后供职南书房为翰林，国子监为祭酒。传说 1898 年秋王懿荣因病派家人去北京宣武门外菜市口达仁堂抓药。药取回后，王氏发现药中有一味"龙骨"，上刻有古文字，于是即命家人从药店里买回所有的龙骨。这个传闻有人调查并无根据。比较可靠的说法是，1899 年秋，山东潍坊的古董商范寿轩看到一种特殊的"古董"——数片刻有文字的龟甲、兽骨，就到北京求售于王懿荣。这位金石学家认出是古文字，视为奇世之宝，遂大批收购之。次年，八国联军攻入北京，王自杀殉国。他虽曾用重金搜求的甲骨，却还未来得及研究。此后，家道中落，后人也不珍视这类沾满泥土的"古董"。不久，便被稍稍懂行的刘鹗购走，约千余片。刘鹗又悉心收购，得五千余片。大名鼎鼎的罗振玉当时是刘

---

① 王国维：《最近二三十年中国新发见之学问》，《王国维遗书》第 5 册，上海古籍出版社 1983 年影印本。

鹗的家庭教师，教刘鹗第四子刘大绅读书，此后又将长女嫁给刘大绅，与刘鹗成了亲家。罗振玉于 1902 年见到这批甲骨，叹为异宝，认为是汉以来诸小学家所不得见者，并以甲骨脆弱，文字易灭，如不汲汲搜求，则出土之日，即澌灭之期。因此，极力鼓动刘鹗选印出版。于是在 1903 年出版了第一部甲骨文著录书籍《铁云藏龟》，该书选拓 1058 片甲骨，并在自序中正确地说明甲骨文乃是"殷人刀笔文字"。由此，殷墟甲骨文为世人所知。不久，刘鹗充军新疆，死于异地，致使他搜集了材料却不能予以充分研究。

据说刘鹗收藏的甲骨后来转到罗振玉手中，而罗振玉、王国维才是使甲骨文成为一门新的学问的奠基人和开创者。甲骨文在安阳北五里的小屯，由于古董商的有意隐瞒，在较长时间内未被学界所知，直到 1908 年才被罗振玉查访清楚。1910 年罗振玉在出版的《殷商贞卜文字考》的"自序"中指出，小屯甲骨"实为殷室王朝之遗物"。① 自此，甲骨文的时代与性质才被认清，而安阳小屯的名字也与殷墟和甲骨文联系在一起。甲骨文的单字，据学者们统计约五千个，迄今所认准的而为学界所共识的已有一千多个字。②

二、对甲骨研究作出重要贡献的学者

（一）罗振玉（1866—1940 年），字叔蕴，一字叔言，号雪堂，浙江上虞人，近代著名的金石学家，大学者。王懿荣是第一个断定甲骨文为殷商文字并对有字甲骨加以购藏的人，但他未来得及研究而死去。甲骨文的整理、研究的大功臣是罗振玉。从 1906 年起，他着手搜集甲骨文，曾雇人至安阳大事求购，又命家人前往采掘，所获甲骨近二万枚，成为早期收藏甲骨最多的人。1913 年冬，罗氏择其精善者，自加墨拓，

---

① 朱凤瀚：《近百年来的殷墟甲骨文研究》，《历史研究》1997 年第 1 期。
② 朱凤瀚：《近百年来的殷墟甲骨文研究》，《历史研究》1997 年第 1 期。

编次成册，成《殷墟书契前编》8 卷。1914 年，罗氏于旧藏甲骨精品中，将那些骨质脆弱不忍施墨槌拓者，经摄影精印成《殷墟书契菁华》一书，入录甲骨 68 片，其中整版甲骨 8 片，是出土甲骨中不可多得的珍品。1915 年春，罗振玉亲去殷墟作实地考察，对甲骨笃爱益深，归来尽出所藏，遴选《殷墟书契前编》中文字所未备者千余品，手施毡墨，辑为《殷墟书契后编》上下两卷，次年精印行世。此后，罗氏求访国内诸家所藏，十余年间约得三千片。1933 年，从中选取二千余片，成《殷墟书契续编》6 卷。此书与之前出版的几种著录多有重复。这样，罗氏《殷墟书契》前、菁、后、续四编，在甲骨资料搜集与传布方面作出了卓越的贡献。

罗振玉在《殷墟书契前编》8 卷刊行之后，因其文字奇古而不可属读，发愤为之考释，著成《殷墟书契考释》一书。1915 年初版释字 485 个，1927 年增订本释字 571 个，当时认识甲骨文字数，"自以罗氏为第一。其考定小屯为故殷墟，及审释殷帝王名号，皆由罗氏发之"。① 该书阐述了殷墟文字的诸项特征，提出由许书以上溯古金文，由古金文以上窥卜辞的研究法则。《殷墟书契考释》一书的刊布，使甲骨文字之学蔚然成一巨观。

（二）王国维（1877—1927 年），字静安，亦字伯隅，号观堂，浙江海宁人。王国维的学术成就是多方面的，而以甲骨文的研究最为突出。他运用"二重证据法"，以甲骨文、金文资料证实、订补古书记载，在古代史实及典制的考证上有许多突破。1917 年所作《殷卜辞中所见先公先王考》及《续考》就是最著名的代表作。王国维的甲骨文研究与罗振玉密切相关。他 1913 年随罗振玉赴日本京都，至 1916 年回国。他在日本期间主要的学术活动是与罗合作从事甲骨文资料的整理与

---

① 王国维：《最近二三十年中中国新发见之学问》，《王国维遗书》第 5 册，上海古籍出版社 1983 年影印本。

研究。1915 年罗振玉《殷墟书契考释》出版，这是王国维手书的石印本，王氏为该书写了《序》。《殷墟书契考释》一书，署名罗振玉撰，但书中采用王国维之说颇多，书成又由王国维为之校写，并为二序，故而言此书系罗、王二人协力合作并无不妥。王国维认为，这部书是清代小学成就之高峰，也是清代三百年来小学之结束。

王国维对甲骨学的独创性贡献，在于利用甲骨文探讨商周历史与典章制度。其主要研究文章有《殷虚卜辞中所见地名考》（1915 年）、《三代地理小记》（1915 年）、《鬼方昆夷猃狁考》（1915 年）、《殷礼徵文》（1916 年）、《殷周制度论》（1917 年）、《古史新证》（1925 年）等等。这些文章是王氏运用古文字的材料考定古史、古地理的开端，而《殷卜辞中所见先公先王考》《续考》和《殷周制度论》是我国甲骨学发展成为一门成熟学科的标志。这些文章表明王氏对甲骨学的研究取得突破性成果。王国维考定《史记》中关于殷商世系的记载，可以用甲骨文加以证实，说明甲骨文的发现"使世人知殷虚遗物之有裨于经史二学者有如斯也"。[①] 王国维将甲骨文与古籍上的记载互相参照，扩大了人们对古代社会认识的视野，学术上得到了很大的收获，奠定了他本人在这个学科中的领先地位。《殷周制度论》和《古史新证》是继甲骨文发现了殷世系之后，进一步对商周社会的研究。其主旨在论殷与周两种制度的区别，这使甲骨文研究不再局限于古文字学的范围，而进入了着眼于历史上文化制度的研究。

罗振玉、王国维是使甲骨文成为一种新学问的奠基人，史称"罗王之学"。罗、王之后研究甲骨文有成就者是孙诒让（1848—1908 年）。1904 年孙氏据《铁云藏龟》撰写了研究甲骨的专著《契文举例》，这也是一部有重要价值的开创性著作。后有董作宾编撰《殷墟文字甲编、

---

① 王国维：《殷卜辞中所见先公先王考》，《观堂集林·附别集》，中华书局 1959 年版，第 411 页。

乙编》（1948 年）。郭沫若（1892—1978 年），四川乐山人，1928—1937 年旅居日本的十年中，专门研究甲骨、金文，用这些实物论证中国古代史上的重大问题，著有《卜辞通纂》《甲骨文字研究》《殷契粹编》《两周金文辞大系图录考释》等，晚年主编《甲骨文合集》。郭氏继王国维之后，创造性地把古文字学和古代史的研究结合起来，开辟了马克思主义新史学研究的新领域。甲骨学史上有"四堂"之说。唐兰先生在《天壤阁甲骨文存》自序中说："卜学研究，自雪堂（罗振玉）导夫先路，观堂（王国维）继以考史，彦堂（董作宾）区其时代，鼎堂（郭沫若）发其辞例，固已极一时之盛。"

三、甲骨文发现的重要意义

（一）证实了中国早期国家——商王朝的存在

在殷墟甲骨文发现以前，人们只能从有限的文献记载中知道有个商王朝，而且这些文献无一是成于商代的。最系统讲商史的是西汉司马迁所撰《史记·殷本纪》，即使连公认为保留了较多商人语言的《尚书·盘庚》篇，其中也多杂有西周时的词语，显然是在西周时期被改造过的文章。由于文献稀缺，更缺乏同时代的文字资料，以至在 20 世纪 20 年代，著名学者胡适仍主张"现在先把古史缩短二三千年，从诗三百篇做起"。[①]

殷墟甲骨文的发现，将大量的商人亲手书写、契刻的文字展现在学者面前，使商与传说朝代分离而进入历史时代。特别是 1917 年王国维写了《殷卜辞中所见先公先王考》及《续考》，证明《史记·殷本纪》与《世本》所载殷王世系几乎皆可由卜辞资料印证，是基本可靠的。同时，他根据缀合的两片卜辞（《殷墟卜辞后编》上《戬寿堂所藏殷墟

[①]　胡适：《自述古史观书》，收入顾颉刚编著：《古史辨》第 1 册，上海古籍出版社 1982 年版，第 22 页。

文字》），发现上甲以后几位先公之次序应是报乙、报丙、报丁。《史记》以报丁、报乙、报丙为序，是后世传抄致讹。这篇著名论文，无可辩驳地证明《殷本纪》所载商王朝是确实存在的。这不仅是中国历史研究的一件大事，而且鉴于殷商文明在世界文明史上的重要地位，这一发现也是世界历史研究中一件值得大书特书的事。

（二）王国维用甲骨文证实了《殷本纪》的史料价值，使《史记》之类历史文献有关中国古史记载的可信性增强，其意义不仅局限于商史

因为这一发现促使史学家们想到，既然《殷本纪》中的商王世系基本可信，司马迁的《史记》也确如刘向、扬雄所言是一部"实录"。那么司马迁在《夏本纪》中所记录的夏王朝与夏王世系也恐非是向壁虚构。特别是在 20 世纪 20 年代疑古思潮流行时期，甲骨文资料证实了《殷本纪》与《世本》的可靠程度，也使历史学家开始摆脱困惑，对古典文献的可靠性恢复了信心。

（三）引发了震撼中外学术界的殷墟发掘，揭开了中国现代考古学的序幕

五四运动促使中国的历史学界发生两大变化：一是提倡实事求是的科学态度。古史辨派对一切经不住史证的旧史学的无情批判，使人痛感到中国古史上科学的考古资料的极端贫乏；二是历史唯物主义在史学界产生巨大影响。1925 年王国维在清华国学研究院讲授《古史新证》，力倡"二重证据法"，并使中国历史学研究者开始重视地下出土的新材料。这些历史因素对近代考古学在中国的兴起起到了催生作用。

1927 年秋，前中央研究院历史语言研究所开始发掘殷墟，其最初的目的乃是为了继续在此地寻找甲骨。当李济主持第二次发掘时，已开始从主要寻找甲骨变成对整个遗址所有遗存的科学发掘，认识到"凡是经过人工的、埋在地下的资料，不管它是否有文字，都可以作研究人

类历史的资料"。① 从而取得了以后 14 次发掘的重大收获。所以可以说，正是甲骨文的发现揭开了中国现代考古学的序幕。

（四）大大加速了对传统的中国文字学的改造

汉代以后的中国文字学家崇尚许慎的《说文解字》，文字学主要是《说文》学，但由于北宋以来金石学的发展，特别是对金文的研究，已不断地用商周古文字对《说文》的文字进行补充。到了清代，在乾嘉学风的影响下，对金石学的研究进一步深入，使《说文解字》的权威性受到了较大的冲击。1883 年刊行的吴大澂《说文古籀补》以金文资料充实、修订《说文》，为中国文字学向近现代文字学发展搭起了一座桥梁。甲骨文的发现提供了汉字的早期形式，其结构离小篆甚远，多有象形、会意文字，令当时学者眼界大开。《说文》以小篆为解释字原的理论与其整个文字系统皆难以维持，从而使"许学最后的壁垒也被冲破了"，从此"中国文字学就到了一个新的时期"。②

甲骨文是一门大学问，它的发现与整理、研究对中国上古史的研究有着不可估量的意义。

第二节　汉晋竹木简牍

古代在没有发明纸以前，主要的书写工具是竹片和木片简牍。竹片、木片，得之容易，将竹片或木片连缀在一起叫"策"，即"册"。晋杜预在《春秋左氏传序》中指出："诸侯亦各有国史，大事书之于策，小事简牍而已。"王国维说："汉之书刀，殆用以削牍而非用以刻

---

① 李济：《现代考古学与殷墟发掘》，《安阳发掘报告》1930 年第 2 期。
② 朱凤瀚：《近百年来的殷墟甲骨文研究》，《历史研究》1997 年第 1 期。

字，故恒以刀笔并言。虽殷周之书，亦非尽用刀刻。"① 中国历史上这些简牍在文化传播上曾起过重要作用。简牍比起甲骨、钟鼎、石刻来易于损坏，后世得之于地下，便非常珍贵。

关于汉晋竹木简牍的发现，王国维在《最近二三十年中中国新发见之学问》一文中说得很清楚："汉人木简，宋徽宗时已于陕右发见之。靖康之祸为金人索之而去。当光绪中叶英印度政府所派遣之匈牙利人斯坦因博士访古于我和阗于尼雅河下流废址，得魏晋间人所书木简数十枚。嗣于光绪季年先后于罗布淖尔东北故城得晋初人书木简百余枚，于敦煌汉长城故址得两汉人所书木简数百枚，皆经法人沙畹教授考释。"② 由此可知，汉晋木简是斯坦因最先在中国西北境内发现的。

马克·奥里尔·斯坦因（1862—1943 年），英国考古学家，原籍匈牙利。1900—1916 年间，他奉英国殖民政府之命，4 次到中亚进行所谓的"考察"。活动范围极为广大而带有探险性质，足迹所至新疆、甘肃、克什米尔、阿富汗、伊朗、巴基斯坦等地。他在中国新疆发现了沉睡于沙漠中一千多年的鄯善王国遗址，并且指出了中国本土西部和它的西邻地区虽为荒漠，但在历史上起过极为重要的作用，是中国中央地区与中亚、南亚、西欧诸国交通的陆地通道（即"丝绸之路"），曾为印度、中国及希腊化的西亚三方文化交汇之所。远东文化、印度文化、西洋文化在这儿交汇融合达千年之久。他在甘肃河西活动期间，在敦煌北的汉代长城遗址发现了汉简七百多枚，这就是震惊中外学术界的"敦煌汉简"。他将汉简全部掠去，经沙畹考释。

沙畹（1865—1918 年），法国汉学家，1889 年任职于法国驻中国公使馆，返国后于 1893 年任法兰西学院教授，对中国古代艺术史和去西

---

① 王国维：《简牍检署考》，1914 年《云窗丛刊》，手稿本今藏北京图书馆。
② 王国维：《静安文集续编》，《王国维遗书》第 5 册，上海书店出版社 2011 年版，第1735 页。

域取经的僧人等均有研究，曾著译过司马迁的《史记》和《西突厥史料》。这位著名的汉学家和他的弟子伯希和（1878—1945 年）等法国汉学家写过一系列关于中国考古和西域历史、地理的文章。他于 1913 年考释"敦煌汉简"981 枚。王国维曾谈到为研究敦煌汉简他和罗振玉与沙畹的合作说："光绪戊申，英人斯坦因博士访古于我新疆、甘肃、得汉晋木简千余以归，法国沙畹博士为之考释。越五年，癸丑（1913 年）岁暮，乃印行于伦敦。未出版，沙氏即以手校之本寄上虞罗叔言参事。参事复与余重行考订，握椠逾月，粗具条理。"①

罗振玉、王国维合著的《流沙坠简》于 1914 年在日本京都出版。全书按简牍的内容不同分为三大类：第一大类是小学、术数、方技书；第二大类是屯戍丛残，下分簿书、烽燧、戍役、廪给、器物、杂事等项；第三大类是考释出土简牍中文字不清、残损厉害的简牍。又补《附录》，考日本大谷探险队于前凉西域所获得的材料。罗、王这次考释是在未见到实物的情况下进行的，但是，二人凭借高度的学术修养，理解了简牍的历史价值，取得了震惊中外学术界的成就。敦煌简牍中好多是西域屯戍士卒的簿籍，作为第一手资料可以用来研究汉代西域的军事组织、屯戍情况。《流沙坠简》亦可用之考定汉玉门关的位置、汉代烽火的类别、边境的官制。

罗振玉、王国维率先利用《流沙坠简》研究中国文化史，取得了巨大成绩。王国维在《致缪荃孙》的信中说："考释虽草草具稿，自谓于地理上裨益最多，其余关乎制度名物者亦颇有创获。"②

敦煌汉简是甘肃敦煌出土的汉代木简，发现较早，共发现 9 批。9批共有二万五千余枚，或整或残，包括少量木牍、木觚。发现地点在汉

---

① 王国维：《流沙坠简》序，《观堂集林》卷17，河北教育出版社 2002 年版，第 509 页。
② 王国维：《致缪荃孙》（1914 年 7 月 17 日），刘寅生、刘英光编：《王国维全集·书信》，中华书局 1984 年版，第 40 页。

代长城沿线,当时属敦煌郡玉门都尉、中部都尉、宜禾都尉管辖。简文所见纪年最早为西汉武帝太始元年(公元前96年),内容多为边戍文书,有来往公文、烽燧纪事、廪给簿记、物料账册等。另有《仓颉》《急就》等古书片断和历谱、医方、私人书信等杂简。这些汉简对研究汉代的屯戍制度和敦煌地区的历史地理具有重要意义。

居延汉简发现于今内蒙古额济纳旗的居延地区和甘肃嘉峪关以东的金塔县破城子。其地在汉代属张掖郡居延都尉和肩水都尉管区,习惯上把这一带发现的汉简统称为居延汉简。曾经两次大规模发掘:1930年由西北科学考察团掘得一万多枚;1972—1976年间又由甘肃居延考古队掘得二万余枚。简文纪年最早的是西汉武帝元狩四年(公元前119年),大部分是西汉晚期至东汉初期之物,内容主要是与居延、肩水一带屯戍活动有关的文书,包括例行公文、爰书、名籍、钱粮簿、兵器册、重要事件纪录等。此外,还有历谱、干支表、药方以及某些古书籍的片断,涉及当时典章制度、历史事件和文化科技等方面情况,为研究汉代历史提供了大量宝贵资料。

居延汉简的时代,约自西汉武帝末年(公元前1世纪初)至东汉中叶(公元2世纪初)。这些屯戍档案分为两类:一类是各种登记和统计簿籍,如吏卒名籍、吏卒廪名籍、吏俸赋名籍、登录吏卒日常公务的"日迹籍"、专记传递公文信件的"邮书课"、统计各亭燧军事装备情况的"守御器簿"与"折伤兵籍"、记出纳钱粮的"出入簿"等;另一类是各种公文文书,如诏书、檄文、牒书、律令、劾状、爰书等。居延汉简记录了该地区政治、经济、军事等各方面的情况,是研究汉代历史的珍贵资料。

武威汉简是甘肃省武威市汉墓中出土的简牍。1957年甘肃武威磨嘴子6号汉墓发现480枚汉简,内容除11枚木简为日忌及杂占外,均是《仪礼》经传,共3本9篇,二万七千多字。其中甲本、乙本为木简,丙本为竹简。篇目文句与今传《仪礼》略异。同地18号汉墓发现木简 10 枚，记东汉明帝永平十五年（72 年）墓主幼伯年满七十，受赐诏书，共二百数十字；1972 年在武威旱滩坡东汉墓发现木简 78 枚、木牍 14 枚，内容除个别有涉迷信外，都与医药有关。录有各科方剂三十余种，并列药物约百种及有关临床诊断、针灸学等资料。

第三节　敦煌遗书

　　敦煌位于甘肃省的西部，在河西走廊的西部尽头。这里南接青海，西连新疆，自汉代以来一直就是中西交通的枢纽。在今敦煌城东南 25 公里处，有一座中国最大的石窟，就是闻名世界的佛教艺术宝库——莫高窟。现存最早的洞窟，其开凿的年代可以考见的大体上当在公元 5 世纪初的北凉、北魏、西魏和北周，属于北朝时期的石窟共有 40 个。从隋朝统一南北朝开始，随着佛教的发展，敦煌石窟的修造也进入了高潮。安史之乱后，唐德宗时期，河西地区为吐蕃占据；唐宣宗时，敦煌人张议潮率领蕃汉各族人民收复河西，开始了张氏家族的统治；公元 10 世纪初，河西政权又为曹议金掌握。这前后一百多年，莫高窟的建造仍然振兴不停。以后又经历了宋、西夏，薪火相传，至元代而成尾声。一千五百年来，由于风沙的侵蚀以及历代兵燹的毁坏，原来数以千计的石窟保存到今天的，还有 735 个。

　　莫高窟是融建筑、壁画、雕塑为一体的综合性的艺术宝库。它是古代民间艺人在继承中原汉民族和西域兄弟民族艺术优良传统的基础上，吸收并融合了外来的表现手法，发展成为具有敦煌地方特色和中国民族风格的佛教艺术。据统计，现存的壁画总面积达四万五千多平方米，彩塑达两千四百多尊，是人类稀有的文化宝藏和精神财富。石窟这种建筑是设置宗教雕像和壁画的神殿，也是僧众从事宗教活动的场所，当然更是广大群众求佛佑护、精神寄托、幻想摆脱苦难的地方。

所谓藏经洞，是唐代高僧洪辩的影窟，也就是陈设他塑像的纪念堂。本来洪辩的塑像是放在北壁的正中，为了藏经卷而将其移开，并且凿成洞窟，藏好经卷，再作壁画以掩饰窟门。而导致藏经行为最大的可能是战争，研究者推测有几种可能：一是 1006 年哈喇汗国灭于阗，对敦煌构成威胁，迫使归义军节度使曹元忠采取藏经措施。因为哈喇汗国是西域地区第一个信仰伊斯兰教的国家；二是 1035 年西夏李元昊的大军西进凉州地区，逼近敦煌；三是 1093 年哈喇汗国发动对沙州的进攻。

一、藏经洞的发现及被外国劫掠的状况

敦煌地处西北边陲，由于历史原因和地理条件的限制，莫高窟在过去并没有引起人们的充分注意。它真正为人们所了解认识开始于 20 世纪初发生在这里的一件震惊中外学术界的大事——藏经洞的开启。1900年 6 月 22 日，居住在莫高窟的道士王圆箓，在今第 16 号窟清理流沙时，无意中发现窟甬道旁有一个被封闭的洞窟。在这个窟甬道北壁前部，距地面一米高处开有一个小窟，这就是举世闻名的"藏经洞"。这个编号为 17 窟的小窟原来是被密封的。据研究者说，11 世纪由于河西地区时局动荡，战事频繁，寺院的僧侣为了使寺院的藏经免遭战争的焚掠，将数万卷各种佛典和其他文书秘藏于洪辩的影窟中，并把窟门封闭，又在外面墙上绘上壁画，不露痕迹，成了无人知晓的秘密。

星移斗转，岁月流逝九百年，封闭的洞门颓塌，被王道士开启，洞内纸写经卷堆积如山而且排列整齐。他惊呆了！洞藏除了大量的佛经之外，还有很多种其他类型的文书。有手写的，有印刷的，而且是多种文字写的：有汉文、藏文、回鹘文、于阗文，也有吐火罗文和波斯文。按照文化来分，有经卷、典籍、方志、信札、契约、户籍、账簿、变文、曲子词等等，可以毫不夸张地说，这是一座价值不可估量的文化宝库。

王道士发现藏经洞两年后，叶昌炽出任甘肃学政，汪宗瀚出任敦煌县令。这两位清代官吏都是富有文化学术素养的人。特别是叶昌炽，以

博学多识、通晓图书典籍著称于当时，他对藏经洞文物的重要意义是很清楚的，但他们二人都没有亲身到过藏经洞，也没有采取措施妥善保护这批国宝。当时，正值清王朝没落覆灭的前夜，帝国主义侵略中国步步深入并大肆掠夺中国财富的最疯狂的时期。

"藏经洞"的命运同半殖民地半封建的中国的命运一样，不可避免地要成为西方列强掠夺和盗劫的对象。1907 年英籍匈牙利人斯坦因来到莫高窟，仅以数十块马蹄银，劫取了 200 捆一万多卷文书。1908 年 2 月，法国汉学家伯希和来到莫高窟，他以三个星期的时间，以每天一千卷的速度翻检着每一件写本，挑选出五千多卷最有价值的写本精华。最后，伯希和送 500 两银子给王道士作功德，便将他挑选的精品及斯坦因劫余的绢纸绘画与丝织品全部带走。1914 年 5 月，俄国的奥登堡考古远征队来到莫高窟，将其他经洞彻底挖了一遍，于次年 1 月赶着满载文物的驼队回国。奥登堡此次所得劫掠品分放在彼得堡的几个博物馆与研究所，多年来既没有出版任何完整的藏品原件，也没有作过完整的目录汇编。今天我们知道的文献部分有：写卷一万八千余号，其中包括完整的经卷 365 件以及一些尺码不大的写卷残片；文物部分有雕塑（含附件）43 号，壁画 16 号，绢画 9 号，麻布画、幡画 78 号，工艺品 36 号，纸画 24 号，残片 49 号。因为缀合或者总号下包括多个残片，总数约三百件。此后，日本"大谷探险队"的橘瑞超、吉川小一郎，也劫夺了六百多卷文书。1923 年冬，美国福格考察队华尔纳直接进入了石窟，一连 10 天，他用带着分离壁画的化学溶液，剥下了 12 幅壁画。

二、中国学者对藏品流失的焦虑、呼吁及对政府的建议

中国人第一个知道藏经洞文物价值的是端方。1908 年 8 月，伯希和携他掠夺的遗书先到北京。端方第一个见到伯希和手里的珍宝，而他善诗文，好金石书画，是著名的古董收藏家。他作为满族要员对伯希和十分礼貌，不断地招待这个法国人，动机无非是想从此人那里多得到一

些关于中国文物的消息。伯希和仅让他拍摄了《沙洲志》的残卷。

端方将伯希和敦煌得宝的消息迅速告知北京的学术界。于是，伯希和住的北京胡同一时间热闹起来，中国敦煌学的第一批代表性人物董康、罗振玉、王国维、王仁俊、蒋廷黼、叶恭绰等，几乎每天往来穿梭于这条胡同，或抄录或观看，忙个不停。

中国学者对国宝的流失百感交集，而志得意满的伯希和也是感慨良多。他当然知道这批文物是属于中国的，他怀着对中国的愧疚感对中国学者说"诸君有端制军（端方）之风，以德报怨"。其实，当时北京学者们的心情是极其复杂的，用罗振玉的话来表达是可悲、可恨、可喜、可愁。他正是怀着这种心态在伯希和寓所抄录敦煌写经的。他的行动似乎感动了伯希和，这位汉学家便告诉罗氏，敦煌石窟尚存有以佛经为主的 114 轴写卷，如不早日购运北京，将会被人攫取散尽无疑。罗振玉听后又惊又喜，立即报告学部左丞乔茂楠，请火速发电报给陕甘总督毛庆蕃，让他立即查封敦煌藏经洞，并将所余遗书悉数解运京师。一个月后得到回音，说已经购得 8000 卷，总价 3000 元，这使学部大喜过望。

在敦煌藏经洞有宝藏成了公众新闻之后，无人不知敦煌卷子价值连城。所以，在敦煌为官者乃至甘肃为官者，甚至行伍出身的军人，也无不以得到敦煌写经为快慰。据后来调查，先后有 696 件敦煌藏品从这些地方的名士、官宦、乡绅手中获得，这当然不包括他们已经到手但没有透露风声的部分。在从敦煌到北京运送的过程中，有多少人参与这一路的盗窃，有多少经卷流失，如今谁也弄不清楚了，而到达北京的敦煌残卷实际上又开始了新一轮劫难。当甘肃解送入京的敦煌经卷抵达北京后，何彦升之子何震彝买通了负责押送经卷的押解员傅千韦，载经大车先开进了他的宅第，而后押进学部大院。何震彝叫来他的岳父——藏书大家李盛铎以及李的亲家刘廷琛、方尔谦等，进行了一次认真的挑选，选出的精品据为己有。这些人在取走一些精品后，将一表撕成两份、三份，以符合上报清册的数量。

由此可见，敦煌国宝的流失，不仅有外盗，也有内盗。从甘肃到北京这些内盗不是一般老百姓，他们中有政府要人、学界名流、地方乡绅，如何彦升、李盛铎、方尔谦之流。对外盗，中国人谈起来扼腕切齿，但内盗却没有受到应有的谴责和惩罚。当时学部侍郎宝熙发现了学部的敦煌经卷有问题，经他上奏折，将负责押送经卷的傅千韦扣留北京，接受审查，但此案通过出面说情和暗中贿赂最后不了了之。辛亥革命之后也无人追查。诚然，我们在中国内部的严重盗窃行径中，也看到了中国之所以饱受欺凌的原因。

三、藏经洞藏品的价值——敦煌学的兴起

敦煌地区的石窟佛教艺术和敦煌文献被世界不同学科的学者进行研究，史称"敦煌学"。王国维认为，这些发现是汉代以来中国学问上的三大发现之一。端方认为敦煌出土的文献（包括《流沙坠简》），关系到考据学的生死。多少代学人在考据学方面的辛勤工作，关于中国历史提出的很多证明，现在因藏经洞的发现，有可能完全失去意义。他表示，中国人的历史记忆，正面临着严重的考验，也许会被彻底推翻，也许会被冲得凌乱不堪。而这样的证据，如今就掌握在眼前这个洋人（伯希和）手中。

当外国人来中国大肆盗劫文物时，中国的学者实际上还没有文物所属概念，不懂得保护文物所有权的意义，他们没有对伯希和、斯坦因等外国盗窃者加以指责，而是以一种复杂而平静的心理等待他们的到来，他们努力的是对发现的文物进行抄写，希望把盗窃者手里的文物复制一份留下来。只有极少数学者如罗振玉、王国维等开始了学术性的研究。1922年，鲁迅对清末民初挂着国学家招牌的学者作了尖锐的讽刺。他说："当假的国学家正在打牌喝酒，真的国学家正在稳坐高斋读古书的时候，莎士比亚的同乡斯坦因博士却已经在甘肃新疆这些地方的沙碛

里，将汉晋简牍掘去了；不但掘去，而且做出书来了。所以真要研究国学，便不能不翻回来；因为真要研究。"①

第四节 内阁大库档案

所谓"大库档案"是指存放在紫禁城内的明、清两朝的内阁大库的档案。大库是由明代文渊阁和藏书楼改建而成的。明初加强专制统治，废丞相，另设华盖殿、谨身殿、武英殿、文华殿、文渊阁、东阁等大学士，为皇帝顾问，称"内阁"。清朝相沿，内阁有三殿（保和、文华、武英）、三阁（文渊、体仁、东阁）大学士，为最高国务机关。明清二代的内阁都设有存放档案的库房和图书馆，贮藏档案和珍贵的图书。档案可分为明档和清档两类。明档极少，仅三千余件，以明末天启、崇祯时期兵部档案为主；清档数量巨大，包括清初天命元年（1616年）至清帝退位（1911年）约三百年的全部档案，大约在一千万件以上。

清档的内容大体可分为以下几大类：内阁承宣或进呈的文件、记载国家政务的文件、官修书籍及为修书而搜集的文件（如清初为修明史而征集的明代的题行稿等档案及旧有实录、诰敕等）、内阁日常公事的文件等。按其文种区分则包括红本（即经过皇帝批定本章统由内阁用朱书批发）、史书、实录、圣训、起居注、敕书、诏书、表章、各种档册、舆图、明档、满文老档（包括盛京旧档，清入关前后金天聪、崇德年间的满文档案）等。其中红本最多，其次是史书。因此，贮存库房又分东西两库，东库存《实录》、书籍、表文等，称"实录库"；西库存《红本》。

---

① 鲁迅：《不懂的音译》，《鲁迅全集》第1卷，人民文学出版社1956年版，第466页。

　　清代内阁，在雍、乾以前，为国家庶政中枢，雍、乾之后，虽军政大权旁落军机处，但仍为清帝承宣谕旨、进呈题奏、举行典礼及收藏档案文书的重要机关。其所属内阁大库为明孝宗时修建，清朝继续沿用。所贮档案为"秘藏"，一般官吏不得翻阅，甚至"九卿、翰林有终生不得窥其一字者"，"三百年来，除舍人、省吏循例编目外，学士大夫罕有窥其美富者"。①

　　大库档案有几百年的积累，数量甚多，库房容纳不了，加之保管条件差，损坏相当严重。光绪年间销毁不少。1909 年，一库房塌掉一角，内务府决定修缮，将库内几百万件档案搬出来，年代近者移至文华殿，年代久远者，准备焚毁，被当时任学部参事的罗振玉发现，亟请张之洞奏准罢毁。张之洞便委派罗氏处理这些档案，罗氏将其中一部分主要是历代科考殿试卷收藏于学部后楼，其他档案装成约八千麻袋，移到国子监敬一亭里。1913 年历史博物馆接收上述档案，移至端门保存。后因财政困难，将约八千袋档案卖给西单同懋增纸店制浆，又被罗振玉发现，以银洋 8000 元（两倍于卖价）将其赎回，抢救了这批档案。罗氏从中淘出一些珍贵秘稿史册，择其珍件汇刊成《大库史料目录》6 编，《清太祖实录稿》3 种。1924 年，罗氏将这批档案倒卖给大收藏家李盛铎（价格 1.6 万银元，分量约十二万斤）。1928 年李盛铎又以 1.8 万元转卖给了中央研究院历史语言研究所。此时档案约十万斤。李将其中 6 万件给了溥仪，自己拣出一部分珍奇者私存。

　　1929 年 8 月，历史语言研究所将这批档案集中于午门整理，其中一部分最重要的文献于 1933 年随大批文物南迁，不久又运回，存放于北海先蚕坛。1936 年运至南京 100 箱，抗战胜利后运往台湾，其余没有南迁的档案，一直存放午门、端门，1952 年由文献馆改称的档案馆接收。

---

① 王国维：《最近二三十年中国新发见之学问》，《王国维遗书》第 5 册，上海古籍出版社 1983 年影印本。

这些档案历经战乱和政权更迭，损失不少，但多数还是保存下来了，现存于中国第一历史档案馆，其中明档有三千多件，清档有一百余万件。现存台湾台北故宫博物院的清档约有二百多万件也都整理编目。散见于国内各省及海外的明清档案也为数不少。罗振玉留存的档案，不久运旅顺，于 1934 年成立大库旧档整理处进行整理，1936 年移送奉天图书馆。1942 年，北京大学得知博物馆留存的档案，请求政府拨给北大整理，当年 7 月陆续运往北大，共 62 箱，1502 麻袋。这部分已于1952 年移交档案馆。历史博物馆当时留下了一部分，现在仍存于中国国家博物馆。

1950 年，国家档案局成立。1958 年档案局请示国务院对档案进行清理。通过二次清理，也发现了不少有价值的东西，如明崇祯年间的科抄、行稿，清太祖努尔哈赤实录的修改稿残档，吴三桂的题稿和郑成功抗清的敕谕等，都是很珍贵的史料，也清理出一千三百多麻袋"废品"，把有用的装成三百多袋。国家档案局给国务院写了清查报告，拟将三百余袋有价值的进行整理，大部分废品予以销毁，国务院领导当天指示"同意照办"。至此，这经历了半个世纪的约八千麻袋大内档案事件，终于了结了。

关于内阁大库档案的价值，鲁迅说有人"以为麻袋里定有好的宋版书——海内孤本"。[1] 麻袋中也确有宋版书。著名的藏书家傅增湘，在《藏园群书题记》中说："余于戊年（1918 年）长教部时（当教育总长时），发敬一亭所庋内阁红本麻袋，拣出宋残本数册，命储之历史博物馆中。其散落于厂市者，李椒微（盛铎）收到数册，余亦收得二册。"中国历史宫廷书籍，包括皇帝写经、明经厂本、清殿本、内府本、宋至清刻本、抄本、地方志、戏本、图样等等，仅 1929 年至 1934

---

[1] 鲁迅：《谈所谓"大内档案"》，《鲁迅全集·而已集》第 3 卷，人民文学出版社 1956 年版，第 321 页。

年从各宫殿提取善本集中于寿安宫（即故宫图书馆的前身）的就达9369 种，265330 册。

1925 年，故宫博物院成立之后，对内阁大库档案进行了卓有成效的抢救及整理工作，不仅分类分包，编排上架，还编辑出版了《掌故丛编》《文献丛编》《史料旬刊》《清季教案史料》等书，以及史料汇编、图集、目录、论文集等，共五十余种三百七十余册。利用档案进行学术研究的工作也开始起步。历史语言研究所也对这批档案进行清理和研究，抗战前，先后刊行了《明清史料》甲、乙、丙三集等。私人研究者如罗振玉，他从这批档案中翻检出一些文献，刊印在《史料丛刊初编》上，引起了学界的注意。罗氏利用这些档案先后编印的书籍有：《大库史料目录》6 编、《史料丛编》2 集、《明季史料拾零》6 种、《清史料拾零》26 种、《清太祖实录稿》3 种。没有这批档案，真不知清史如何修纂。因为档案为历史事件发生过程中形成之文件，出之于当事人亲身经历和直接记录，具有较高之真实性、可靠性。

清代大量档案之留存极大地改善了研究条件，俾历史学家得以运用第一手资料追踪往事，了解历史真相。"清代之文献、档案为我国珍贵之历史文化遗产，其数量之庞大、品类之多样、涵盖之宽广、内容之丰富在全世界之文献、档案宝库中实属罕见。"① 这样看，清档的价值就不仅仅是藏书家从约八千麻袋淘出几本宋版书，尽管宋版书在当时的价格已是一页一两黄金了。清档目之于清史编纂与清代文化研究的价值，何至黄金万万两可买耶？

国家清史编纂委员会主任戴逸教授说："清代为传统社会向近代社会之过渡阶段，处于中西文化冲突与交融之中，产生一大批内容新颖、形式多样之文化典籍。清朝初年，西方耶稣会传教士来华，携来自然科

---

① 戴逸：《清史文献丛刊、档案丛刊总序》，《光明日报》2004 年 7 月 20 日 B4 版《理论周刊》。

学、艺术和西方宗教知识。乾隆时编《四库全书》，曾收录欧几里得《几何原本》、利玛窦《乾坤体仪》、熊三拔《泰西水法》《简平仪说》等书。迄至晚清，中国力图自强，学习西方，翻译各类西方著作，如上海墨海书馆、江南制造局译书馆所译声光化电之书，后严复所译《天演论》《原富》《法意》等名著，林纾所译《茶花女遗事》《黑奴吁天录》等文艺小说。中学西学，摩荡激励，旧学新学，斗妍争胜，知识剧增，推陈出新，晚清典籍多别开生面、石破天惊之论，数千年来所未见，饱学宿儒所不知。突破中国传统之知识框架，书籍之内容、形式，超经史子集之范围，越子曰诗云之牢笼，发生前所未有之革命性变化，出现众多新类目、新体例、新内容。"①戴逸先生的这番叙述，远远超过王国维在《最近二三十年中中国新发见之学问》中提出的甲骨文字、敦煌经卷、汉晋简牍、大内档案的范围了。晚清的新学问，不仅包括上述属于中国传统文化范围之内的东西，也包括在西学东渐大潮中涌进中国的西方学问。中西学交融，突破了中国传统之知识框架，使晚清典籍多别开生面，数千年来所未见。

---

① 戴逸：《清史文献丛刊、档案丛刊总序》，《光明日报》2004 年 7 月 20 日 B4 版《理论周刊》。

第 五 章
中国近代学习思想的特点

第一节　中西组合、以中为体，向西方学习
器物技艺之学

鸦片战争以后的思想沿演轨迹，梁启超于 1922 年写的《五十年中国进化概论》中划分为三个阶段：第一阶段是中国人"先从器物上感觉不足"便搞洋务运动；第二阶段是中国人"从制度上感觉不足"有了戊戌变法和辛亥革命；第三阶段是中国人"从文化根本上感觉不足"发动了五四新文化运动。梁启超说，学问和思想方面，"近五十年来，中国人渐渐知道自己的不足了。这点子觉悟，一面算是学问进步的原因，一面也算是学问进步的结果。"① 由此他提出"三不足"说：

"第一期，先从器物上感觉不足。这种感觉，从鸦片战争后渐渐发动，到同治年间借了外国兵来平内乱，于是曾国藩李鸿章一班人，很觉得外国的船坚炮利，确是我们所不及，对于这方面的事项，觉得有舍己从人的必要，于是福建船政学堂上海制造局等等渐次设立起来。但这一

---

① 梁启超：《五十年中国进化概论》，张品兴主编：《梁启超全集》第 7 册，北京出版社 1999 年版，第 4030 页。

期内，思想界受的影响很少；其中最可纪念的，是制造局里头译出几部科学书。这些书现在看起来虽然很陈旧很肤浅，但那群翻译的人，有几位颇忠实于学问，他们在那个时代，能够有这样的作品，其实是幸亏有了他们。因为那时读书人都不会说外国话，说外国话的都不读书，所以这几部译本书，实在是替那第二期'不懂外国话的西学家'开出一条血路了。第二期，是从制度上感觉不足。自从和日本打了一个败仗下来，国内有心人，真像睡梦中着了一个霹雳。因想道堂堂中国为什么衰败到这田地，都为的是政制不良，所以拿'变法维新'做一面大旗，在社会上开始运动，那急先锋就是康有为梁启超一班人。这班人中国学问是有底子的，外国文却一字不懂。他们不能告诉人'外国学问是什么？应该怎么学法？'只会日日大声疾呼，说'中国旧东西是不够的，外国人许多好处是要学的'。这些话虽然象是囫囵，在当时却发生很大的效力。他们的政治运动，是完全失败，只剩下前文说的废科举那件事，算是成功了。这件事的确能够替后来打开一个新局面，国内许多学堂，国外许多留学生，在这期内蓬蓬勃勃发生，第三期新运动的种子，也可以说是从这一期播殖下来。这一期学问上最有价值的出品，要推严复翻译的几部书，算是把十九世纪主要思潮的一部分介绍进来。可惜国里的人能够领略的太少了。第三期，便是从文化根本上感觉不足。第二期所经过时间，比较的很长——从甲午战役起到民国六七年间止。约二十年的中间，政治界虽变迁很大，思想界只能算同一个色彩。简单说：这二十年间，都是觉得我们政治法律等等，远不如人，恨不得把人家的组织形式，一件件搬进来，以为但能够这样，万事都有办法了。革命成功将近十年，所希望的件件都落空，渐渐有点废然思返。觉得社会文化是整套的，要拿旧心理运用新制度，决然不可能，渐渐要求全人格的觉悟。恰值欧洲大战告终，全世界思潮都添许多活气。新近回国的留学生，又很出了几位人物，鼓起勇气做全部解放的运动。所以最近两三年间，算是划出一个新时期来了。"①

梁启超接下来指出："这三期间思想的进步，试把前后期的人物做个尺度来量他一下，便很明白。第一期，如郭嵩焘张佩纶张之洞等辈，算是很新很新的怪物。到第二期时，嵩焘佩纶辈已死去，之洞却还在。之洞在第二期前半，依然算是提倡风气的一个人，到了后半，居然成了老朽思想的代表了。在第二期，康有为梁启超章炳麟严复等辈，都是新思想界勇士，立在阵头最前的一排。到第三期时，许多新青年跑上前线，这些人一趟一趟被挤落后，甚至已经全然退伍了。这种新陈代谢现象，可以证明这五十年间思想界的血液流转得很快，可以证明思想界的体气，实已渐趋康强。"②

这种"三不足"思想的演变与西方列强对中国侵略的民族矛盾步步深化密切相关，与中国人救亡图存的奋斗有关。

人们叙说鸦片战争后中国社会的变革，往往以物质层面变革到制度层面变革到文化层面变革为线索，亦即所谓言技——言政——言教。最有代表性的是梁启超的"三不足"之说。

鸦片战争战败，最初对中国的冲击并不那么强烈，左宗棠在《海国图志》重刻本的"叙"中曾感叹：自林文忠公被革职后二十余年，事局如故。梁启超也发表类似言论说："（鸦片战争）后二十余年，叠经大患，国中一切守旧，实无毫厘变法之说也。"③

1860 年英法联军入侵北京，火烧圆明园，咸丰帝出走热河，引起震动。亲身经历这一事变的曾纪泽说这一时期"中国业已醒来"，其重要标志就是洋务运动。

---

① 梁启超：《五十年中国进化概论》，张品兴主编：《梁启超全集》第 7 册，北京出版社 1999 年版，第 4030—4031 页。

② 梁启超：《五十年中国进化概论》，张品兴主编：《梁启超全集》第 7 册，北京出版社 1999 年版，第 4031 页。

③ 梁启超：《戊戌政变记》，张品兴主编：《梁启超全集》第 1 册，北京出版社 1999 年版，第 191 页。

1894 年，中日甲午战争爆发，中国战败。在亡国灭种的巨大威胁下，上自朝廷，下至士人，纷纷言变法，"吾国四千余年大梦之唤醒，实自甲午战败割台湾偿二百兆以后始也。我皇上赫然发愤排群议，冒疑难，以实行变法自强之策，实自失胶州、旅顺、大连湾、威海卫以后始也。自光绪十四年，康有为以布衣伏阙上书。极陈外国相逼，中国危险之状。并发俄人蚕食东方之阴谋，称道日本变法致强之故事，请厘革积弊，修明内政，取法泰西。"① 签订《马关条约》，割让辽东、台湾，给予中国朝野上下的打击太沉重了。甲午战败后，中国人的文化优越感被打掉了。"中国以数千年文明旧域，迄今乃不若人。"②

当时人们面对千年未有之历史巨变，中国传统文化已经不足以应付时艰，从戊戌时期生长起来了文化反省与文化检讨思潮。

以鸦片战争为界（当然不是绝对），这以前中国学习思想的整体特征，可以说是儒家思想主导，以经书（宋以后包括"四书"）为文本的学习模式，学习思想体现为以儒家思想为主干而以其他学习思想为补充的多元并立形态。二千年来华夏民族所受儒家学说之影响，最深最巨是举世公认的，但是，释、道、法诸家的思想也对学习思想产生影响。所以，中国传统社会的学习思想有在朝（儒学）在野（释、道、法、阴阳、农）之分而组合成多元并存的表现形态。

孔子很早就说过："礼失求诸野。"春秋战国时"礼崩乐坏"，明清之际的"天崩地解"，统治者原来选择的维系既定社会制度的礼法秩序及其思想体系，失去了维系力，就不得不到民间去找。中国古代一直有民间办学的传统，汉代的毛诗一直在民间传授而未被立于学官，民间已有儒家以外的文化思想，就是儒学脉系的思想也有在朝在野之分，在民

---

① 梁启超：《戊戌政变记》，张品兴主编：《梁启超全集》第 1 册，北京出版社 1999 年版，第 181 页。
② 端方：《考察政治大臣端方、戴鸿慈奏陈各国导民善法请次第举办折》，《大公报》1906年 12 月 8 日。

间也能找到。西汉时期，今文学派的经书在朝被立于学官，而古文学派的经典则在民间，所谓"学在民间，道在山林"。民间社会的存在，使处于弱势不占统治地位的各家各派的思想有了立基的社会依托，在社会转型、文化转型时期，它们就会成为统治者、思想家、改革家、革命家"求"的对象。但是，在鸦片战争以前"礼失求诸野"的思想文化仍属于传统的范围，汉末思想家求诸野的是老庄道家及名法，用来改造汉代儒学而成玄学；宋人求诸野的是援佛老入儒，建构成道学（理学）；宋以后的元代及明代中期，朱子是官学，阳明学则未被官方认可，其影响主要在士林。

但是，鸦片战争以后，中国出现了千年未有之大变局，在西方列强船坚炮利的侵略下，"礼失求诸野"不能抵御外侮，挽救危亡，中国人转而"求诸"西方了。于是学习西方的文化、思想、科技成为一种时代潮流。在这种大势所迫的形势下，学习思想开始由传统型向现代型转化，其基本特征是中西组合型，其侧重点是批判传统学习思想，吸纳西方学习思想，如何学习西方便成为关注点，"所谓'西学'者逐渐输入；始则工艺，次则政制。学者若生息于漆室之中，不知室外更何所有；忽穴一牖外窥，则粲然者皆昔所未睹也；还顾室中，则皆沈黑积秽；于是对外求索之欲日炽，对内厌弃之情日烈。欲破壁以自拔于此黑暗，不得不先对于旧政治而试奋斗；于是以其极幼稚之'西学'智识，与清初启蒙期所谓'经世之学'者相结合，别树一派，向于正统派公然举叛旗矣"。①

中国向西方学习，争取资本主义现代化的过程，大体经历了器物技艺→社会制度→文化心理三个层次的依次递进，或者说经历了经济→政治→文化的逐渐递进。然而，三者之间并不存在一条不可逾越的鸿沟，

---

① 梁启超：《清代学术概论》，刘梦溪主编：《中国现代学术经典·梁启超卷》，河北教育出版社1996年版，第183页。

而是彼此渗透，因缘共生，反映到学习思想方面则大体是由"中体西用"论→"自由为体，民主为用"论→"中西会通"论。

向西方学习提出明确主张的第一人是魏源（1794—1857 年），他最先提出了"师夷长技以制夷"的学习西方的主张。魏源是晚清的思想家、史学家，曾从刘逢禄习《公羊春秋》，好今文经学，与龚自珍友善，二人同为当时通经致用的代表人物，世称龚魏。魏源曾协助江苏布政使贺长龄（湖南人）编《皇朝经世文编》。鸦片战争期间，在江西总督裕谦幕府，参与浙东抗英战役。中英签订《南京条约》后，感愤时政，著《圣武记》。曾将林则徐主持翻译的西方史地资料《四洲志》和历代有关史志增补为《海国图志》。1853 年，倡办团练，组织地方武装，以抗太平军。晚年弃官，潜心佛典，病死于杭州。

魏源提出的"师夷之长技以制夷"的主张在鸦片战争前后颇有代表性。所谓"夷之长技"即指西方的科学技术，在当时被称为"器物技艺"之学，这是中国人在洋鬼子的坚船利炮的"教训"之下，才悟出来的认识。魏源由于接触西方资料较多，了解西方也比较全面，他所编辑的《海国图志》，虽然认识不够深入，也有误解，但其在当时国内的影响是极为重大的，也是极为积极的。梁启超说："中国士大夫之稍有世界地理知识，实自此始（指《海国图志》）。"[1] 张之洞称此书是"近人若邵阳魏源，于道光之季，译外国各书各新闻报，为《海国图志》，是为中国知西政之始"。[2] 后来康有为、梁启超搞变法，就是以西方君主立宪制为仿效模式的。

魏源从开眼看世界到向西方学习，并提出"师夷之长技以制夷"的主张，其学习的重点放在"器物技艺"方面，学习西方的科技，富

---

[1]　梁启超：《中国近三百年学术史》，东方出版社 1996 年版，第 201 页。

[2]　张之洞：《劝学篇下·外篇》，罗炳良主编：《影响中国近代史的名著·劝学篇》，华夏出版社 2002 年版，第 100—101 页。

国强兵，以反对西方的侵略，但并未涉及政体与人文文化方面，即未触及清政府统治腐朽的本质及中国传统文化特别是儒术在封建社会末期的弊端。他没有完全摆脱封建士大夫的心态，既承认西方是"有教化之国"，但又说英国是不务行教而专行贾，即认为在维护纲常名教方面西方仍不如中国，这就产生了"变器卫道"论，并成为"中体西用"论的滥觞。

第二节　中学为体、西学为用的学习思想

在外国资本主义侵略的影响下，在太平天国运动和第二次鸦片战争前后复杂的历史环境中，中国地主阶级开始产生了新的政治分化。在清廷统治阶层中，有一部分顽固派在遭受内外双重打击的严峻形势下开始讲求"经世致用"，转化为洋务派，如奕䜣、曾国藩、李鸿章、左宗棠、沈葆桢等。而在地主阶级革新派中也有分化，其中一部分人转化为洋务派，如冯桂芬、王韬、薛福成、马建忠、郑观应等，另一部分则沿着林则徐、魏源等人的爱国重民思想的轨迹继续前进，在中国资本主义产生的历史条件下，发展成为早期维新派。因此，可以说洋务派产生的历史背景，主要是由于中外民族矛盾和中国国力在战争中显示出严重差距下的产物。两次鸦片战争，特别是第二次鸦片战争之后外国资本主义侵略日益加深的严重事实，才是洋务派思想发生和存在的一种经常性和根本性的历史原因。

洋务派的中坚人物，曾任两江总督兼南洋通商大臣的张之洞提出"中学为体，西学为用"的口号，这一向西方学习的主张比魏源提出的"师夷之长技以制夷"的主张大大向前迈进了一步，因为它触及政体即社会制度的变革问题。

政体变革涉及统治集团的根本利益，所以非常敏感，被顽固派视为

"禁区"。当然，洋务派官僚是封建制度的忠实维护者，他们不会也不敢去触动封建制度，因此，他们借用了传统哲学、政治学中的体用、本末之辨的观念，把封建皇权制度看作为"体"，不能越"中体"的雷池一步。在不动摇封建体制的大前提下，讲学习西方。梁启超说："甲午丧师，举国震动；年少气盛之士，疾首扼腕言'维新变法'，而疆吏若李鸿章、张之洞辈，亦稍稍和之。而其流行语，则有所谓'中学为体西学为用'者；张之洞最乐道之，而举国以为至言。盖当时之人，绝不承认欧美人除能制造能测量能驾驶能操练之外，更有其他学问，而在译出西书中求之，亦确无他种学问可见。"①

"中体西用"论，具有兴西学、保中学的双重性质，它反映了中西文化处在激烈冲突的情势下调和共容的形态，从本质上看，它是由"道""学""治"三者的结合，或者说以"学统"包容政统去接纳西方的学统（仅限于科技文化）组合成新的"道统"以求治的方略。它既是"兴西学"的文化规范，又是"变法自强"的政治纲领。而早期维新派虽然申言恪守"中体西用"原则，但他们批评洋务运动的弊端时，往往又偏离这个原则，这表现出他们思想发展的必然趋向。

"中体西用"论的提出"而举国以为至言"，成为洋务运动的指针。从学习思想视角看，主要是士大夫型知识分子昧于章句之学，极力反对采用西学，洋务论者甘冒"离经叛道"之大不韪，跨出了兴西学的第一步，就是梁启超所说的"向于正统派公然举叛旗矣"②，而成为"清学分裂之主要原因也"。③ 洋务派与龚自珍、魏源不同，也与康有为、梁启超等新学家不同，他们不是嘴上喊喊"中体西用"的口号，而是

---

① 梁启超：《清代学术概论》，刘梦溪主编：《中国现代学术经典·梁启超卷》，河北教育出版社 1996 年版，第 205 页。
② 梁启超：《清代学术概论》，刘梦溪主编：《中国现代学术经典·梁启超卷》，河北教育出版社 1996 年版，第 183 页。
③ 梁启超：《清代学术概论》，刘梦溪主编：《中国现代学术经典·梁启超卷》，河北教育出版社 1996 年版，第 183—184 页。

实干家，因为他们个个大权在握，干起来雷厉风行，他们以清政府的名义在北京成立国文馆（1862年），培养英、法、俄、德、日等语译员；在上海办制造局，造洋枪洋炮、机器、船舶等；他们向西方各国派留学生，也聘请洋人当工程师，兴办各种洋务学堂，较大规模地翻译西学书籍，充分表现出"西学为用"的意愿。

洋务派提出"中学为体"除有他们的政治立场之外，还有策略方面的用意，因为他们顶上还有个掌握他们命运的皇帝或太后，他们同列中还有顽固派在攻击他们"以夷变夏"。为了不超越最高统治者所能允许的限度和对付顽固派的攻击，以保障"采西学"的顺利进行，才把"中学为体"列为大前提。事实正是如此，也可谓用心良苦也。

张之洞的《劝学篇》是对"中学为体，西学为用"思想集大成的著作。张之洞认为"中学为内学，西学为外学，中学治身心，西学应世事，不必尽索之于经文，而必无悖于经文。如其心圣人之心，行圣人之行，以孝弟忠信为德，以尊主庇民为政，虽朝运汽机，夕驰铁路，无害为圣人之徒也"。[1] 因而必须"今欲强中国，存中学，则不得不讲西学。然不先以中学固其根柢，端其识趣，则强者为乱首，弱者为人奴，其祸更烈于不通西学者矣。近日英国洋文报讯中国不肯变法自强，以为专信孔教之弊，此大误也"。[2] 但是，他强调"今欲强中国"在"存中学"的前提下，"则不得不讲西学"。[3] 他批评守旧派拒绝西学是"因噎而食废"，维新派讲西学是"歧多而羊亡"，究其因由在于"旧者不知通，新者不知本。不知通，则无应敌制变之术；不知本，则有菲薄名教之心。夫如是则旧者欲病新，新者欲厌旧，交相为愈，而恢诡倾危、

---

① 张之洞：《劝学篇下·外篇》，罗炳良主编：《影响中国近代史的名著·劝学篇》，华夏出版社2002年版，第147—148页。
② 张之洞：《劝学篇上·内篇》，罗炳良主编：《影响中国近代史的名著·劝学篇》，华夏出版社2002年版，第59页。
③ 张之洞：《劝学篇上·内篇》，罗炳良主编：《影响中国近代史的名著·劝学篇》，华夏出版社2002年版，第59页。

乱名改作之流，遂杂出其说，以荡众心。学者摇摇，中无所主，邪说暴行，横流天下"。①

《劝学篇》分内篇与外篇，《内篇》专讲"中学为体"，要旨在于教育人们恪守孔孟之道，尊奉三纲五常，维护摇摇欲坠的清朝封建统治。张氏用调和中西的方法，回应西学东渐的挑战，主张用中国封建君主政体、传统道德加上西方科学技术作为国家富强的方略。他反对资产阶级议会民主，他对丧失民族气节和自信心者进行严厉指斥，提出"保国、保种、保教"的口号。他在鼓吹封建纲常名教的同时，也宣扬中华民族古老的文明和悠久的历史，这是应当予以肯定的。但是，他对资产阶级维新派倡导的民权学说大力攻击，认为是异端邪说。

《外篇》重在阐发"西学为用"，是本书的精粹所在，可以看作是张之洞对其前期事业的概括和总结，又是他对其后期事业的规划和蓝图。《外篇》从儒家经典中寻找学习西方科学的历史依据，"西学为用"是祖宗留下的常法，号召人们努力学习"西政"和"西艺"，并在不妨害名教的前提下，仿照西方先进政体改革中国传统的政治、经济、军事、文化教育、外交、国防等，实现变法维新、富国强兵和救亡图存。向西方学习什么，张之洞已明确指出："学校、地理、度支、赋税、武备、律例、劝工、通商，西政也。算、绘、矿、医、声、光、化、电，西艺也。"② 参照"西政"和"西艺"，张之洞在《外篇》中提出了一系列教育、教学改革措施。

张之洞受冯桂芬影响，他采纳了冯桂芬对待中西文化的观点而提出"中学为体，西学为用"的理论。

冯桂芬（1809—1874 年），字林一，号景亭，江苏吴县人。道光进

---

① 张之洞：《劝学篇·序》，罗炳良主编：《影响中国近代史的名著·劝学篇》，华夏出版社 2002 年版，第 1 页。
② 张之洞：《劝学篇下·外篇》，罗炳良主编：《影响中国近代史的名著·劝学篇》，华夏出版社 2002 年版，第 94 页。

士，授翰林院编修，充广西乡试主考官。曾主讲金陵、上海、苏州诸书院。冯氏研习过数学和天文学，殊重视经世致用之学，他的著作有《校邠庐抗议》《显志堂集》《说文解字段注考证》等。

冯桂芬著述中与洋务、西方文化有关的是《校邠庐抗议》一书，2卷42篇，附录12篇。初刊于1897年。该书是一部政论集，他的政治主张是：兴水利、改河道、收贫民、改赋税、裁屯田；在教育方面他主张：变科举、改会士、广取士、重儒官；在军事上他主张停武试，减兵额；在古代文化继承方面，他主张复古。这些方面在当时都不是先进的东西，而且没有抓住解决社会危机的要害问题，有的是时人的老生常谈，有的是守旧顽固。但是，该书也有它的属于先进水平的思想，表现在冯桂芬称赞西方的自然科学是先进的，认为西方已经超过了中国，不可多得地承认中国落后。因而，他主张"采西学""制洋器"，并认为"以中国之伦常名教为原本，辅以诸国富强之术"①，这才能够强国、强民、振兴中华。他看到中国在自然科学方面远远落后于西方，在"算学、视学、光学、化学等（外国），皆得格物至理，舆地书备列百国山川厄塞风土物产，多中人所不及"。② 这是冯桂芬提倡西学的思想基础。

冯桂芬博学多才，思想不僵化，善于吸收新知识、接受新事物。他的思想和学风对洋务派产生了很大影响，而他的观点被近代改良主义者奉为变法思想的先导。

在洋务派中，提出在中国要发展资本主义、主张实行议会制的是郑观应。他的《盛世危言》的问世，标志着洋务运动的发展已经由"器物"层面深入到社会制度层面。

郑观应（1824—1921年），字正翔，号陶斋，广东香山人。曾在英国太古洋行中担任高级买办，以商股代表参加洋务派控制的官商合办或

① 冯桂芬：《校邠庐抗议·采西学议》，中州古籍出版社1998年版，第211页。
② 冯桂芬：《校邠庐抗议·采西学议》，中州古籍出版社1998年版，第211页。

官督商办企业，并出任过总办等要职。其著作有《盛世危言》《盛世危言后编》《罗浮偫鹤山人诗稿》等。

《盛世危言》及《后编》除了阐述作者对当时政治、经济问题的见解外，还辑录了他人的文章，使这部书带有资产阶级改良派文章汇篇的性质。

《盛世危言·自序》是郑观应思想的纲领性表述。他认为西方资本主义国家的强大并非全在"器物"（科技），还在于他们实行议会民主制。

在洋务派中，郑观应比他的前辈冯桂芬、李鸿章、张之洞走得更远了。

洋务派都重视教育改革，郑观应把教育的成败提高到关乎国之兴亡的高度，也比他的前辈的认识更有深度。他提出"废八股之科，兴格致之学"是必须实行的教育改革的措施。

在《户政》中，郑观应主张仿效西方设立官、商银行，发行银行券，用机器铸造金币，禁止外国货币在中国流通。这些都是西方资本主义制度的组成部分，实行这些制度，是因为资本主义国家以商为纲，以商立国，如保护关税，设立商部，商人有权自由投资，提高商人地位等等。此外，他在《兵政》中提出了维护国家独立的主张，强调"当今之世……防外侮更重于防内患"，这是一种民族利益高于一切的观念。

《盛世危言》在当时曾广泛地流行于国内，一部分还流传到日本、朝鲜等国。1894 年，江苏布政使邓华熙向光绪皇帝推荐这本书。

与《盛世危言》性质相类似的，还有陈炽撰写的发行于 1906 年的《续富国策》，这也是我国最早主张发展资本主义经济的专著。

洋务派人士都坚持"中学为体"。"中学"作为古代东方文化的核心，有几千年积累起来的优越感，在伴随着西方列强的炮舰和商船而来的西方文化面前，具有一种顽强的排他性。因此，近代中国的中学和西学的撞击、融汇是一个被动的、痛苦而曲折的过程。洋务思潮作为近代中国西学传播的初始阶段,更反映了这种情况。曾有人说过:中体西用论经历过一个从积极、进步走向消极、反动的过程。这种说法听起来颇有道理。所以,五四之后,"全盘西化"派骂它"保守""顽固",激进主义者更骂它反动了。依笔者之见,无所谓积极与消极、进步与反动之区分,只能说作为一种文化思潮,它应时出现,随时消失了。20 世纪70 年代初逝世于"文革"中的陈寅恪先生,在独尊马克思主义的时代,仍信奉"中体西用"论,我们似乎不能无端说他陈腐。像"文革"中批判他那样,因为那些激进主义者认为天下的真理掌握在自己手中,除了辱骂别人之外,他们对我们的民族文化又有什么贡献呢?而坚持"中体西用"论的陈寅恪先生,在他的文化学术活动中却起到创造性地沟通中西文化的历史作用。同样,我们把洋务派置于近代工业生产方式诞生以后,世界范围内东西民族文化的交融已成为历史发展的大趋势的文化背景下,他们对近代中国新文化的贡献是不可磨灭的。今天,那些骂他们顽固、反动的先生们,再过百年之后,还能够像现代人记得洋务派那样而不被历史所磨灭,不要说还留下什么功绩,就算是万幸了。

第三节　突破体用模式,提倡
"中西会通"的学习思想

"中西会通"是王国维提出的。在谈此论之前,要先溯源到严复的某些观念,就是说,严复对中西文化的某些观念已经孕育着"中西会通"的思想因素,到王国维则以完整的理论形态出现。

在洋务派提出的"中学为体,西学为用"论"举国以为至言"的时流中，严复不以为然，他提出"自由为体，民主为用"①，一下子就抓住了近代欧洲思想中体现欧洲走向近代化运动的"集体能力"这一主题。他把洋务派"中体"中的名教及日常伦理内涵换成了西方的"自由"，这样，"体"与"用"都"全盘西化"了。

严复接受西方文化的目的是要使中国富强起来，但又不仅仅停留现实功利层面，西方文化使他震撼和效法的不仅是成功方面的优越，更有其超越的内在价值方面的东西，即文化精神方面的"自由""民主""平等"等问题。严复决不是把"自由"理解为达到富强的手段，他在《法意》按语中写道："且夫自由，心德之事也。"② 可见，他将自由视为一种超越的终极价值。当然，他对自由的理解与西方传统的"自由"内涵不完全吻合，而他对"民主"的理解，为当时的顽固派和新学家们所惊诧。他说："民主者，治制之极盛也。使五洲而有郅治之一日，其民主乎！"③ 他在民国初年的复辟逆流出现时，认为"由君主转为民主可，由民主转为君主不可"。④ 严复突破洋务派体用模式内涵中的基本原则，究其原因，他是由"器物"与社会制度层面进入到文化层面。他不像新学家、洋务派那样把文化学术研究与现实、政治纠缠在一起，他认为文化学术应区分古今中西，他说："所谓学者，但有邪正真妄之分耳，中西新旧之名，将皆无有。"⑤ 因为人类有共同的真理，"使其理诚精，其事诚信，则年代国俗，无以隔之。是故不传于兹，或见于彼，事不相谋而各有合。考道之士，以其所得于彼者，反以证诸吾古人之所传，乃澄湛精莹，如寐初觉"。⑥ 所以他认为不以中学为体，中国的传统文化也不会消亡，非但不会因输入西学而消亡，反而会"澄湛精

① 《严复集》第1册，中华书局1986年版，第8页。
② 《严复集》第4册，中华书局1986年版，第986页。
③ 《严复集》第4册，中华书局1986年版，第975页。
④ 《严复集》第4册，中华书局1986年版，第891页。
⑤ 《严复集》第1册，中华书局1986年版，第157页。
⑥ 《严复集》第5册，中华书局1986年版，第1319页。

莹"，发达兴旺起来，中西相融，相得益彰。

严复在批判中国传统文化和现状时，以西方文化和现状为参照，并且有了以此为改造中国的目标的信念。基于这种信念，他敢于打破洋务派"中体西用"模式，提出"以自由为体，以民主为用"之论，说明他思想的独立性和自主性。

胡适在 1922 年 8 月 28 日的日记中写道："现今的中国学术界真凋敝零落极了。旧式学者只剩王国维、罗振玉、叶德辉、章炳麟四人，其次则半新半旧的过渡学者，也只有梁启超和我们几个人。内中章炳麟是在学术上已半僵化了，罗与叶没有条理系统，只有王国维最有希望。"① 胡适说"只有王国维最有希望"，王国维的"希望"在哪里？从学习思想史视角看，"希望"在于他提出"中西会通"。

王国维提出："吾国今日之学术界，一面当破中外之见，而一面毋以政论为手段，则庶可有发达之日欤。"② 所谓"当破中外之见"即要破新学家、洋务派的中西之体用观。

他用历史的眼光审视西学东渐对中国文化思想由传统转向现代具有的重要意义。华夏文化之发展由"能动"而"受动"，再由"受动"而"能动"，由晚周向两汉，由两汉而魏晋，由魏晋而两宋，由两宋而晚清，按照"能动—受动"的规律向前发展了几千年。王国维将西方文化东来看作是"第二之佛教"。中国历史上，外来文化大规模地传入中国是魏晋南北朝时期的印度佛教。佛教传入中国，虽"极千万之盛"，却未能"吃掉"或曰佛化华夏本土文化思想，而经隋唐历宋元，却被中国本土"化"成自己文化思想的一个重要组成部分，而彻底中国化了。

---

① 庄练：《近世学者与文人群像》，台湾商务印书馆 1994 年版，第 172 页。
② 王国维：《论近年之学术界》，《王国维遗书》第 5 册，上海古籍出版社 1983 年版，第 97 页。

　　基于这种认识，"第二之佛教"即近代西方文化思想东来中国，虽然经过一个百年或更长时间的"相互异行而不相化合"的阶段，但它的意义，它的发展趋向，只能按照"冲击—回应"（西方学者研究中国近代文化提出的一种模式）的逻辑向前，推动传统文化思想走向现代化的道路。这种现代化不是按照西方中心主义者的意愿全盘西化，把中国变成他们的殖民地，而是按照中国的历史逻辑即"能动—受动"的逻辑使外来文化思想本土化，变成有中国特色的民族化的东西。

　　王国维以"能动—受动"论为理论基石，主张在文化思想上要中西会通，以达到中西文化的"化合"。王国维的学术思想毫无疑问地受严复的影响，因为严复"于学无所不窥，举中外治术学理，靡不究其原委，抉其失得，证明而会通之"。① 但王国维没有采用"自由为体，民主为用"的模式，在这里，他有对传统文化的肯定，但没有当成"体"或"道"，也没有把西方文化思想视为"末"或"器"。当然，这也充分显示出"最有希望"的一代学者的一种民族自尊心或民族自豪感。

　　在《论近年之学术界》发表稍后，王国维写的《国学丛刊序》中，更明确地宣称："余谓中西二学，盛则俱盛，衰则俱衰，风气既开，互相而动。"他强调如果不精研西学，中国的学术文化也就无由发达。近代的具有新的人文内涵的思想启蒙运动实"受动"于西方资产阶级的文化思想，而建有实绩的早期启蒙者应该首推侯官严复。王国维与严复同时代或比严复稍晚，亦是现代思想启蒙的先驱。两人都着眼于知识阶层，希望通过传播新的学术思想来推动中国文化学术的发展，不过，严复对传统文化思想的批判与否定，要比王国维激烈得多，偏激得多，而王国维对待中国文化更理性些、中和性些，他是一位纯性的学者、大

---

① 《严复集》第 5 册，中华书局 1986 年版，第 1542 页。

师。王国维视学问为独立物，而又探其原委，他很注重学问要有益于世道人心，他甚至把学术文化与国家存亡联系在一起，在由清代而民国的易代之际，相信："天不欲亡中国之学术，则于学术所寄之人，必因而笃之。"① 结果为其后来自杀埋下了种子。

---

① 王国维：《沈乙庵先生七十寿序》，《王国维遗书》第 5 册，上海古籍出版社 1983 年版，第 132 页。

下编　传记

第 六 章

开近代风气之先的巨擘——龚自珍

龚自珍（1792—1841 年），又名巩祚，字璱人，号定庵。浙江仁和（今杭州市）人，是中国近代史发轫时期的一位思想家、文学家和学者。

第一节　龚自珍的文化性格

龚自珍在科举和仕进上很不得意。他于 1810 年应顺天乡试，由监生中式副榜第二十八名。1818 年，应浙江乡试，中式第四名举人，时主考官是著名的小学家王引之。从次年起连应会试，五次落选。直至 1829 年，第六次应会试，始中进士，他已 38 岁。他中举后，于 1820 年入仕，做内阁中书。1821 年，任国史馆校对，后历宗人府主事、礼部主事等官职。官微职闲，颇受排挤。1839 年，他忤其长官，辞官南归。1841 年，暴卒于丹阳云阳书院。

龚自珍生于中国封建社会的"末世"，加之他科举和仕进上的坎坷，社会条件和自身经历铸造出其"出格"的性格。梁启超说他"性跌宕，不检细行，颇似法之卢骚；喜为要眇之思，其文辞俶诡连犿，当时之人弗善也，而自珍益以此自憙；往往引《公羊》义讥切时政，诋排专制；晚岁亦耽佛学，好谈名理。"① 从生活作风上看，他不修边幅，故衣残履，十年不更，又不拘礼法，不懂世故，喜与驺卒农夫一起饮酒，而不肯攀附权贵。其狂放傲世的派头不亚于祢衡、嵇康、李贽之类人物，"伤时之语，骂坐之言，涉目皆是，此大不可也"。② 而且"上关朝廷，下及冠盖，口不择言，动与世迕，足下将持是安归乎？"③

1829 年，龚自珍的殿试对策仿王安石上仁宗皇帝书，在《御试安边绥远疏》中，他就张格尔叛乱平定后新疆的善后治理，从施政、用人、治水、治边等方面提出改革主张，且多有批评时政之语，甚至公然抨击八股为"无用之学"，使"阅卷诸公皆大惊"，故不列优等，将龚自珍置于三甲第十九名，遂不得入翰林，以内阁中书任用。

龚自珍虽困厄闲置，仍屡屡上书，指斥时弊，但都未被采纳。他在抑郁寡欢的京官生活中，每乘驴车游丰台，于芍药地深处席地而坐，随便拉上几位下层百姓一起饮酒。

龚自珍的这种不拘礼法、不计利害、不知顾忌的性格、作风，在一般人眼里是"狂士""怪物"或被视为"龚呆子"，但在封建权贵们的眼里则是"叛逆者"，必遭嫉恨、诬蔑、迫害。他的挚友魏源对其行为颇觉担心，曾写信劝告他："近闻兄酒席谭论，尚有未能择言者，有未能择人者。夫促膝之言，与广廷异；密友之争，与酬酢异，苟不择地而施，则于明哲保身之义，深恐有失，不但德性之疵而已。承吾兄教爱，不啻手足，故率而诤之。然此事要须痛自惩创，不然结习非一日可改，酒狂非醒后所及悔也。"④

对友人的劝诫龚自珍表示感谢，但他对社会批评的言论有增无减，

---

① 梁启超：《清代学术概论》，刘梦溪主编：《中国现代学术经典·梁启超卷》，河北教育出版社 1996 年版，第 186 页。

② 张祖廉：《定庵先生年谱外纪》，《龚自珍全集》，上海古籍出版社 1975 年版，第 648 页。

③ 张祖廉：《定庵先生年谱外纪》，《龚自珍全集》，上海古籍出版社 1975 年版，第 648 页。

④ 魏源：《致龚定庵信》，《魏源集》下册，中华书局 2009 年版，第 925 页。

在各种场合放言无忌，宣称："大言不畏，细言不畏，浮言不畏，挟言不畏。"① 他到死也未能改变好发议论、抨击时弊、疾恶如仇、放荡不羁、追求个性解放的思想性格。

这正是龚自珍思想性格中极端关切国家民族的命运，鞭笞封建官场和社会中的腐朽、黑暗面的经世思想的突出表现。用历史的眼光来评论龚自珍的"狂士"性格，"狂"是历代传统文人所带有的程度不同的"习性"，而时代内容却每每不尽相同。"封建末世的刺激和影响，使龚自珍没有沿着正统的封建仕途行进，而走上了社会批判之路。在鸦片战争之前，他与林则徐、魏源等人共同启导了抨击时弊、抗御外侮、经世致用的进步思潮。"②

第二节　龚自珍的家学渊源及学习道路

龚自珍出身于封建士大夫，书香门第，他的高祖、曾祖均有功名。祖父龚禔身曾任内阁中书、军机处行走，著有《吟矑山房诗》。过继祖父龚敬身为乾隆进士，由内阁中书转宗人府主事，迁礼部精膳司郎中，兼祠祭司事，记名御史，出任云南楚雄知府，迤南兵备道，著有《桂隐山房遗稿》。父亲龚丽正，1796 年进士，授礼部主事，后官至徽州知府、江南苏松太兵备道，署江苏按察使，著有《国语注补》《三礼图考》《两汉书质疑》《楚辞名物考》诸书，是著名汉学家段玉裁的门生和女婿。母亲段驯亦工书能诗，著有《绿华吟榭诗草》。③

龚自珍在这样一个"科目起家，簪缨文史"的家世中成长起来，

---

① 龚自珍：《平均篇》，《龚自珍全集》，上海古籍出版社 1975 年版，第 80 页。
② 王俊义：《清代人物传记稿·下编》第 1 卷，辽宁人民出版社 1984 年版，第 309 页。
③ 吴昌绶：《定庵先生年谱》，《龚自珍全集》，上海古籍出版社 1975 年版，第 589—592 页。

幼年时即受母教，诵读吴梅村诗、方百川遗文、宋左彝学古集，培植了他的诗文才性。1803 年，12 岁时，龚自珍从外祖父段玉裁学许慎《说文解字注》，奠定了小学、考据的基础。1807 年，16 岁时，读《四库全书总目提要》，学习目录学，接触常州学派的学术思想，毅然由汉学考据转向今文经学，确立了"通经致用"的治学大旨。1808 年，游太学，见石鼓文，始为金石之学。1812 年，由副榜贡生考充武英殿校录，得有机缘翻阅朝廷典藏的图书秘籍，并从事校雠掌故之学。1814 年，奉父命参加修纂《徽州府志》。同年作《明良论》，就 1813 年林清率天理教徒攻入紫禁城事变发表议论，猛烈抨击清朝的社会弊端。1816 年作《乙丙之际箸议》，系统阐述自己的政治、学术见解。他的经世致用、以社会批判为主旨的学术旗帜已经树立起来。1819 年春，应恩科会试，落第。留京从刘逢禄问"公羊春秋"。

这是龚自珍由考据学走向今文经学的转折点。这一转化，作为乾嘉考据大师段玉裁外孙的意义却超出一般学人的学术兴趣的变化，它标示了嘉道之际学风转变的大趋势。他在《杂诗》十四首之六诗中，记述了他见到刘逢禄时的心情及学风转变的决心："昨日相逢刘礼部，高言大句快无加；从君烧尽虫鱼学，甘作东京卖饼家。"①

1820 年，龚自珍再次参加会试，又落第，出任内阁中书，开始了近二十年的京官生活。虽然职位卑微，生活穷困不堪，但也使他有机会利用内阁文献深入研究当代典制。他的一些经世名作都出自这个时期。这一年他著有《东南罢番舶议》《西域置行省议》《徽州府志氏族表序》。1821 年，在内阁充国史馆校对，参与重修《一统志》，上书《一统志》总裁，论西北塞外诸部落沿革。1823 年春，应会试不第，作《壬癸之际胎观九篇》《阮尚书年谱第一序》《与江居士书》。次年，向吴县贝简香居士、江铁君居士等学佛。

---

① 龚自珍:《己卯杂诗》,《龚自珍全集》,上海古籍出版社 1975 年版,第 441 页。

1826 年，龚自珍参加会试。主考官刘逢禄对浙江、湖南二卷十分赞赏，他推测到二卷作者当是龚自珍和魏源。虽然作为主考官他极力推荐，也未能阻止二人落榜。1827 年，龚自珍引疾离京，回杭州主讲紫阳书院。1828 年，撰《尚书序大义》《大誓答问》《尚书马氏家法》各一卷。1829 年，再次应会试，中第九十五名，应殿试获三甲第十九名，赐同进士出身，仍归内阁中书原班。1835 年，擢宗人府主事。1837 年1 月，充玉牒馆纂修官；3 月，改礼部主事祠祭司行走；4 月，补主客司主事，仍兼祠祭司。选湖北同知，不就，还原官。在京师闲差中，龚自珍于苦闷无聊之中开始校雠佛经，研究起大乘佛学来，此间纂述佛学的文章甚多。1838 年，在礼部主事任上，从事商周彝器秘文研究。年底，林则徐以钦差大臣身份往广东查办海口禁烟事宜。龚自珍作诗赠行，恳切建议林则徐严惩破坏禁烟的敌对分子，并做好反侵略战争的准备，林则徐深以为然。1839 年，龚自珍 48 岁，结束了他在京师的冷署闲曹生活。

从表面上看，龚自珍是由于他的父亲出任礼部堂上官，例当引避，实际上是他壮志难酬，生计困窘，自忖继续在京师实难有所作为。是年4 月，辞职出都。1841 年春，离杭州赴任丹阳云阳书院讲席，7 月至丹阳，居于县署。8 月 12 日暴卒，终年 50 岁。

在龚自珍的人生道路上有几点值得提出来说一说。一是他的交游。在京任官，他与徐宝善、黄爵兹、魏源、林则徐、姚莹、汤鹏等交往，常以诗文唱和，特别是与魏源、林则徐、姚莹的交往。作为经世派的精英人物，晤抱一室，杯酒倾心，而龚自珍与同志论天下事，风发泉涌，有不可一世之意，形成一种"慷慨论天下事"的学风，开启晚清经世致用的进步思潮。

二是他的社会实践。他的学问不是全在书斋里做出来的，他的经世思想、社会批判精神是在社会实践中生成的；他不同于沉溺于故纸堆中的书生，而是以研讨国计民生实际问题为宗旨；他自称要"医大病，解大难，谋大事，学大道，皆以心之力"①，"又有事天地东西南北之学，未暇也"。② 从当代实际出发去做学问，才是龚自珍经世思想的精髓之所在。

龚自珍自 11 岁起，就随父入京，住在官署中，后又随父亲的升迁调任，到过河北、安徽、浙江、江苏等地。他既熟知官场的内幕，也曾接触到社会各阶层，不仅广交各地名士，论学议政，也深入到社会下层，与"田夫、野老、驺卒"饮酒说故。在官场，他"守默守雌容努力，毋劳上相损宵眠"。③ 那些"好好阁老""泥塑尚书""磕头宰相"之类的当今政要，只"窃窥今政要之官，知车马、服饰、言词捷给而已，外此非所知也"。④ 充斥官场，令他"肺气横溢"，"望而生厌"，而他"欹斜谲浪震四坐，即此难免群公瞋"。⑤ 或从屠沽游，"拉驺卒饮"，直是"侧身天地本孤绝，矧乃气悍心肝淳！"⑥ 痛快淋漓，使他的豪迈奔放的性格得以舒展。

最值得提及的是 1839 年龚自珍辞官出都，他轻装从简，以一车自载，一车载文集百卷上路，5 月过淮浦，沿途与当地名士相会，又过镇江，至江阴见李兆洛。经苏州，于 7 月底抵扬州，8 月底回昆山县羽琌别墅。10 月北上山东，游曲阜，至任丘、雄县、固安，等候自京师返回的妻儿。12 月过焦山、无锡，返昆山。

这次纵横南北数千里的漫游，大大开阔了龚自珍的眼界。在这次行程中，他赋诗抒怀，将自己生平经历、思想著述、师友交往、旅途见闻

① 龚自珍：《壬癸之际胎观第四》，《龚自珍全集》，上海古籍出版社 1975 年版，第 15—16 页。
② 龚自珍：《古史钩沈论三》，《龚自珍全集》，上海古籍出版社 1975 年版，第 25 页。
③ 龚自珍：《释言四首之一》，《龚自珍全集》，上海古籍出版社 1975 年版，第 482 页。
④ 龚自珍：《明良论二》，《龚自珍全集》，上海古籍出版社 1975 年版，第 32 页。
⑤ 龚自珍：《十月廿夜大风，不寐，起而书怀》，《龚自珍全集》，上海古籍出版社 1975 年版，第 463 页。
⑥ 龚自珍：《十月廿夜大风，不寐，起而书怀》，《龚自珍全集》，上海古籍出版社 1975 年版，第 463 页。

——写入诗中，得七言绝句 315 首，题名《己亥杂诗》。这一大型组诗表达了他对国家命运、人民苦难的关注，以及渴求变革的愿望和对当时政治腐败的揭露抨击。

作为晚清开风气之先的经世派的代表人物，龚自珍不仅对于接受文化遗产、研习各种典籍下过很深的功夫，有极为丰富的历史知识，而且他也有纵游大江南北的阅历和切身的生活感受，对现实社会有深刻细致的观察和体会。

龚自珍不像唐、宋时期的学者片面强调书本知识，多在书斋里做学问。他却注重对社会历史的观察和了解，强调实际感受，扩大眼界，一生致力于"谋大事""医大病"。他的朋友李锐、陈奂、江藩、姚学塽都劝他坐下来研究《易》《书》《诗》《春秋》，而他的回答是："又有事天地东西南北之学，未暇也。"① 而不肯去纫缀腐熟，将自己关在狭小的书斋里。他是晚清士大夫中从故纸堆里逃出来的人，他曾对林则徐表示愿随同南下，共同从事禁烟斗争。1841 年夏秋之际，他曾写信给驻防上海的江苏巡抚梁章钜，拟辞去教职，赴沪共商抗英事宜。可见，参与社会实际变革的行动始终是龚自珍做学问的本色。

行动家类型的学者做出来的学问可能不如乾嘉诸老专精，但其经世价值、对社会改造的意义却是不可估量的。梁启超看到了龚自珍的这种特点，他说："综自珍所学，病在不深入，所有思想，仅引其绪而止，又为瑰丽之辞所掩，意不豁达；虽然，晚清思想之解放，自珍确与有功焉；光绪间所谓新学家者，大率人人皆经过崇拜龚氏之一时期；初读《定庵文集》，若受电然，稍进乃厌其浅薄；然今文学派之开拓，实自龚氏。"②

---

① 龚自珍：《古史钩沈论三》，《龚自珍全集》，上海古籍出版社 1975 年版，第 25 页。
② 梁启超：《清代学术概论》，刘梦溪主编：《中国现代学术经典·梁启超卷》，河北教育出版社 1996 年版，第 186 页。

　　龚自珍的好友魏源对其学习路径，曾作过概括性的说明，比较符合历史事实。魏源说："（自珍）于经通《公羊春秋》，于史长西北舆地。其文以六书小学为入门，以周、秦诸子吉金乐石为崖郭，以朝章国故世情民隐为质干。晚犹好西方之书（指佛学，笔者按），自谓造深微云。"① 其实，还有一点，就是龚自珍的诗人浪漫气质，所谓的"性跌宕，不检细行"，"喜为要眇之思，其文辞傲诡连犿"，② 都是诗性智慧的表现。

第三节　对今文学派精神之蹈厉

　　清代学术之变化以道咸为分际。以前汉学、古文经学占主流；以后逐渐被宋学、今文经学所取代。其原因：一是社会的，即晚清政治腐败与西学的输入；二是学术自身变革。前者不再赘说，后者需要略加叙述。梁启超说："西汉所谓十四博士者，其学说皆亡，仅存者惟《春秋公羊传》之何（休）注而已。自宋以后，程朱等亦遍注诸经，而汉唐注疏废。入清代则节节复古；顾炎武、惠士奇辈专提倡注疏学，则复于六朝、唐；自阎若璩攻伪《古文尚书》，后证明作伪者出王肃，学者乃重提南北朝郑王公案，绌王申郑，则复于东汉；乾嘉以来，家家许郑，人人贾马，东汉学灿然如日中天矣。悬崖转石，非达于地不止；则西汉今古文旧案，终必须翻腾一度，势则然矣。"③ 物极必反，今文经学的出场，从学术发展的盛衰规律来看，势在必然。今文经学在清代发自常

---

① 魏源：《定庵文录叙》，《魏源集》上册，中华书局 2009 年版，第 239 页。
② 梁启超：《清代学术概论》，刘梦溪主编：《中国现代学术经典·梁启超卷》，河北教育出版社 1996 年版，第 186 页。
③ 梁启超：《清代学术概论》，刘梦溪主编：《中国现代学术经典·梁启超卷》，河北教育出版社 1996 年版，第 185 页。

州学派庄存与、宋翔风、刘逢禄等人对《公羊春秋》的研究，被经世派龚自珍、魏源所发扬蹈厉而成为近世社会批判思潮的武器，到维新派康有为而走向极端，使"清学正统派之立脚点，根本摇动"。①

伴随着今文经学的复兴，道咸以降，宋学逐渐挣脱汉学的压制，得到一定程度的复苏，学界也形成了推崇宋学（理学）的风气，今文经学与宋学在晚清的复兴是同步而相辅的，它们之间有着直接或间接的联系。

汉学亦称"朴学"，指汉儒考据训诂之学；宋学主要指宋代的理学派别，同"汉学"对称，注重"性命义理"之学。今文经学侧重于"微言大义"，其特色为功利；古文经学偏重于"名物训诂"，其特色为考证。汉学与宋学虽然都出自一个儒学传统，以孔子为鼻祖，以六经为法典，但由于思路、方法、旨趣及倾向性的不同而形成两种有明显差异的学术传统。

汉学与宋学之间的差异，追根溯源是今文经学与古文经学之间的差异、争论在汉至宋的漫长过程中形成的。而今古文经学在论争中又互相渗透、吸收，历朝历代也常常突破门户之见而出现两者兼容并蓄的现象。

今古文之争遍涉五经，在两汉时期，尤以《春秋》为焦点，此书被两汉今文经学家用来发挥微言大义，附会阴阳灾异，成为其理的安身立命之所。公羊学最能代表汉代今文学派的特点，而董仲舒的春秋说正集中地反映了今文学派的特点，他阐发、附会微言大义，创立"三世说""三统说""天人感应"说等。董氏治《公羊》之学，以适应现实政治的需要，并追求自身利禄，谓之"通经致用"。汉儒今文学派的这种学风在晚清常州学派庄存与、刘逢禄与经世派龚自珍、魏源，维新派的康有为身上都能看到，不过，晚清今文学家只阐发微言大义而不再宣

---

① 梁启超：《清代学术概论》，刘梦溪主编：《中国现代学术经典·梁启超卷》，河北教育出版社 1996 年版，第 188 页。

扬阴阳灾异了。

晚清今文经学的发展，大致经历了由继承与发扬今文经学传统到追求经世致用、讥切时政的既有联系又有区别的两个阶段。前一阶段以庄存与和刘逢禄为代表，后一阶段以龚自珍、魏源、康有为为代表。

庄存与（1719—1788年），字方耕，江苏武进人，是常州学派的创始者，也是晚清今文经学的启蒙者。其后同县刘逢禄（1776—1829年），字申受，幼传外家庄氏之学。二人均摒弃训诂名物之学，专求"微言大义"，与正统考据学派的路子全然不同。庄氏著《春秋正辞》，专门阐发《春秋》的微言大义。刘氏著《春秋公羊经传何氏释例》，比庄氏旗帜更鲜明。该书发挥何休解诂《公羊传》义例的归纳，阐发了自己的公羊学思想，建立起严密的公羊学理论体系。又有《左氏春秋考证》，视《左传》为伪书。

梁启超对晚清今文经学有所论述，他说："今文学之中心在《公羊》，而《公羊》家言，则真所谓'其中多非常异义可怪之论'，（何休《公羊传注自序》）自魏晋以还，莫敢道焉。今《十三经注疏》本，《公羊传》虽用何注，而唐徐彦为之疏，于何义一无发明，《公羊》之成为绝学，垂二千年矣。清儒既遍治古经，戴震弟子孔广森始著《公羊通义》；然不明家法，治今文学者不宗之。今文学启蒙大师，则武进庄存与也；存与著《春秋正辞》，刊落训诂名物之末，专求其所谓'微言大义'者；与戴段一派所取涂径，全然不同。其同县后进刘逢禄继之，著《春秋公羊经传何氏释例》，凡何氏所谓非常异义可怪之论，如'张三世'、'通三统'、'绌周王鲁'、'受命改制'诸义，次第发明；其书亦用科学的归纳研究法，有条贯，有断制，在清人著述中，实最有价值之创作。段玉裁外孙龚自珍，既受训诂学于段，而好今文，说经宗庄刘。"①

---

① 梁启超：《清代学术概论》，刘梦溪主编：《中国现代学术经典·梁启超卷》，河北教育出版社1996年版，第185—186页。

庄、刘等前期今文经学家是纯学者型，并未脱出今文经学经师的学统与家法，在学术上并无多少创新精神值得称道。庄、刘二人，"则专言《公羊》而已，未及他经；然因此知汉代经师家法，今古两派，截然不同"。① 后来的冯（登府）、二陈（寿祺、乔枞）、迮（鹤寿）诸家"皆不过言家法同异而已，未及真伪问题"。② 钱穆说："此皆风气之变，未必即是非之准。乾嘉之盛斥宋明，宋明未必非；道咸之转而不满于乾嘉，因以推尊庄氏，庄氏亦未必是。……而考据既陷绝境，一时无大智承其弊而导之变，徬徨回惑之际，乃凑而偶泊焉。其始则为《公羊》，又转而为今文，而常州之学。"③ 钱穆认为"庄氏为学，既不屑屑于考据，故不能如乾嘉之笃实，又不能效宋明先儒寻求义理于语言文字之表，而徒牵缀古经籍以为说，又往往比附以汉儒之迂怪，故其学乃有苏州惠氏好诞之风而益肆"④，而刘逢禄"值时运世风之变，而治经之业乃折而萃于《春秋》，治《春秋》又折而趋于《公羊》焉"。⑤ 刘逢禄的《公羊学》，夏曾佑赠梁启超诗云："瑟人（龚）申受（刘）出方耕（庄），孤绪微茫接董生（仲舒）。"⑥ 董仲舒治《公羊》学带有原创性的观点都被他承接下来而加以阐发，并影响后来的龚自珍。但是庄、刘开创的常州学派，"而常州之学，乃足以掩胁晚清百年来之风气而震荡

---

① 梁启超：《清代学术概论》，刘梦溪主编：《中国现代学术经典·梁启超卷》，河北教育出版社 1996 年版，第 186 页。
② 梁启超：《清代学术概论》，刘梦溪主编：《中国现代学术经典·梁启超卷》，河北教育出版社 1996 年版，第 186 页。
③ 钱穆：《中国近三百年学术史》，刘梦溪主编：《中国现代学术经典·钱宾四卷》上册，河北教育出版社 1999 年版，第 455 页。
④ 钱穆：《中国近三百年学术史》，刘梦溪主编：《中国现代学术经典·钱宾四卷》上册，河北教育出版社 1999 年版，第 455 页。
⑤ 钱穆：《中国近三百年学术史》，刘梦溪主编：《中国现代学术经典·钱宾四卷》上册，河北教育出版社 1999 年版，第 457 页。
⑥ 梁启超：《清代学术概论》，刘梦溪主编：《中国现代学术经典·梁启超卷》，河北教育出版社 1996 年版，第 186 页。

摇撼之"①，"苟非大力斡旋气运，足以驱一世而转趋，则仍必随逐因循至于途穷而后已也"。②

晚清今文经学发展到第二阶段，从龚自珍、魏源到康有为，完全是一副新面目，他们是学者兼政治家、思想家。他们把学术与议政结合起来，而治学的目的是为议政、改革。钱穆说："常州之学，起于庄氏，立于刘、宋（翔风），而变于龚、魏，然言夫常州学之精神，则必以龚氏为眉目焉。"③"继刘、宋而言今文者有龚、魏。"④ 梁启超说："今文学之健者，必推龚魏，龚魏之时，清政既渐陵夷衰微矣；举国方沈酣太平，而彼辈若不胜其忧危，恒相与指天画地，规天下大计。考证之学，本非其所好也，而因众所共习，则亦能之，能之而颇欲用以别辟国土；故虽言经学，而其精神与正统派之为经学而治经学者则既有以异。自珍、源皆好作经济谈，而最注意边事；自珍作《西域置行省议》，至光绪间实行，则今新疆也；又著《蒙古图志》，研究蒙古政俗而附以论议（未刻）。源有《元史》，有《海国图志》，治域外地理者，源实为先驱。故后之治今文学者，喜以经术作政论，则龚魏之遗风也。"⑤

以"经术作政议"，"引《公羊》义讥切时政，诋排专制"⑥ 是龚自珍为学的鲜明特征。西汉公羊家大都以经术通政事，但他们拥护和维护君权专制制度，并不"讥切时政，诋排专制"。常州学派也是如此，

---

① 钱穆：《中国近三百年学术史》，刘梦溪主编：《中国现代学术经典·钱宾四卷》上册，河北教育出版社 1999 年版，第 455 页。
② 钱穆：《中国近三百年学术史》，刘梦溪主编：《中国现代学术经典·钱宾四卷》上册，河北教育出版社 1999 年版，第 461—462 页。
③ 钱穆：《中国近三百年学术史》，刘梦溪主编：《中国现代学术经典·钱宾四卷》上册，河北教育出版社 1999 年版，第 462 页。
④ 钱穆：《中国近三百年学术史》，刘梦溪主编：《中国现代学术经典·钱宾四卷》上册，河北教育出版社 1999 年版，第 459 页。
⑤ 梁启超：《清代学术概论》，刘梦溪主编：《中国现代学术经典·梁启超卷》，河北教育出版社 1996 年版，第 187 页。
⑥ 梁启超：《清代学术概论》，刘梦溪主编：《中国现代学术经典·梁启超卷》，河北教育出版社 1996 年版，第 186 页。

仅仅做到议政而已，也就是说仅固守西汉今文学家以经术通政事的传统而已。因此，"足以掩胁晚清百年来之风气而震荡摇撼之"① 的是从龚自珍开始。"故以言夫常州学之精神，其极必趋于轻古经而重时政，则定庵其眉目也。"② 所谓"眉目"，就是常州今文学派之开拓，实自龚氏。具体说来，龚氏的今文经学有以下两个方面的特征：

第一，学、道统一而归经世。

龚自珍由训诂学转向今文经学，是出于社会改革的需要。他在《乙丙之际著议第六》中说："自周而上，一代之治，即一代之学也；一代之学，皆一代王者开之也。"③ 什么叫"治"，叫"道"，叫"学"呢？龚氏说："王、若宰、若大夫、若民相与以有成者，谓之治、谓之道。若士、若师儒法则先王、先冢宰之书以相讲究者，谓之学。师儒所谓学有载之文者，亦谓之书。是道也，是学也，是治也，则一而已矣。"④ 而治、道、学三者是统一的，"是故司徒之官之后为儒，史官之后为道家老子氏，清庙之官之后为墨翟氏，行人之官之后为纵横鬼谷子氏，礼官之后为名家邓析子氏、公孙龙氏，理官之后为法家申氏、韩氏"。⑤ 这种治、道、学统一的观点，强调的是学不能脱道，更不能脱治，学要为治服务，也就是学要经世致用。而诸子出于王官说，本之于汉代今文经学家刘向与班固，即诸子之学，"合其要归，亦《六经》之支与流裔。使其人遭明王圣主，得其所折中，皆股肱之材已"。⑥ 也是在强调诸子之学是"务为治"的。

---

① 钱穆：《中国近三百年学术史》，刘梦溪主编：《中国现代学术经典·钱宾四卷》上册，河北教育出版社 1999 年版，第 455 页。
② 钱穆：《中国近三百年学术史》，刘梦溪主编：《中国现代学术经典·钱宾四卷》上册，河北教育出版社 1999 年版，第 462 页。
③ 龚自珍：《乙丙之际著议第六》，《龚自珍全集》，上海古籍出版社 1975 年版，第 4 页。
④ 龚自珍：《乙丙之际著议第六》，《龚自珍全集》，上海古籍出版社 1975 年版，第 4 页。
⑤ 龚自珍：《乙丙之际著议第六》，《龚自珍全集》，上海古籍出版社 1975 年版，第 4 页。
⑥ 班固：《汉书·艺文志》，中华书局 1997 年版，第 448 页。

今文学家不能不言天道，龚自珍把天道与社会制度（礼制）结合起来。他说："圣人之道，本天人之际，胪幽明之序，始乎饮食，中乎制作（指礼），终乎闻性与天道。"①

嘉、道时期正统考据学的弊端：一是其研究范围极为拘迁，脱离社会现实的实际需要；二是"学阀"气十足，思想界形成"汉学专制"之局面。龚自珍看不惯这种"学阀"作风，因此，他重提宋明心学家揭橥的"尊德性"与"道问学"的问题，这实际上是在矫汉学考据学之弊，也是龚氏经世致用思想的一种表现。他说："孔门之道，尊德性，道问学，二大端而已矣。二端之初，不相非而相用，祈同所归；识其初，又总其归，代不数人，或数代一人，其余则规世运为法。入我朝，儒术博矣，然其运实为道问学。自乾隆初元来，儒术而不道问学。所服习非问学，所讨论非问学，比之生文家而为质家之言，非律令。小生改容为闲，敢问问学优于尊德性乎？曰：否否。是有文无质也，是因迭起而欲偏绝也。圣人之道，有制度名物以为之表，有穷理尽性以为之里，有训诂实事以为之迹，有知来藏往以为之神，谓学尽于是，是圣人有博无约，有文章而无性与天道也。端木子之言谓之何？"② 这里，他主张"尊德性"与"道问学"不得相离，把问学与践行结合起来，而且认为问学为闻性道之阶，所谓"欲问性道，自文章始"，"不以文家废质家，不用质家废文家"。③ 文与质兼备，也就是问学与性道双修。

黄宗羲在《宋元学案》卷5中说："（象山）先生之学，以'尊德性'为宗，……同时紫阳（朱熹）之学，则以'道问学'为主。朱、陆两家之学，各成门户，相互诋訾。""道问学"当然离不开钻研典籍，这是古文经学家的行当。而"尊德性"则六经注我，师心自用足矣，

① 龚自珍：《五经大义终始论》，《龚自珍全集》，上海古籍出版社1975年版，第41页。
② 龚自珍：《江子屏所著书序》，《龚自珍全集》，上海古籍出版社1975年版，第193页。
③ 龚自珍：《江子屏所著书序》，《龚自珍全集》，上海古籍出版社1975年版，第194页。

这是心学家的真传，也是今文经学家的一种潜意识。其实，朱熹强调分析义理，并且不废传注、考据，也就是"尊德性"与"道问学"相需而不是相离。龚自珍之说本之朱熹而有所发挥，关键在经世，他讲的"道问学"不是要人单纯地去研究坟典，而是也要关注现实社会之变化。学问脱离实践便不是"道问学"，这是乾嘉学派的一大弊端，也就是梁启超说的："夫清学所以能夺明学之席而与之代兴者，毋亦曰彼空而我实也；今纷纭于不可究诘之名物制度，则其为空也，与言心言性者相去几何？"①

第二，宣扬《公羊》学的微言大义以议论时政。

龚自珍生活在清代由"康乾盛世"跌落到"嘉道衰世"的转折时期，"嘉道以还，积威日弛，人心已渐获解放；而当文恬武嬉之既极，稍有识者，咸知大乱之将至；追寻根原，归咎于学非所用；则最尊严之学阀，自不得不首当其冲"。② 龚自珍对当时变局又特别敏感，并给予深切的关注。但是，采用什么样的思维方式与世界观呢？在龚自珍的时代还无法完全跳出经学模式。在经学中，汉学、古文学派已衰落，宋学、今文学派异军突起，则亦事所必至理有固然了。因为今文经学派历来是为"治道"而生，其主微言大义，而通于天道、人事，则其指向必然是现实的治道。微言大义，不必像考据训诂那样板上钉钉子，可以虚虚实实自由发挥，是议政、参政、刺政的极好方式。因此，龚自珍在1819年应试于北京时遇到刘逢禄"问公羊家言"，明微言大义之学，豁然开朗，表示"从君烧尽虫鱼学，甘作东京卖饼家"③，决心摆脱考据汉学之拘迂，走向用今文经学自由议政的道路。

---

① 梁启超：《清代学术概论》，刘梦溪主编：《中国现代学术经典·梁启超卷》，河北教育出版社1996年版，第182页。
② 梁启超：《清代学术概论》，刘梦溪主编：《中国现代学术经典·梁启超卷》，河北教育出版社1996年版，第183页。
③ 龚自珍：《己卯杂诗》，《龚自珍全集》，上海古籍出版社1975年版，第441页。

西汉《公羊》大师董仲舒治《春秋》发挥"大义"的方法是"得一端而博达之"，"得一空而博贯之"。他所阐发的《春秋》大义有"三世说"①，何休进一步附会出"据乱世"、"升平世"、"太平世"说。

龚自珍则认为不仅《春秋》《礼》中有三世之法，其他儒家经典的"大义"中亦有三世之法，通古今可以为三世，三世之法贯穿于《书》《诗》《礼》《春秋》所言政事之中。龚氏之所以这样强调"三世之法"的微言大义的放诸四海而皆准的真理性，其目的在于借经学经世、议政。

在龚氏的政论文中运用"三世说"随处可见，远远超过刘逢禄对"三世说"的阐释，而直指现实政治，说得最明确的是《乙丙之际著议第九》一文："吾闻深于《春秋》者，其论史也，曰：书契以降，世有三等，三等之世，皆观其才；才之差，治世为一等，乱世为一等，衰世别为一等。"② 他更以"后史氏"（即预言家）自命，以"探世变"为自己的使命，"起视其世，乱亦竟不远矣"。③ 他说自己所处的时代，治世已经过去，已由"人功精英""府于京师"的早时治世，变为"日之将夕，悲风骤至"的衰乱之世。统治集团中的皇帝与大臣"作书、赋诗者，稍读书，莫之大义，以为苟安其位一日，则一日荣"。④ 下层民众则"富户变贫户，贫户变饿者，四民之首，奔走下贱，各省大局，岌岌乎皆不可以支月日，奚暇问年岁？"⑤ "不祥之气，郁于天地之间，郁之久乃必发为兵燹，为疫疠，生民噍类，靡有孑遗，人畜悲痛，鬼神思变置。其始，不过贫富不相齐之为之尔。小不相齐，渐至大不相齐；大不相齐即至丧天下。"⑥ "天生物，命官理之，有所溃，有所郁，郁之

① 苏舆：《春秋繁露义证》，中华书局2002年版，第9—10页。
② 龚自珍：《乙丙之际著议第九》，《龚自珍全集》，上海古籍出版社1975年版，第6页。
③ 龚自珍：《乙丙之际著议第九》，《龚自珍全集》，上海古籍出版社1975年版，第7页。
④ 龚自珍：《明良论二》，《龚自珍全集》，上海古籍出版社1975年版，第32页。
⑤ 龚自珍：《西域置行省议》，《龚自珍全集》，上海古籍出版社1975年版，第106页。
⑥ 龚自珍：《平均篇》，《龚自珍全集》，上海古籍出版社1975年版，第78页。

也久，发之也必暴。"① "有大音声起，天地为之钟鼓，神人为之波涛矣。"② 在这种"戚于飘摇""殆于痛疽""惨于槁木"的衰世，京师已如同"鼠壤"，而"山中之民"一啸百吟而起推翻清朝的时刻已经不远了。

龚自珍青年时代作《尊隐》，提出"三时"说，仍可以作为《公羊》"三世说"的推衍，并用以讥切时政。该文说："闻之古史氏矣，君子所大者生也，所大乎其生者时也。是故岁有三时：一曰发时，二曰怒时，三曰威时；日有三时，一曰早时，二曰午时，三曰昏时。"③ 他联系现实，则将当世京师喻为昏时："日之将夕，悲风骤至，人思灯烛，惨惨目光，吸饮莫气，与梦为邻，未即于床，丁此也以有国，而君子适生之；不生王家，不生其元妃、嫔嫱之家，不生所世世豢之家，从山川来，止十郊。而问之曰：何哉？古先册书，圣智心肝，人功精英，百工魁杰所成，如京师，京师弗受也，非但不受，又裂而磔之。丑类窳呰，诈伪不材，是辇是任，是以为生资，则百宝咸怨，怨则反其野矣。"④

这里的京师指当朝统治集团正值昏时，人命危浅，气息奄奄。而"山中"则指人才荟萃的在野势力，却正值早时、午时，朝气蓬勃，盛壮待举。这样朝（京师）与野（山中）形成鲜明对比，而且朝野之间有受对立面转换的规律所支配，"如是则京师贫；京师贫，则四山实矣。""京师贱；贱，则山中之民，有自公侯者矣。""豪杰轻量京师；轻量京师，则山中之势重矣。如是京师如鼠壤；如鼠壤，则山中之壁垒坚矣。京师之日（苦）短，山中之日长矣。（京师）风恶，水泉恶、尘霾恶，山中泊然而和，洌然而清矣。（京师）人攘臂失度，啾啾如蝇

---

① 龚自珍：《乙丙之际箸议第一》，《龚自珍全集》，上海古籍出版社1975年版，第1页。
② 龚自珍：《尊隐》，《龚自珍全集》，上海古籍出版社1975年版，第88页。
③ 龚自珍：《尊隐》，《龚自珍全集》，上海古籍出版社1975年版，第87页。
④ 龚自珍：《尊隐》，《龚自珍全集》，上海古籍出版社1975年版，第87页。

虬，则山中戒而相与修娴靡矣。朝士寡助失亲，则山中之民，一啸百吟，一呻百问疾矣。朝士偨焉偷息，简焉偷活，侧焉徬徨商去留，则山中之岁月定矣。"① 龚氏用"三时"说揭示嘉道之后，朝与野、官与民、京师与四方的对立，并预示了变乱即将产生。

龚氏说他既治《春秋》，"乃独好刺取其微者，稍稍迂回赘词说者，大迂回者。""独喜效董氏例，张后世事以设问之。以为后世之事，出《春秋》外万万，《春秋》不得而尽知之也；《春秋》所已具，则真如是。"② 因之著《春秋决事比》之书（其书不传，仅存自序一篇和《答问》一卷），这是他关于《公羊春秋》的一部专著，其效法董仲舒用《春秋》治狱，书中多非常异义可怪之论，但经世致用，讥切时政的特点非常明显。

第四节 学习思想之变异

龚自珍除对今文学派精神之蹈厉外，其本身学习思想的变化是非常明显的。

一、学主兼综，不立门户

我们把龚自珍列于晚清今文经学派，是着眼于清代学术上汉宋对立、今文古文纷争的历史传统。如果我们换一个视角，从学习思想史的角度看龚自珍，他实际上是属于兼综一派的。

在汉学宋学问题上，龚氏反对乾嘉诸老拘守汉学门户之偏见，而明确表示自己是学主兼综的。江藩著的《国朝汉学师承记》，被认为"读

---

① 龚自珍：《尊隐》，《龚自珍全集》，上海古籍出版社1975年版，第87—88页。
② 龚自珍：《春秋决事比自序》，《龚自珍全集》，上海古籍出版社1975年版，第234页。

此可知汉世儒林家法之承授，国朝（清代）学者经学之渊源"。① 该书对清初至嘉庆二百五十年左右的学者 57 人的学术思想以及渊源关系进行了系统介绍，且介绍的基本上都是乾嘉学派的著名学者。这是由于江藩自己是吴派惠栋之再传弟子之缘故，因而门户之见极为明显。由于该书与其另一著作《宋学渊源记》一起，将经学分为汉学与宋学两大派，而其实质却在宗汉抑宋。龚自珍批评其专标"汉学"名目有十方面的不妥当，认为"读书者实事求是，千古同之，此虽汉人（汉学家）语，非汉人所能专。一不安也。本朝自有学，非汉学，有汉人稍开门径，而近加邃密者，有汉人未开之门径，谓之汉学，不慎甘心。不安二也。……汉人与汉人不同，家各一经，经各一师，熟为汉学乎？四也。若以汉与宋为对峙，尤非大方之言；汉人何尝不谈性道？五也。宋人何尝不谈名无训诂？不足概服宋儒之心。六也。近有一类人，以名物训诂为尽圣人之道，经师收之，人师摈之，不忍深论，以诬汉人，喊人不受。七也。……本朝别有绝特之士，涵咏白文，创获于经，非汉非宋，亦惟其是而已矣，方且为门户之见者所摈。九也。国初之学，与乾隆初年以来之学不同；国初人即不专立汉学门户，大旨欠区别。十也"。② 龚氏对宗汉抑宋的门户之见之分析，可谓鞭辟入里，堪称卓论。

龚自珍在评价阮元的学术成就时，也表露出学主兼综、不立门户的学习思想。他在《阮尚书年谱第一序》中说："（阮元）固已汇汉、宋之全，拓天人之韬，泯华实之辨，总才学之归。"③ 治学范围总括训诂、校勘、目录、典制、史学、金石、九数、文章、性道、掌故诸学科，与那些拘守门户的学者相比，则"彼区区文儒之异传，断断经人之异师，皆所谓得支亡干，守隅昧方。伟哉绝业，莫之与京已"。④ 对阮元治学

---

① 钱钟书主编：《中国近代学术名著丛书·汉学师承记》，三联书店 1998 年版，第 3 页。
② 龚自珍：《与江子屏笺》，《龚自珍全集》，上海古籍出版社 1975 年版，第 346—347 页。
③ 龚自珍：《阮尚书年谱第一序》，《龚自珍全集》，上海古籍出版社 1975 年版，第 227 页。
④ 龚自珍：《阮尚书年谱第一序》，《龚自珍全集》，上海古籍出版社 1975 年版，第 227 页。

的评价，既是对有清一代兼综一派学术的总结，也是他自己治学主张的揭示。

清人看不起明人治学的态度，批评明人"伪说售欺"，特别是在乾嘉诸老的眼里，明人都是凿空蹈虚，单凭胸臆，寄兴曲蘖的学问，也是一种门户之见。龚氏却看到明人的贡献，他说："近儒学术精严，十倍明儒，动讥明人为兔园，为鼠壤矣，然三代先秦之书，悉恃明人刻本而存，设明人无刻本，其书必亡，何与？或曰：明人学术虽陋，而好古好事，不可埋没，抑何近世士大夫不好事，不好古与？昔之士大夫，何其从容而多暇日，商及刻书？今之士大夫，何其瘁而不暇与？此亦上下古今之士，所亦求索厥故者也，其略言之！"① 这种看法，表现出龚氏对明儒持有的学有兼综的治学思想的称赞。

在今古文问题上，龚氏由习正统考据学转而宗今文经学。但他虽主今文，而又不排斥古文，主张今文古文兼综。如对《尚书》，他并不像其他今文学家那样斥汉代《古文尚书》为伪作，而是认为《今文尚书》本出自《古文尚书》，"源一流二"。② 关于《诗经》，他在《己亥杂诗》自注中说："予说《诗》以涵咏经文为主，于古文、毛、今文三家，无所尊，无所废。"③ 关于《礼》，他视古文《仪礼》为本经，大小戴《礼记》为传，《周礼》为晚出之书，是"晚周先秦之士掇拾旧章所为"，属于"附之于《礼》"④ 之书。对于《春秋》，他以《公羊》为宗，而对《左传》《穀梁》亦有所采纳。对待经书如此，对待经学也是如此，即以折中态度兼待今文古文，既重视发挥义理，又不废弃训诂考据。

龚氏之学主兼综，表现在治学方法上则为"四必"："学文之事，

① 龚自珍：《家塾策问二》，《龚自珍全集》，上海古籍出版社1975年版，第122—123页。
② 龚自珍：《大誓答问第二十四》，《龚自珍全集》，上海古籍出版社1975年版，第75页。
③ 龚自珍：《己亥杂诗》，《龚自珍全集》，上海古籍出版社1975年版，第515页。
④ 龚自珍：《六经正名》，《龚自珍全集》，上海古籍出版社1975年版，第37页。

求之也必劬，获之也必创，证之也必广，说之也必涩。不敢病迂也，不敢病琐也。"① 他解释说："求之不劬则粗，获之不创则剿，证之不广则不信，说之不涩则不忠，病其迂与琐也则不成。"② 龚氏在《陈硕甫所著书序》中，既反对空谈义理，又反对拘守小学考据。空谈义理者，"陟颠而弃本"，拘守小学考据者，"循本而忘颠"③。宋学注重义理，"有知来藏往以为之神"④ 之功效；汉学注重小学考据，"有诂训实事以为之迹"⑤ 之效用。一为之里，一为之表，表里相需而不可分割，则可达到"尊德性"与"道问学"的统一。

而乾隆初元以来的学风，恰是割裂了义理与考据、尊德性与"道问学"之间的相需相兼的关系。儒术只求道问学，而不知尊德性，学者只把小学考据当学问，而把天道性命当"鼠壤"，不懂得"思虑之至，故完密之至；完密之至，故无所苟之至；无所苟之至，故精微之至"⑥ 的治学之道。他们否定义理之学的功效，谈起"天命之奥，大道之任，穷理尽性之谋，高明广大之用，不曰不可得闻，则曰俟异日，否则曰：我姑整齐是，姑抱是（小学），以俟来者"。⑦ 龚自珍指出："小学（训诂考据）之事，与仁、爱、孝、悌（义理心性之学）之行，一以贯之已矣。"⑧ 只有以学主兼综的思想为指导，把汉学与宋学、今文与古文、义理与考据"一以贯之"，才能克服治学中"陟颠而弃本"或"循本而忘颠"的弊端。

---

① 龚自珍：《抱小》，《龚自珍全集》，上海古籍出版社 1975 年版，第 93 页。
② 龚自珍：《抱小》，《龚自珍全集》，上海古籍出版社 1975 年版，第 93 页。
③ 龚自珍：《陈硕甫所著书序》，《龚自珍全集》，上海古籍出版社 1975 年版，第 195 页。
④ 龚自珍：《江子屏所著书序》，《龚自珍全集》，上海古籍出版社 1975 年版，第 193 页。
⑤ 龚自珍：《江子屏所著书序》，《龚自珍全集》，上海古籍出版社 1975 年版，第 193 页。
⑥ 龚自珍：《抱小》，《龚自珍全集》，上海古籍出版社 1975 年版，第 93 页。
⑦ 龚自珍：《抱小》，《龚自珍全集》，上海古籍出版社 1975 年版，第 93—94 页。
⑧ 龚自珍：《抱小》，《龚自珍全集》，上海古籍出版社 1975 年版，第 93 页。

二、反对荒诞迷信的求实、辨伪的科学精神

龚自珍在经学传统中属今文学派，但他反对、批判汉代今文学家和谶纬经学的天人感应、阴阳灾异之说。董仲舒治《公羊》学，他所建构的"儒术"本来就糅合阴阳五行之说，以宣扬阴阳灾异，附合"天人感应"。"儒术"发展到西汉后期，渐与谶纬神学结合，到东汉章帝时形成谶纬经学。谶语兴起于秦汉之际，纬是神仙方术之道，盛行于东汉。纬与谶孪生，并称谶纬。析而言之，谶指宣扬天命迷信的预言，符命秘籍，纬与经相对而言，是以谶说经，以经证谶，即假托经文经义，附会人事吉凶祸福，预言帝业治乱兴废。纬依托于经书，虽与谶同属荒诞无稽，但不像谶那样简单、露骨。因此，可以说，纬学就是方士的经学，是被方士神化了的经学。纬学与今文经学密不可分，从思想实质上说，它们都宣扬天人感应的神学理论，不过纬学比今文经学更加荒诞。今文经学多讲天道，而纬学多讲天象，西汉今文学家实已开纬学之先河。东汉术数、谶纬家多兼属今文学家。东汉时出现大量的纬书，纬书不仅内容虚妄，而且托古作伪，欺世罔俗。《四库提要》说，谶纬经学，"去圣日远，儒者推阐论说，各自成书，与经原不相比附"。①

大致了解了今文经学与谶纬经学的历史状况，我们再谈龚自珍对其批判所体现出的科学精神。龚氏作《非五行传》说："刘向有大功，有大罪，功在《七略》，罪在《五行传》。"② 刘向是今文学家，《五行传》是典型的谶纬经学，是刘向上奏汉成帝言阴阳灾异的纬书。史称："向见《尚书·洪范》，箕子为武王陈五行阴阳休咎之应。向乃集合上古以来历春秋六国至秦汉符瑞灾异之记，推迹行事，连传祸福，著其占验，

---

① 《四库全书总目·卷六》第 1 分册，上海古籍出版社 1987 年版，第 158 页。
② 龚自珍：《非五行传》，《龚自珍全集》，上海古籍出版社 1975 年版，第 130 页。

比类相从，各有条目，凡十一篇，号曰《洪范五行传论》奏之。"① 龚氏在《与陈博士笺》中说："自古以阴阳五行占验灾异，与推步家术绝不相同，不能并为一家之言。梓慎、裨灶之流，无能推日食者，况月食！近世推日月食精矣，惟彗星之出，古无专书，亦无推法，足下何不请于郑亲王，取钦天监历来彗星旧档案汇查出，推成一书？则此事亦有定数，与日食等耳。"② 他主张以天文推步破除以阴阳五行占验灾异的迷信。对待汉儒言阴阳灾异、预测吉凶祸福的谶纬经学一概否定，他说："自珍最恶京房之《易》、刘向之《洪范》，以为班（固）氏《五行志》不作可也。"③ 京房之《易》以说阴阳灾异为主要特征，使《易》学流入术数。班固的《五行志》也是纬学与谶学合流的著作，宣传天人感应论，以五行说附合人事休咎。龚氏认为"《易》纬最无用，独卦气法或出于古史氏，而纬家传之"。④ 对《尚书》纬书中"言天地之距，七曜之度，恣胸臆而呆言之"斥之为"殆无一言之近事实者"。⑤ 对《春秋》纬书《元命苞》进行评论说："以春秋当兴王，而讬王于鲁，诸大义往往而在，虽亦好言五行灾异，则汉氏之恒疾，不足砭也。"⑥

具有科学精神的学人，在古代表现为治学中的"实事求是"。龚自珍坚持这一"千古同之"的原则，对儒家美颂圣王的伪辞给予戳穿，他在《葛伯仇饷解》中说："问曰：逸《书》曰：'葛伯仇饷'。孟子说之曰：'汤居亳，与葛为邻，葛伯放而不祀，汤使人问之，曰：无以共粢盛也。汤使亳众往为之耕，老弱馈食，葛伯率其民，要其有酒肉黍

① 班固：《汉书·楚元王传》，中华书局 1997 年版，第 500 页。
② 龚自珍：《与陈博士笺》，《龚自珍全集》，上海古籍出版社 1975 年版，第 346 页。
③ 龚自珍：《与陈博士笺》，《龚自珍全集》，上海古籍出版社 1975 年版，第 346 页。
④ 龚自珍：《最录易纬是类谋遗文》，《龚自珍全集》，上海古籍出版社 1975 年版，第 250 页。
⑤ 龚自珍：《最录尚书考灵耀遗文》，《龚自珍全集》，上海古籍出版社 1975 年版，第 250 页。
⑥ 龚自珍：《最录春秋元命苞遗文》，《龚自珍全集》，上海古籍出版社 1975 年版，第 250—251 页。

稻者夺之，不授者杀之。有童子饷，杀而夺之。'葛虽贫，葛伯一国之君，安得有杀人夺酒肉事？答曰：王者取天下，虽曰天与之，人归之，要必有阴谋焉。……亳众者何？窥国者也，策为内应者也。老弱馈者何？往来为间谍者也。……仇者何？众词，大之之词。杀者何？专词。杀一人不得言仇，仇不得言杀。史臣曰：'葛伯仇饷'，得事实矣。又曰：'汤一征，自葛载。'夫葛何罪？罪在近。后世之阴谋，有远交而近攻者，亦祖汤而已矣。"①

龚自珍对古代儒家美化的圣王样板——商汤的批判性重估，否定儒家亚圣孟子的阐释，指出儒家炮制的圣王模式"必有阴谋"，并为后世用阴谋之祖，即使在面对流行甚久的权威话语，也不失为英锐。由此可见，龚自珍对经学的研究，皆以科学精神、求是原则凸显其批判价值，切入了历史的精神肌体，因而使其学说具有强大的能量和冲击力。要当圣王"必有阴谋"，可谓振聋发聩。圣王商汤的仁政"必有阴谋"并为后世所效法，直刺君主专制政体，出言可谓不凡。

龚氏说"君权神圣"说是"神其说于天，是故本其所自推也"②，进而否定"圣人创世说"，他指出："天地，人所造，众人自造，非圣人所造。圣人也者，与众人对立，与众人为无尽。众人之宰，非道非极，自名曰我。"③ 圣人君王并非某一姓氏的特产，"一姓不再产圣"。④ 这些议论更显示出龚自珍的科学精神。

三、读书、治学为经世，反对"疲精神耗日力于无用之学"

龚自珍的学习思想中一个极为重要的观点是学用一致，学为经世，学为参与社会变革。他搞的学术都与国计民生密切相关，学术必须与社

① 龚自珍：《葛伯仇饷解》，《龚自珍全集》，上海古籍出版社 1975 年版，第 124 页。
② 龚自珍：《农宗》，《龚自珍全集》，上海古籍出版社 1975 年版，第 49 页。
③ 龚自珍：《壬癸之际胎观第一》，《龚自珍全集》，上海古籍出版社 1975 年版，第 12 页。
④ 龚自珍：《古史钩沈论四》，《龚自珍全集》，上海古籍出版社 1975 年版，第 27 页。

会实践相结合。他认为清代学者把学与治分离开来，他们以书斋为"至乐"之境，而不以社会风云为舞台，这样的学者由于学用脱节，多是不通世务的陋儒。他指出，近世的读书人，"生不荷耰锄，长不习吏事，故书雅记，十窥三四，昭代功德，瞠目未睹，上不与君处，下不与民处"。① 这样的学风所造成的恶果是"道德不一，风教不同，王治不下究，民隐不上达，国有养士之赀，士无报国之日"。② 他认为这不仅仅是士人群体内的事，其影响之坏，必将祸及整个国家、民族。他大声疾呼："殆夫，殆夫！终必有受其患者，而非士之谓夫？"③

学与治分离的学风是怎样造成的呢？归之于科举制度。龚氏从自身参加科举考试的艰难曲折中体会到，士子为应试，去钻研八股时文，把所有的精力都投到里面，一举得中绝少，而屡考不中者多，读书习文都得与应试接轨，两眼盯住经书，天天揣摩时文，根本不管社会上事，一旦中了举人或进士便去做官，转而去应付职责所涉的兵刑、钱谷、政教、民事，过去学的东西全然用不上，成了"疲精神耗日力于无用之学"，"少壮之心力，早耗于禄利之筌蹄"④ 矣，读书人的生命成了"纸上苍生而已"。⑤

怎样才能克服学治分离、学用脱节的学风呢？龚自珍认为读书人必须从经书与科举中解脱出来，研讨国计民生的实际问题，即他所说的"事天地东西南北之学"。⑥ 而他自己把目光投向西北史地、政治、经济、民族诸方面的研究，他"编览皇朝舆地"著《西域置行省议》，建议朝廷在西域指令新疆设行省，以加强中央对边疆的管理，主张在天山南北两路（即准部和回部）仿各省之例，设总督、巡抚、布政使、按

---

① 龚自珍：《乙丙之际箸议第六》，《龚自珍全集》，上海古籍出版社 1975 年版，第 5 页。
② 龚自珍：《乙丙之际箸议第六》，《龚自珍全集》，上海古籍出版社 1975 年版，第 5 页。
③ 龚自珍：《乙丙之际箸议第六》，《龚自珍全集》，上海古籍出版社 1975 年版，第 5 页。
④ 龚自珍：《对策》，《龚自珍全集》，上海古籍出版社 1975 年版，第 116 页。
⑤ 龚自珍：《金缕曲》，《龚自珍全集》，上海古籍出版社 1975 年版，第 565 页。
⑥ 龚自珍：《古史钩沈论三》，《龚自珍全集》，上海古籍出版社 1975 年版，第 25 页。

察使等官员，以下又置知府、知州、知县，并对西域府州县的划分提出了具体的可操作方案。这样，可以改变西域尚未设省，行政管理比较松散的藩部的状况。

为了增强中央对西北边疆的管理，龚自珍又主张徙内地百姓到西北垦荒戍边。龚氏提出的西域设行省和徙民屯边的建议对于国家民族虽"利且尤倍"，但在当时并未被朝廷采纳，他晚年写的《己亥杂诗》论此事时，自信"五十年中言定验"。① 后来，果然在1884年新疆设为行省。正如后来的洋务派大臣李鸿章在《黑龙江述略序》中所说的："古今雄伟非常之端，往往创于书生忧患之所得，龚氏自珍议西域置行省于道光朝（实写于嘉庆末年，李氏误记），而卒大设施于今日。"②

诚然，龚自珍西域设行省"创于书生忧患之所得"。因为当时沙俄和英国的殖民主义势力已经伸入南亚和中亚，渗透到中国的西北、蒙古、东北地区，他们开始以探险、考古为名，策动天山南北两路少数民族贵族举行叛乱，企图分裂我国西北边疆。这种侵略者的举动所造成的节节逼近的严峻形势引起经世派士人的关注。除西北史地外，龚自珍还相当重视蒙古史地研究，著有《蒙古象教志序》《蒙古水地志序》《蒙古台卡志序》《蒙古声类表序》等文。他还准备著作一部大型的《蒙古图志》，因早逝而绝。

读书以经世为目的，因而不能泥古，不能食古不化，对书上的东西要根据时代需要，验诸实践，这是龚自珍学习思想的精髓之所在。他说："经史之言，譬方书也，施诸后世之孰缓、孰亟，譬用药也。宋臣苏轼不云乎：药虽呈于医手，方多传于古人。若已经效于世间，不必皆从于己出。至夫展布有次第，取舍有异同，则不必泥乎经、史。要之不

---

① 龚自珍：《己亥杂诗》，《龚自珍全集》，上海古籍出版社1975年版，第516页。
② 徐宗亮：《黑龙江述略》，清光绪十七年（1891年）刻本。

离乎经、史，斯文《大易》所称神而明之，存乎其人者与?"①

知识并非全来自书本，它的一个重要来源是社会实际。书本上的知识也是前人、古人采之社会实际。龚自珍说:"田夫、野老、驵卒之所习熟，今学士大夫谢之，以为不屑知，自珍获知之，而以为创闻。"②

1813年，龚氏由南方入京师，时值华北大旱，他向一位山东老人请教北方稍遇干旱农作物即大减产的原因，老人以北方土壤与南方土壤的区别对这一问题进行分析，使他有所领悟。后来龚氏从邸钞上读到有对这一问题的进一步分析，说"东南之土肌理横，故宜水，西北之土肌理直，故不宜水"，使他"积数年之疑豁然矣"。③ 作为士大夫，龚自珍能向民间学习，把书本知识与社会实践结合起来是难能可贵的，要经世，必须"阅历名场万态更"，图谋拯救，"原非感慨为苍生"。④

龚自珍写了一篇《尊史》的文章，讲读史书要"善入""善出"。他说:"何者善入?天下山川形势，人心风气，土所宜，姓所贵，皆知之;国之祖宗之令，下逮吏胥之所□守，皆知之。其于言礼、言兵、言政、言狱、言掌故、言文体、言人贤否，如其言家事，可谓入矣。又如何而尊?善出。何者善出?天下山川形势，人心风气，土所宜，姓所贵，国之祖宗之令，下逮吏胥之所守，皆有联事焉，皆非所专官。其于言礼、言兵、言政、言狱、言掌故、言文体、言人贤否，如优人在堂下，号咷舞歌，哀乐万千，堂上观者，肃然踞坐，睨睐而指点焉，可谓出矣。不善入者，非实录，垣外之耳，乌能治堂中之优也耶?则史之言，必有余躐。不善出者，必无高情至论，优人哀乐万千，手口沸羹，彼岂复能自言其哀乐也耶?"⑤ 此论着重强调了史家经世致用之职责，

---

① 龚自珍:《对策》,《龚自珍全集》,上海古籍出版社1975年版,第117页。
② 龚自珍:《乙丙之际箸议第十九》,《龚自珍全集》,上海古籍出版社1975年版,第10页。
③ 龚自珍:《乙丙之际箸议第十九》,《龚自珍全集》,上海古籍出版社1975年版,第10页。
④ 龚自珍:《歌哭》,《龚自珍全集》,上海古籍出版社1975年版,第464页。
⑤ 龚自珍:《尊史》,《龚自珍全集》,上海古籍出版社1975年版,第80—81页。

所谓"能入""善入"就是要深入历史实际，对历史上发生的方方面面的实际状况有一个切实的、完整的把握；所谓"善出"，就是说研究历史要有一种实事求是的批判精神，善入而得"实录"，善出则由史入道而成"至论"。

龚自珍是曾深刻影响晚清时期中国精神进程的一代巨子。作为思想家，他卓越地应对了时代的呼唤。清政既渐陵夷衰微，大局"殆将有变"，这在客观上为龚自珍的迅猛崛起且成为一代大家搭建了历史舞台。鸦片战争前夕，"山雨欲来风满楼"，时代召唤龚自珍登台亮相。不难看出，龚自珍在 19 世纪上半叶的思想的重要特征：具有很强的时政情结，其价值取向源自现实焦灼与时政关怀。他的政论具有强烈的当下冲击性，但又是隐性议政，即以通经议政来批判现实社会的弊端，这就较"合法"，比直接诋排专制的风险要小些。他作为一个敏锐而智慧的时政介入者，学术只是其底气赖以支撑的依仗而不是目的，学术是为其思想表达服务的。就"学术本位"与"思想独立"而言，他不是"学术本位"主义者，而是"思想独立"的追求者，这是他与前辈今文学家庄存与、刘逢禄的区别。当然在龚自珍身上，思想与学术是密不可分的，可以说他的"学术本位"今文经学，言《公羊》学的微言大义是其学统之魂，他的"思想独立"是就他所处的时代而能敏锐地感到中国社会的历史性精神急需，使他的议政带有鲜明的启蒙色彩。这已涉及思想解放的价值根茎，这是他的学统之本，是学术本位得以兑现的内在依据。龚自珍把以经术通政事当作第二生命，并依据"思想独立"去作政论的时候，他就真正摆脱了他的前代儒生完全依附专制皇权的宿命而找回了自己。

作为弄潮儿，当龚自珍面对他参与其中的时代新潮流时，其思想——学术准备是仓促的，执着于科举应试带来的接二连三的失败和全身心地投入通经议政，不免出现"生命透支"现象，50 岁即暴卒于丹阳县署。这位晚清里程碑式的人物，在学习思想领域给我们留下了丰厚的遗产。

第 七 章
中国近代走向世界的先驱——魏源

第一节　古今社会转型时期界碑式的人物

　　魏源（1794—1857 年），原名远达，字默深，又字墨生，湖南邵阳人。魏氏祖居江西太和，明初迁居邵阳。魏源的祖父做中下层官吏，略涉书史。魏源 7 岁入家塾，勤奋好学，常攻读至深夜不辍。15 岁入邵阳县学，好读经史。1813 年，20 岁，到长沙岳麓书院读书，师从山长袁名曜。袁氏为湖南宁乡人，官至翰林院侍读，以经世为治学宗旨，对魏源的学习思想产生影响，使其认识到"能致用便为实学"，从岳麓书院中直接感受和继承了湖湘文化中经世致用的传统。是年举拔贡。次年随父北上京师。这对魏源学习思想的进一步发展是至关重要的。1817年魏源又回湖南，二年后再赴北京，中顺天乡试副贡生。又西行四川，与时任川东兵备道的陶澍相逢。1821 年，28 岁的魏源再至北京参加科考，被"抑置副榜"①。次年中顺天乡试举人第二名。1829 年，他在北京参加礼部试，不第，捐官为内阁中书舍人。1832 年再应礼部试，又未中。南去江苏入两江总督陶澍幕府。此后在江南辗转于地方大吏的官府之中。1844 年，51 岁的魏源因生活窘迫再赴京会试，中礼部会试第

---

① 黄丽镛：《魏源年谱》，湖南人民出版社 1985 年版，第 55 页。

十九名，次年补行殿试，中三甲九十三名，赐同进士出身。

魏源从 21 岁到 51 岁 30 年中，7 次入京，都是为应试举业，但非常不顺利。在仕途功名的困顿中，他的学业与人生的收获却是异常丰厚的。因为只有到北京，他才有机缘从胡承珙学习汉儒经学，从刘逢禄学习公羊学，与常州今文学派发生关系，又得以与陶澍、贺长龄、邓显鹤等湖南同乡交往，同时还与林则徐、龚自珍、黄爵滋、张维屏等交游。

胡承珙、刘逢禄为当时著名的经学大师。胡承珙，安徽泾县人，1805 年进士，累官至台湾兵备道，究心经学，研究《毛诗》，广证博考而成《毛诗后笺》，另有《尔雅古义》《仪礼古今文疏义》等经学专著。刘逢禄，江苏常州人，1814 年进士，官礼部主事，精研《春秋公羊传》，创通条例、贯穿群经，为清代今文学一大家，著有《春秋公羊经何氏释例》《左氏春秋考证》等。刘逢禄对魏源影响殊深，是其确立今文经学学术旨趣的导师。而魏源在北京交往的朋友圈子中多是具有经世致用思想和卓越才能的学者，在当时都堪称一流精英人物。这批人中有的是封疆大吏，以权势、物质力量支持魏源的经世致用主义，并为其提供实践的机会和平台；有的是学者型的挚友，他们互相砥砺、声援，从而对魏源的经世致用思想的形成和发展起到促进与优化的作用。

魏源于 1825—1826 年入江苏布政使贺长龄幕府，编《皇朝经世文编》。1832 年，协助两江总督陶澍改革两淮盐法。1841 年鸦片战争期间，林则徐由镇海遣戍新疆伊犁，在镇江托之编《海国图志》。他对漕运、盐法、河工、兵饷"四大政"关注、研究、献议，也与贺长龄、陶澍等大吏交往，并有机会作为他们的幕友、智囊。魏源与纯学者型的师友交往，也对其产生良好的影响。

1823 年，魏源由北京返回江苏，次年春夏与主持江阴书院的李兆洛会晤、畅谈。李兆洛精于经学、音韵、训诂、历法、古文辞，专精史学，尤嗜舆地，这对魏源由经入史以至经世思想的形成有较大影响。1842 年 8 月，魏源撰《圣武记》书成，次年春，致书包世臣，请代为审定。1844 年，魏源赴京会试后返回江南赠姚莹《海国图志》，姚氏备加称赞，鼓励其续编。

魏源自 21 岁离开湖南，仅回去一两次，不到两年时间。他 26 岁以后长期生活在商品经济发达、中西交汇冲突激荡、社会由古代向近代转型开风气之先的江、浙等江南地区。在这一地区他投身到"古今中西"的矛盾、变革的时局中去。这是我们研究魏源学习思想、经世致用观念变革必须要充分注意的。

魏源自 1820 年举家迁江苏，1835 年定居扬州，直到 1857 年逝世于杭州，客居江、浙达 37 年之久。明清时代，江、浙已是全国经济文化最发达的地区，明清之际的三大家有两家——顾炎武、黄宗羲出生在这儿，后来的乾嘉学派的大师们也大都出自这一地区。魏源在这一地区感受顾、黄等江、浙先贤的学术思想，成为其经世思想的源泉之一。魏源在编辑《皇朝经世文编》时，把顾、黄二人列在第一、二位，书中收录二人的文章特别多，尤其是浙东史学对其影响是异常明显的。黄宗羲、万斯同、全祖望诸家史学中的民本思想，以及他们对明王朝弊政的批判和反省对其也有极深刻的影响。浙东史学派的代表人物章学诚的很多文章也被魏源收入《皇朝经世文编》之中。章氏提出的"史学所以经世"的主张和对"六经皆史"说的阐发，对魏源由经入史的学术重点的转移，起到领引的作用。

历史地看，魏源的经学著作并没有什么超越前人的东西，而他的史学著作如《圣武记》《海国图志》《元史新编》等都具有原创精神。魏源早年在京时，曾经"问宋儒之学于姚敬塘学埭，学《公羊》于刘申受逢禄，古文辞则与董小槎太史桂敷、龚定庵礼部自珍诸公切磋焉"。①姚、刘、董、龚皆江、浙、皖人，而魏源膺服、师从的常州学派的庄存与、宋翔凤等人也是江、浙人。

---

① 李柏荣：《魏源师友记》，岳麓书社 1983 年版，第 2 页。

从魏源学习、治学的道路看，湖湘文化对其青少年时期产生过影响，而青壮年以后主要是江浙文化对其影响。魏源做了不到5年的地方知县、知州之类的地方官吏，也是在扬州地区。1846年，他53岁时，母病逝，去官守制。这期间，曾入江苏巡抚陆建瀛幕府，遍游两广、湖南、江苏、浙江，其立足点还是在江、浙。魏源从"风气锢塞，常不为中原人文所沾被。抑亦风气自创，能别于中原人物以独立。人杰地灵，大儒迭起，前不见古人，后不见来者，宏识孤怀，涵今茹古，罔不有独立自由之思想，有坚强不磨之志节。湛深古学而能自辟蹊径，不为古学所囿。义以淑群，行必厉己，以开一代之风气，盖地理使之然也"① 的湖南走出来，主要活动在江、浙一带，明清之际这一带资本主义经济开始萌芽。

鸦片战争前后的中国开始走向近代化，江、浙处于中西文化冲突的交汇点而得风气之先，因而江、浙的社会文化环境之新风气对魏源思想的影响至关重要。

魏源的学习思想或曰经世致用思想的演变和发展的轨迹，可分为三个时期：前期（1814—1846年）以学习、研究经学为主，以经学为治术，以求裨益于当世，师承常州今文经学派。其主要的学术活动是代贺长龄编《皇朝经世文编》，协助陶澍改革两淮盐法，研究明代经济、兵制等，于是有盐、漕、水、兵等改革倡议方面的论著；中期（1847—1853年）由治经转入治史，编撰《圣武记》《海国图志》《元史新编》等，提出了向西方学习的"师夷""悉夷""制夷"的启蒙主义思想，在江南地方大吏中倡导改革、反抗外国侵略的爱国思想；后期（1854—1857年）辞官归兴化，游历江南各地，安身立命于佛教，专心于佛学。

魏源所处的历史时期，是中国由传统社会向近代社会（半殖民地、半封建形态）急剧变化的时代。他一生跨越鸦片战争前后两个不同阶

---

① 钱基博、李肖聃：《近百年湖南学风·湘学略》，岳麓书社1985年版，第1页。

段。外国列强入侵，民族危机日益严重，造成社会转型的是中国近代思想界早期现代化意识的萌芽，从而推动传统的中国文化开始向近代中国文化转型。鸦片战争打开了中国社会封闭的大门，成为一部分先进的中国士人开眼看世界的契机，同时强烈的民族自尊心又使这部分先进人物在根本点上保留着封建士大夫的立场，使他们成为社会转型与文化转型起始阶段的"古今中外"界碑式的人物。19 世纪 60 年代以前的经世派人物都是这种特点，而魏源尤为典型。他的思想、性格很复杂，它既受在西学东渐、中西文化撞击而正在形成的近代新思潮的影响，也深受传统文化的养育而无法彻底摆脱其影响。一方面对着异族侵略和农民运动这内外夹击的空前严重的社会危机，他力主经世、变革，提出种种挽回国运、革除弊政的方案；一方面又要坚守封建正统的"中体"而不能变。正是在这一意义上，历史将他定位为新旧时代分野之际的界碑式的人物。

　　魏源等人的经世致用思想与传统的经世致用思想不同，与清初顾、黄、王三大家的经世致用思想亦不相同。清初经世思潮离不开经学，着眼点是批判王学末流，而晚清的经世思潮的兴起与西学东渐紧密相关，现实社会矛盾使他们认识到无论是汉学还是宋学都无补于世，而必须跳出经学，转而研求农政、刑名、河工、漕运、盐法、币制、战守、边防、舆地等与国家生死相关的学问，以求"经世致用"。因此，以魏源为代表的经世派，一方面与中国社会的激烈变动紧密相连，做学问直接服务于当前民族斗争与国计民生，与现实结合；另一方面又极力设想保住现政权，使它起死复生，把救亡图存、抗击外来侵略的希望寄托在即将垂死的王朝君主身上。

　　这样就形成了魏源经世思想的两个突出特点：一是批判传统旧学，而又摆脱不了传统旧学的束缚；二是一切学问以实用为价值尺度，功利色彩极为浓厚。前者为经世思潮的发展扫清某些障碍而同时又设定某些名教纲常的限定，后者虽然为经世思潮的发展找到了眼前的动力而同时也忽视了思想启蒙和人民权利的保障。

第二节　在垂死的经学中寻求经世致用的治术

魏源的学术、学习思想，旁涉法、老、兵，兼采西学，由经学转入史学，旨在实用。钱穆说他："初尚宋儒理学，后主今文。"① 就他治经来说，可以做如此断语，用他自己的话来说是："今日复古之要，由诂训、声音以进于东京典章制度，此齐一变至鲁也；由典章、制度以进于西汉微言大义，贯经术、故事、文章于一，此鲁一变至道也。"②

魏源是从理学入门，旁涉汉学，再由汉学之训诂、声音而转入今文经学，用公羊学的"微言大义"来贯彻经术、故事、文章于一。他所谓的"一"就是他说的"以经术为治术"③ 的"道"。

魏源15岁补县学弟子员，"始究心阳明之学，好读史，贫无书，假之族塾"。④ 后来到北京，师从理学家汤金钊、董桂敷、姚学塽。魏源对朱熹学说和阳明学说是兼而采之的，同时，他对汉学作为治学根基也很重视，与乾嘉考据学派中人物如胡承珙、宋翔凤等交往甚密，从他们那里学习汉儒家法、音韵训诂之学，这就是他说的"由诂训、声音以进于东京典章制度"⑤ 的学习。这样看，宋学与汉学在魏源思想的建构中都曾占据重要的位置。

那么魏源为什么要扬弃汉、宋之学而崇尚今文经学呢？笔者认为，主要是这两种学问都满足不了新旧社会转型时期社会的实际需要。汉学家穷年累月从事训诂、考据，不问世事，"罔知朝章、国故为何物，其

① 钱穆：《中国近三百年学术史》，刘梦溪主编：《中国现代学术经典·钱宾四卷》上册，河北教育出版社1999年版，第459页。
② 魏源：《两汉经师今古文家法考叙》，《魏源集》上册，中华书局2009年版，第152页。
③ 魏源：《默觚上·学篇九》，《魏源集》上册，中华书局2009年版，第24页。
④ 魏源：《邵阳魏府君事略》，《魏源集》下册，中华书局2009年版，第947页。
⑤ 魏源：《两汉经师今古文家法考叙》，《魏源集》上册，中华书局2009年版，第152页。

部曹观政，无非胥史文例是求，罔知漕、盐、河、兵得失何在"。① 这样的"人才尽出于无用之一途，此前代所无也"。② 而宋学家，特别是阳明心学那一派，空谈心性，"不识兵农礼乐工虞士师为何事"。③ "而民瘼之不求，吏治之不习，国计边防之不问；一旦与人家国，上不足制国用，外不足靖疆圉，下不足苏民困，举平日胞与民物之空谈，至此无一事可效诸民物，天下亦安用此无用之王道哉？"④ 汉学与宋学的共同弊端是脱离社会现实。魏源所面对的道咸间日益严重的社会危机，"不胜其忧危"时，欲"规天下大计"，便感到汉学与宋学皆成无用之学。虽然不能说，魏源对汉学与宋学是完全否定，但即便有用也是远水解不了近渴。

魏源由汉学、宋学转向今文经学，师承常州学派，主要原因是常州学派庄存与、刘逢禄等所张扬的公羊学的"三世"说包蕴着"变易"观念，适宜于社会改革，切近于经世致用，符合他以经术为治术的主张。魏源治今文经学的代表作有《书古微》《诗古微》《董子春秋发微》《两汉经师今古文家法考》等，最有影响的为《诗古微》和《书古微》。

《诗古微》20 卷，作于道光末年，考《毛诗》及《大小序》，"所以发挥齐、鲁、韩三家诗之微言大谊，補苴其罅漏，张皇其幽渺，以豁除《毛诗》美、刺、正、变之滞例，而揭周公、孔子制礼正乐之用心于来世也"。⑤ 认为《毛诗》晚出，与三家诗同源（俱传自荀子）而异流，并辨后世解《毛诗》者增益伪说，以三家诗破之。关于《毛诗序》，他认为"序首"（即首句）为毛氏所作，"续序"（首句以后之序）为卫宏所作，多失毛义。关于传、笺，他认为传可靠而笺多违毛义。

---

①　魏源：《明代食兵二政录叙》，《魏源集》上册，中华书局 2009 年版，第 165 页。
②　魏源：《明代食兵二政录叙》，《魏源集》上册，中华书局 2009 年版，第 163 页。
③　魏源：《默觚下·治篇一》，《魏源集》上册，中华书局 2009 年版，第 37 页。
④　魏源：《默觚下·治篇一》，《魏源集》上册，中华书局 2009 年版，第 36 页。
⑤　魏源：《诗古微序》，《魏源集》上册，中华书局 2009 年版，第 119—120 页。

《书古微》成书于 1855 年，分 12 卷。该书中心内容是辨伪，魏源不仅辨东晋《古文尚书》之伪，更进一步辨东汉《古文尚书》之伪，但他所列东汉《古文尚书》不可信之证，多难成立，尚难成为定论。魏源在《书古微序》中说明他写此书的目的是："《书古微》何为而作也？所以发明西汉《尚书》今、古文之微言大谊，而辟东汉马、郑古文之凿空无师传也。"① 怀着这样的学术宗旨，就很难实事求是而自己不犯"凿空""向壁虚造"的今文学家传统的老毛病了。

从纯学术研究的角度看《诗古微》和《书古微》不能说没有成就，如《诗古微》辨毛、郑及后世说《毛诗》者之伪说；《书古微》辨续序为卫宏作，围绕《禹贡》考证地理旧说创获甚多。但也不能像梁启超说的那样："道光末，魏源著《诗古微》，始大攻毛传及大小序，谓为晚出伪作，其言博辩，比于阎氏之《书疏证》。且亦时有新解，其论《诗》不为美刺而作。"② 《书古微》从考据学着眼，无法与阎若璩的《尚书古文疏证》相比，它好为臆说，未可据为典要。可以说二书是胎里带来的毛病，钱穆说得准确："然主微言大义，重经术、政事，则仍当治易、春秋。魏氏诗、书古微之作，仍不脱家法观念之作祟，仍落考据窠臼，非能真于微言大义、经术政事处见精神也。"③

魏源推崇西汉"六经治世"的治国方略，主张治经、明道、政事三者相结合，为解决现实社会的政治问题服务。他说："曷谓道之器？曰'礼乐'；曷谓道之断？曰'兵刑'；曷谓道之资？曰'食货'。道形诸事谓之治；以其事笔之方策，俾天下后世得以求道而制事，谓之经；藏之成均、辟雍，掌以师氏、保氏、大乐正，谓之师儒；师儒所教育，

① 魏源：《书古微序》，《魏源集》上册，中华书局 2009 年版，第 109 页。
② 梁启超：《清代学术概论》，刘梦溪主编：《中国现代学术经典·梁启超卷》，河北教育出版社 1996 年版，第 186 页。
③ 钱穆：《中国近三百年学术史》，刘梦溪主编：《中国现代学术经典·钱宾四卷》上册，河北教育出版社 1999 年版，第 459 页。

由小学进之国学，由侯国贡之王朝，谓之士；士之能九年通经者，以淑其身，以形为事业，则能以《周易》决疑，以《洪范》占变，以《春秋》断事，以《礼》、《乐》服制兴教化，以《周官》致太平，以《禹贡》行河，以《三百五篇》当谏书，以出使专对，谓之以经术为治术。曾有以通经致用为诟厉者乎？以诂训音声蔽小学，以名物器服蔽《三礼》，以象数蔽《易》，以鸟兽草木蔽《诗》，毕生治经，无一言益己，无一事可验诸治者乎？"①

这是非常陈腐的观念。以"六经治世""以经术为治术"，在汉代也不曾实行。早在汉元帝为太子时，就劝导宣帝以经术为治术，重用儒生。汉宣帝说："汉家自有制度，本以霸王道杂之，奈何纯任德教，用周政乎！"并认为"儒不达时宜，好是古非今"。② 汉儒，特别是今文经学之儒生多数不过把读经当作获取利禄的敲门砖而已。以六经治世、以经术为治术不过是"纯任德教，用周政"的复古主义，在汉代行不通，在二千年后的近代岂能行得通？

魏源主张"进于西汉微言大义，贯经术、故事、文章于一"的理论依据是什么呢？他的根本原则是"后人师前人"。他说："学之言觉也，以先觉觉后觉，故莘野以畎亩乐尧、舜君民之道；学之言效也，以后人师前人，故傅岩以稽古陈恭默思道之君。觉伊尹之所觉，是为尊德性；学傅说之所学，是为道问学。自周以前，言学者莫先于伊、傅二圣，君子观其会通焉。"③

所谓"觉后觉""师前人"，就是仿效"三代以上"的历史经验。魏源说："三代以上，君师道一而礼乐为治法；三代以下，君师道二而礼乐为虚文。古者岂独以君兼师而已，自冢宰、司徒、宗伯下至师氏、

---

① 魏源：《默觚上·学篇九》，《魏源集》上册，中华书局 2009 年版，第 23—24 页。
② 班固：《汉书·元帝纪》，中华书局 1997 年版，第 79 页。
③ 魏源：《默觚上·学篇一》，《魏源集》上册，中华书局 2009 年版，第 1 页。

保氏、卿、大夫，何一非士之师表？'小德役大德，小贤役大贤'，有位之君子，即有德之君子也，故道德一而风俗同。"① 〔……〕孟出有儒名，而世之有位君子始〔……〕，而世之儒者又自外于学道矣。……春〔……〕〔……〕年，自郑人游乡校以议执政外无闻焉；功利兴而道德教化皆土苴矣。有位与有德，泮然二途；治经之儒与明道之儒、政事之儒，又泮然三途。"② 治经、明道、政事三者之间有一定联系，更有明显的区分，不是一回事，企图把学统、道统、政统以"一贯"之，是不可能也没有必要的。而在社会发展中，三者之间的关系进行必要的协调是需要的。

魏源的这种经学上的"今日复古之要"与他提出的一系列革新主张形成悖论。如他说："后世之事，胜于三代。"③ 又说："古乃有古，执古以绳今，是为诬今；执今以律古，是为诬古；诬今不可以为治，诬古不可以语学。""变古愈尽，便民愈甚。"④ 以子之矛攻子之盾，以魏氏"变通"之论，攻魏氏"六经治世"论、"以经术为治术"论，则是"执古以绳今，是为诬今"，"诬今不可以为治"。所以，魏源思想是其站在历史阶段的分水岭上产生的悖论，使人眩于名实，不知所守。

以经世致用为尺度来衡量魏源的今文经学研究，他确立的"以经术为治术，以求裨当世"的目标并未达到，"贯经术、故事、文章于一"也只能流于口号，喊喊而已。家法观念作祟，必然"好为臆说"，而采用古文经学家治经的方法，即用训诂、考据、辨伪等手段去反对、驳斥汉学古文家，阐发今文家思想、立场，又怎能据为典要呢？

在"引公羊讥切时政"方面，魏源做的远不如龚自珍。梁启超以龚、魏并称，认为是"今文学之健者"，但是，龚自珍阐发今文经义的

① 魏源：《默觚上·学篇九》，《魏源集》上册，中华书局 2009 年版，第 23 页。
② 魏源：《默觚上·学篇九》，《魏源集》上册，中华书局 2009 年版，第 23 页。
③ 魏源：《默觚下·治篇九》，《魏源集》上册，中华书局 2009 年版，第 60 页。
④ 魏源：《默觚下·治篇五》，《魏源集》上册，中华书局 2009 年版，第 48 页。

目的仅仅是借今文经中的微言大义讥切时政、诋排专制，倡言改革。而魏源却以考证经义为主，绝少直接援用今文经学议政，揭露、批评社会弊端，他的经学研究与道咸间严重的社会危机是不相联系的，不若龚自珍的治经之直接涉及国计民生之根本大政。从纯学术的角度看，魏源的经学研究有创获，从经世致用的视角看，经术与治术结合得并不理想，即没有达到"以求裨当世"的目标。对于龚自珍来说，公羊学的"三世"说、"三统"说不过是他讥切时政的引子或配料而已，是汉人"缘饰以儒术"的老法门，所谓"得鱼忘筌"者也。从经学史的立场看，魏源的三世说较为宏通，不失西汉今文家专门之学之家法。

为什么魏源做不到"以经术为治术"，以求裨当世呢？因为魏源的时代，传统经学的气数已尽，无论是古文经学、汉学，或者是今文经学、宋学，在中西文化激烈撞击、中国社会由传统向近代转型已成"悬崖转石"之势，"以经学救世"的幻想被"夷之长技"戳破或近于戳破了。"西学东渐"在鸦片战争前已初成潮流，对中国传统文化已经产生了不少的震荡、颠覆作用，逼迫经世派"开眼看世界"。作为先觉者，他们已感受到西学与经学度长絜大，其经世致用的作用非往昔可比了。时世变化而生成败异变乃功业相反，也是极严酷的历史规律。西汉今文经学，处在中国封建社会中央集权制初试锋芒的上升时期，董仲舒等今文学家可以利用公羊学的"微言大义，贯经术、故事、文章于一"。① 而魏源等今文学家处于中国封建社会行将解体的"衰世""末世"，西汉公羊家能做到的功业，魏源辈们已经做不到了。魏源等想以西汉盛世之经学法门来对治晚清衰世经学之痼弊以经世，无异于挟泰山以超北海，学而不能也。但是，魏源等经世派士人作为站在时代前沿的先进分子，经历一番惶惑、焦虑之后，便由治经转向治史，以史为治术，开传统史学向近代"新史学"过渡之先河。

----

① 魏源：《两汉经师今古文家法考叙》，《魏源集》上册，中华书局 2009 年版，第 152 页。

第三节 在中西文化冲突剧烈时期以史经世

处在文化学术"蜕分期"的晚清嘉道间,"传统经学至此气数已尽,不得不把盘踞了两千多年的学术主流和中心的地位让给史学,为新史学的建立扫清了最后的障碍"。① 魏源由经入史也是学所必至理有固然也。比魏源早生 56 年的章学诚作为"以史学争经学"的"后世开山",他以"六经皆史"为口号,不仅代表着史学已不再甘居于学术主流之外,正在向经学的正统地位发起挑战和冲击,而且也标志着史学研究正在由"考古"转向"究今",即把研究志趣由古代转向现当代,成为 50 年后道咸间经世致用思潮的一个重要方面。章氏反复论述"六经皆器",六经为典章史事、为寓道之器,对道咸间史学"考古"转向"究今"起了巨大的推动作用,史学只有"究今"才能最充分地发挥它的经世致用功效。这对魏源治当朝史产生重大影响。魏源撰述的《圣武记》《道光洋艘征抚记》《海国图志》都是当朝史,他主编的《皇朝经世文编》也是当朝、前朝的历史文献汇编。

《圣武记》是在鸦片战争爆发、失败和《南京条约》签订的背景下撰写的,是"有感而发"的著作。该书的前 10 卷叙述清初开国、平定三藩、勘服蒙古、抚绥西藏、平定回疆以及和周边国家的关系,后 4 卷综述清朝的兵制兵饷,并对练兵之方、整军之策、筹饷之法、应敌之略发表议论。《圣武记》的写作意图,在于"京师,掌故海也,得借观史馆秘阁官书及士大夫私家著述、故老传说,于是我生以后数大事及我生以前上讫国初数十大事,磊落乎耳目,旁薄乎胸臆。因以溯洄于民力物

---

① 冯胜君:《20 世纪古文献新证产生的学术背景考论》,《社会科学战线》2004 年第 3 期。

力之盛衰，人材风俗进退消息之本末"①，达到"人材进则军政修，人心肃则国威遒，一喜四海春，一怒四海秋。五官强，五兵昌，禁止令行，四夷来王，是之谓战胜于庙堂"。② 以为当朝面对"英夷"侵略提供历史借鉴之方略。该书中贯穿的救亡图存思想和史学经世意识是非常鲜明的。

魏源在撰写《圣武记》的同时，还撰写了《道光洋艘征抚记》一书，该书写成于《南京条约》签订之际。它记述了鸦片战争的经过，揭露了英国向中国走私鸦片、发动侵略战争的种种罪行，颂扬了林则徐、邓廷桢、关天培、葛云飞、陈化成等主战派英勇抗击侵略者的战斗业绩和悲壮结局及悲剧命运，以及三元里及沿海沿江民众抵抗侵略的事迹。面对道光帝的昏聩，大臣琦善、耆英、伊里布、牛鉴等主和派的卖国行径，奕山、余步云等将领的卑怯逃阵，都秉笔直书无隐。在这部书中，魏源已经提出购洋炮洋舰、转外国之长技为中国之长技的思想，成为他在《海国图志》中提出"师夷""制夷"思想的滥觞与火花。

《海国图志》50 卷本成书于 1842 年，5 年后又有 60 卷刻本，到 1852 年又出 100 卷刻本。该书前后 10 年时间才得以成完本。100 卷本 80 余万言，有地图 75 幅，西洋技艺图式 75 页。《海国图志》的资料来源，一为林则徐主持编译的《四洲志》，一为鸦片战争期间从西洋人那里获得的地图、著作和俘虏口供。这些都是传统史料学所未有的新东西，是传统史学家所不可企及的。书中叙述世界各国的沿革、地理、国际关系和社会状况，是当时中国史学著述中的第一部较为完整的世界历史著作，是 19 世纪中叶中国以至东亚内容最丰富的世界知识百科全书，它开拓了中国人开眼看世界的视野。

关于《海国图志》的著述宗旨，魏源在 60 卷本《叙》中明确正告

---

① 魏源：《圣武记叙》，《魏源集》上册，中华书局 2009 年版，第 166 页。
② 魏源：《圣武记叙》，《魏源集》上册，中华书局 2009 年版，第 167 页。

国人："《海国图志》六十卷，何所据？一据前两广总督林尚书所译西夷之《四洲志》，再据历代史志及明以来岛志及近日夷图、夷语。……大都东南洋、西南洋增于原书者十之八，大、小西洋、北洋、外大西洋增于原书者十之六。又图以经之，表以纬之，博参众议以发挥之。何以异于昔人海图之书？曰：彼皆以中土人谭西洋，此则以西洋人谭西洋也。是书何以作？曰：为以夷攻夷而作，为师夷长技以制夷而作。"①

因此，不能把这部书当作一般性的世界史地知识读物看待，而是一部面对西方列强坚船利炮的侵略，探究抗击外敌、谋求国家独立富强的著作。从该书的内容看，由对内与对外两个互相联系的层面构成。对内，魏氏认为要抵御外侮，首先要做的是革除积患，方能激发人心，聚合力量，则终能"制夷"。而革除"积患"的办法是："去伪，去饰，去畏难，去养痈，去营窟，则人心之寐患祛其一。"② 所谓"积患"就是清朝的社会弊端和政治腐败，魏源曾予以揭露，从内政上说，"漕、盐、河、兵四大政"无一岁无患；而对外，"江海惟防倭防盗，不防西洋，夷烟蔓宇内，货币漏海外，病漕、病鹾、病吏、病民之患，前代未之闻焉"。③ 当官吏从中央到地方，都是些"便文畏事窭陋之臣，遇大利大害则动色相戒，却步徐视而不肯身预""以推诿为明哲，以因袭为老成，以奉行虚文故事为得体"④ 之人，而提出改革腐败的内政。

魏源在《叙》中提出："以实事程实功，以实功程实事，艾三年而蓄之，网临渊而结之，毋冯河，毋画饼，则人材之虚患祛其二。"⑤ 魏源特别强调"积患"之不去，人心之不觉，"悉夷""驭夷"是一句空话。他说："然则执此书即可驭外夷乎？曰：唯唯，否否！此兵机也，

①　魏源：《海国图志叙》，《魏源集》上册，中华书局 2009 年版，第 207 页。
②　魏源：《海国图志叙》，《魏源集》上册，中华书局 2009 年版，第 208 页。
③　黄丽镛：《魏源年谱》，湖南人民出版社 1985 年版，第 105 页。
④　魏源：《太子太保两江总督陶文毅公神道碑铭》，《魏源集》上册，中华书局 2009 年版，第 328 页。
⑤　魏源：《海国图志叙》，《魏源集》上册，中华书局 2009 年版，第 208 页。

非兵本也；有形之兵也，非无形之兵也。明臣有言：'欲平海上之倭患，先平人心之积患。'人心之积患如之何？非水，非火，非刃，非金，非沿海之奸民，非吸烟贩烟之莠民。故君子读《云汉》、《车攻》，先于《常武》、《江汉》，而知《二雅》诗人之所发愤；玩卦爻内外消息，而知大《易》作者之所忧患。愤与忧，天道所以倾否而之泰也，人心所以违寐而之觉也，人才所以革虚而之实也。"①

对外，魏源提出"师夷长技以制夷"的应对西方的方略。这一方略有"悉夷""师夷""制夷"三个相互联系的重要环节，构成中国近代史上向西方学习、接受西方以科技为主体的先进文化。作为魏源及经世派士人的经世致用思想而具有了崭新的内容和现代意义，从而与传统的经世致用思想相比有了质的变化。

所谓"悉夷"，是了解中国以外的外部世界，反对闭关自守的蒙昧主义。为此，《海国图志》比较详细地介绍西洋诸国的历史与现状，而"悉夷"的重点，是他们有而中国稀缺的"长技"。100卷本《海国图志》与50卷、60卷本相比，增加了"筹夷章条""夷情备采""战船""火器议""器艺货币"等方面内容。魏源说："夷之长技三：一战舰，二火器，三养兵、练兵。"② 这主要是针对西方军事技术方面。此外，对西方的民主政治和商品经济制度下的工商业状况也有所涉及。这说明该书从50卷本到100卷本成书的10年间，魏源对西方的了解、认识也在逐步全面深化，他发现"西夷"之所长并不限于技艺器物方面，其富强之道，是以商立国与推行民主政体，"至墨利加洲之以部落代君长，其章程可垂奕（亿）世而无弊，以及南洲孛露国之金银，富甲四海，皆旷代所未闻。即汇成百卷，故提其总要于前，俾观者得其纲而后

---

① 魏源：《海国图志叙》，《魏源集》上册，中华书局2009年版，第207页。
② 中国史学会编：《鸦片战争》第5册，上海人民出版社1957年版，第567页。

详其目，庶不致以卷帙之繁，望洋生叹焉"。①

"师夷"的内容主要是向西方学习军事科学技术，先是主张向外国购买船炮，后来又主张设厂自己制造船炮，同时也要发展有利于国计民生的民用工业。魏源在《海国图志》中探讨了军事上师法西夷的具体方案，即在闽、粤港口建立自己的军事工业，聘请西夷工业制造方面的技术人员、军事技术人员来中国传授这些方面的科技，打破传统军事教育模式，培养新式军备人才，以改革清朝军制、海防等各方面的落后状况。

"师夷"，首先遇到传统文化中坚持"夷夏之辨"文化观念的中国士人、官吏的反对。"夷夏之辨"的核心理念是"中国中心"论，特别是当时的统治集团自视为"天朝上国"，而西方诸国则为未开化的蛮夷。这与18世纪西方资本主义制度产生以后孕育出来的"欧洲中心论"作为对东方诸国实行殖民掠夺统治发生了剧烈的冲突。两种文化上的中心论虽然均不可取，但西方科技先进、国力强大，而中国科技落后，国力衰弱，却是客观事实。当时的文化顽固派夜郎自大，认为西方近代科技是"奇技淫巧"，有害而无益，睁着眼睛不承认人家先进、强大的事实；而经世派则开眼看世界，老实承认这种事实。魏源说："今西洋器械，借风力、水力、火力，夺造化通神明，无非竭耳目心思之力，以前（全）民用，因其所长而用之，即因其所长而制之。"② 中国人完全可以因其所长而用之，因其所长而制之。若能学习西方之所长，必会"风气日开，智慧日出，方见东海之民犹西海之民"。③ "师夷"虽然没有完全摆脱"中国中心"论的局限，但其巨大的文化意义在于，它是处于中西文化冲突中的劣势地位的中国摆脱落后地位追赶世界潮流

① 黄丽镛：《魏源年谱》，湖南人民出版社1985年版，第176页。
② 魏源：《筹海篇三》，《魏源集》下册，中华书局2009年版，第874页。
③ 魏源：《海国图志》，中州古籍出版社1998年版，第103页。

的明智之举。

　　所谓"制夷"，不仅指在具体战争中打败侵略者，它的深层意蕴，是以"科技经世"取代"经学经世"，开"数千年未有之变局"，这是魏源"师夷长技以制夷"方略的重大历史意义。这一主张开启了中国人向西方学习的先河，成为中国近代学习思想史早期现代化意识的先觉标志。在魏源之前，已经早就有人学习西方的器物之学，翻译西方的科技书籍，但是，他们的个人活动没有明确的理论观念作指导，没有把向西方学习提高到救国拯民的爱国主义的理性高度。"师夷"所包孕的早期现代意识已超出军事技术层面，它已涉及经济、教育等现代化社会变迁的诸多方面，为后来的洋务派、改良派在实践层面上启动现代化作了思想上的领航工作。

　　《圣武记》与《海国图志》两书代表着魏源在鸦片战争至太平天国运动爆发前的经世思想和社会改革主张，但是两书的史学价值却不同。《圣武记》并没有超越中国古代传统史学经世致用思想的水平，而《海国图志》所包蕴的"科技经世"之现代化意识为开近代新史学之先声，不仅对经学是一种"潜移"的扬弃，而且对传统史学也是一种突破。

　　魏源以史学经世过程中现代化意识的萌生，是在经受了鸦片战争之后。鸦片战争是他的学术道路、人生旅途的一个转折点，或曰"分水岭"。他作为时代转折点上的一座文化界碑，其前后镌刻着既相联系又有差异的内容。鸦片战争以前，他在研究经学、史学时，强调"通经致用，以经术为治术"，由此而形成了他的经学、史学经世思想。以此为指导，他提出一系列经世改革理论，如主张改革漕、盐、河、兵四大弊政，也编著过《皇朝经世文编》《元史新编》等，但都未能突破中国几千年来的重本轻末的传统观念，也未能超出中国史学研究的藩篱。而鸦片战争以后，除了在《海国图志》中提出"师夷长技以制夷"的主张外，他还发表一系列新的改革、开放、引进的主张，都体现出他向西方文化学习的意识，渗进了西方文化某些内容。这是他的好友龚自珍所无法比拟的，龚氏没有亲历鸦片战争，他只看到清政府的腐败，没有感受到列强侵略已置国家民族命运于刀俎之上的危机。龚氏在中国社会走向近代的进程中所起的作用是开风气之先，是破除性的批判，而不是建设性的干实事。有人说他到晚年"尤好西方之书"，意思是他已经与西方文化有着密切的接触，其实所谓的"西书"指的是西天佛教，并非西方资产阶级近代文明。

第四节　在"学问饥饿"中寻寻觅觅走进佛门

　　1849 年，魏源出任兴化知县，兴修水利有政绩。次年补授高邮知州，兼海州分司通判。1853 年辞官归兴化。从此游历江南各地，会译《佛说摩诃阿弥陀经》，开始专心于佛学，"扫地焚香坐，心与香俱灰。沈沈寥寂中，冥冥花雨来"。① 1857 年 3 月，病逝于杭州僧舍，终年64 岁。

　　怎样理解魏源研习佛学、皈依佛教呢？这里要首先说明的是魏源的挚友龚自珍也学佛，信奉天台宗的业感缘起学说。龚氏有诗云："吟罢江山气不灵，万千种话一灯青。忽然搁笔无言说，重礼天台七卷经。"②今本《龚自珍全集》中的第六辑全是他研究佛学的文章。龚、魏俱信佛，学术界人一般的说法是他俩由于仕途坎坷才于晚年学佛的。其实这种说法是肤浅而难以立足的。首先，我们考察他们的生平事迹就知并非如此。龚氏学佛至迟也在 29 岁时，远非晚年才信奉天台宗的。魏源 33岁时作《惠山泛舟》诗，流露出学佛的想法。36 岁又会试落第，始追随钱东甫居士听讲佛经，潜心参禅。魏氏近佛，由学者研究型步步深入

① 魏源：《偶拈》，《魏源集》下册，中华书局 2009 年版，第 827 页。
② 龚自珍：《己亥杂诗》，《龚自珍全集》，上海古籍出版社 1975 年版，第 538 页。

而成居士信仰型。他辞官后迁居苏州，晨夕静坐念佛。最后，竟然离家长住杭州东园僧舍，"闭目澄心，危坐如山，客至亦不纳"①，直到逝世，但也非晚年才学佛。二人均在青壮年时期即学佛的。

那么，如何解释他们学佛信佛的意向呢？这是一个很复杂的问题，他们连年科场失利，但仕途坎坷不是主要原因。梁启超说："晚清思想界有一伏流曰：佛学。前清佛学极衰微，高僧已不多，即有，亦与思想界无关系。其在居士中，清初王夫之颇治相宗，然非其专好。至乾隆时，则有彭绍升、罗有高，笃志信仰；绍升尝与戴震往复辨难。其后龚自珍受佛学于绍升，晚受菩萨戒；魏源亦然，晚受菩萨戒，易名承贯，著《无量寿经会译》等书。龚魏为'今文学家'所推奖，故'今文学家'多兼治佛学。石埭杨文会少曾佐曾国藩幕府，复随曾纪泽使英；夙栖心内典，学问博而道行高。晚年息影金陵，专以刻经弘法为事；至宣统三年武汉革命之前一日圆寂。文会深通'法相'、'华严'两宗，而以'净土'教学者；学者渐敬信之。谭嗣同从之游一年，本其所得以著《仁学》；尤常鞭策其友梁启超，启超不能深造，顾亦好焉；其所著论，往往推挹佛教。康有为本好言宗教，往往以己意进退佛说。章炳麟亦好法相宗，有著述。故晚清所谓新学家者，殆无一不与佛学有关系。而凡有真信仰者率皈依文会。"②

梁启超所说的话，其要点：一是佛教在近代复兴。佛学是晚清一支以经世为特征的伏流；二是"今文学家"多兼治佛学。佛学与今文经学的微言大义相结合，成为近代社会思潮一大特色和近代中国学术的理论源泉之一；三是近代士人学佛是一种普遍现象。从经世派的龚自珍、魏源、林则徐到参与洋务派曾国藩军政要务的杨文会，再到变法派的康

① 魏源：《邵阳魏府君事略》，《魏源集》下册，中华书局 2009 年版，第 959 页。
② 梁启超：《清代学术概论》，刘梦溪主编：《中国现代学术经典·梁启超卷》，河北教育出版社 1996 年版，第 206—207 页。

有为、谭嗣同、梁启超以及革命派的章炳麟等等，无一不与佛学有关系。

　　近代中国，学人研究和推崇佛学是一种学术风尚，形成这种风尚的原因是多方面的。其一是在西方列强炮舰入侵、中西文化发生撞击、中国传统社会的解体与重组、经学经世的理念崩溃之时，造成思想界的"学问饥饿"，导致佛学在精英层中流行。佛学成为他们与西学应对、交流的变通学问，正如梁启超所说的"对外（指儒家之外百家之学与西学）求索之欲日炽，对内（指儒家）厌弃之情日烈"。① 思想界的饥荒促成了知识分子向佛；其二是晚清的专制主义对知识界的压抑仍然相当严酷，加之道咸以来，经历了鸦片战争，丧权辱国，造成主张变革的士人的苦闷和积怨极为严重而需要消解，寻找一种精神寄托。他们遭受挫折之后遁入佛门也是理所固然的事。梁启超说："社会既屡更丧乱，厌世思想，不期而自发生；对于此恶浊世界，生种种烦懑悲哀，欲求一安身立命之所，稍有根器者，则必遁逃而入于佛。佛教本非厌世，本非消极；然真学佛而真能赴以积极精神着，谭嗣同外，殆未易一二见焉。"② 如龚、魏其人生际遇使之壮年向佛，他们同由今文公羊学之微言大义讥评时政，而导向对正统统治意识形态的某种背离，由此而走上由儒入佛的思想、人生道路；其三是近代知识精英层信奉、研究佛教并非一个模式，动机、追求和程度也很不一样，有的是为了解除无法自由发挥个性的心灵空虚而向佛的，如龚自珍，他供奉天台、禅宗、净土于一龛。魏源则由寻求实现其政治理想的精神武器而研究佛学而皈依佛教，由入世而出世。变法派的康、谭、梁诸人，"以己意进退佛说"③，

---

① 梁启超：《清代学术概论》，刘梦溪主编：《中国现代学术经典·梁启超卷》，河北教育出版社1996年版，第183页。

② 梁启超：《清代学术概论》，刘梦溪主编：《中国现代学术经典·梁启超卷》，河北教育出版社1996年版，第207页。

③ 梁启超：《清代学术概论》，刘梦溪主编：《中国现代学术经典·梁启超卷》，河北教育出版社1996年版，第207页。

大胆地使传统佛教异化为维新变法的思想政治斗争的武器。他们的佛学是以入世救众为特征，以挽回国运、启蒙救亡为内涵的。

从学理看，我们不难发现魏源由儒入佛的思想轨迹与人生道路。魏源早年对程朱理学与陆王心学都研习过，后来因二者无用于经世致用而被他扬弃。他为学注重实用，这就预示了他在经学已濒临绝境时转向重在践履的净土宗以立身。而他早年所好的心学本为儒禅融合的产物，也成为他由儒入佛的学理中介。他说："夫王道经世，佛道出世，滞迹者见为异，圆机者见为同。而出世之道，又有宗教、律、净之异。其内重己灵，专修圆顿者，宗教也；有外慕诸圣，以心力感佛力者，净土也；又有外慕诸圣，内重己灵者，此则宗、净合修，进道尤速。至律则宗教、净之基址，而非其究竟焉。"① 这样，他把禅净合一，主张"禅净双修"。他对佛教的信仰比龚自珍要笃诚，晚年出世的倾向较龚自珍强烈。龚氏向佛半在寻求情感慰藉，以佛教经忏寄托其对亡母的追思，用报应说解释其一生的困境，自以为证得三昧悟境。而佛学吸引魏源的不仅仅是感情，是诉诸理性而步步走进安身立命的终极关怀之精神家园。佛教终究是一种关涉到终极关怀的信仰，所以，它在近代的复兴更多是用于乱世中"救心"的需要，众生在水深火热的苦难中用以抚慰痛苦、安顿心灵。

近代佛教净土宗最兴盛，信仰的人各阶层都有，而真正有影响的还是知识精英阶层。近代佛学的复兴是以法相唯识为主流，因为它成为学者理解和介绍西学的一种手段。魏源所推崇的公羊今文学的基础仍然是传统儒学，在对抗内外危机中，它难以提供新的有效的价值参照系统，解答乱世中人的生存意义问题。这种时候，佛教的净土彼岸意识则发出了诱人的光彩，这也是魏源向佛的原因之一。

在无比深刻的历史动荡与社会变迁面前，深重的民族危机与社会危

---

① 魏源：《净土四经总叙》，《魏源集》上册，中华书局 2009 年版，第 247 页。

机逼使魏源等知识精英去思考、探求救国拯民的方略，而佛教佛学思想体系的丰富、深邃、精密，为他们开拓出广阔的空间，在他们对儒学失望之余而转向佛教佛学也是势所然矣。尽管他们也许并未自觉地意识到，他们作为中国走向现代世界的先驱者，同时也开启了以佛教思想对抗儒家正统观念的历史进程，而使其思想具有了"异端"色彩或曰启蒙色彩。

第 八 章

中国近代化的积极推动者——李鸿章

在中国近代史上，李鸿章之所以引人瞩目，是因为他始终与晚清重大历史事件相关联。他是洋务运动的倡议者和实践者，历经三十余年的洋务运动对推动中国社会的进步起了极其重要的作用。作为举办洋务运动时间最长、经营项目最多、花费心血也最多的李鸿章，无疑成为中国近代化最有力的推动者。梁启超甚至说："自李鸿章之名出现于世界以来，五洲万国人士，几于见有李鸿章，不见有中国。一言蔽之，则以李鸿章为中国独一无二之代表人也。夫以甲国人而论乙国事，其必不能得其真相，故无待言，然要之李鸿章为中国近四十年第一流紧要人物。读中国近世史者，势不得不口李鸿章；而读李鸿章传者，亦势不得不手中国近世史，此有识者所同认也。"① 可见李鸿章对于近代中国乃至整个世界的影响之大。但由于李鸿章镇压农民革命，并代表清政府与外国侵略者签订了一系列不平等条约，因而在他生前和死后，引发人们议论，褒贬不一，毁誉参半。

---

① 梁启超：《李鸿章传》，百花文艺出版社 2000 年版，第 2 页。

第一节　李鸿章的读书仕进生涯

李鸿章（1823—1901 年），字渐甫，号少荃，晚年自号仪叟。安徽庐州府合肥县人。跟中国一般传统的中上农民家庭差不多，李氏世代以"耕读"为业。初"清贫无田"，至李鸿章高祖时，因勤俭持家，方有田二顷。鸿章祖父李殿华凭祖先余荫，继承了一些土地财产，但因李氏宗族繁衍，家大业小，分得的土地财产不多。殿华生有四子，依次为文煜、文瑜、文球、文安。家庭负担虽重，但他坚持"耕读"之家的根本，一刻也不放松对于子弟的督教课读。李文安是李家发迹过程中一个关键性的人物，他自知"天资"中下，只有勤奋学习方能有所长进，因而他摆脱家务，刻苦攻读，并曾多次赴南京应试，皆名落孙山。这对于一个热衷于功名利禄的士子来说，在精神上的打击是巨大的。但文安并未气馁，专攻进取，终于 1834 年考中举人，4 年后与曾国藩同榜考中戊戌科进士，分发刑部任职，后官至督捕司郎中，记名御史。从此，以"力田习武"为业的合肥李氏宗族，一跃而成为庐郡州望族。李文安共有 6 子，分别是瀚章、鸿章、鹤章、蕴章、凤章、昭庆。这个旧式的知识分子虽然资质平平，但却有大局观，而且在教育子女上有着独到之处。

李鸿章生长在这样一个典型的耕读之家，其经济状况、政治地位、文化素质诸多因素，无一不在他的身上留下深刻的印记。早先经济状况的拮据，促使李鸿章知道生活的艰辛，刻苦自励，锐意奋发向上；政治地位的低下，促使李鸿章具有极为强烈的参政意识；较为浓厚的家庭文化传统素质，又为李鸿章创造了着意功名的良好文化氛围。这种特定的家庭环境和条件，推动着李鸿章按照"修身、齐家、治国、平天下"这条传统的封建士大夫人生模式迈出了一步又一步，并且，"对他终身处世为人、服官治事既产生了不可低估的影响，也决定着他的基本人生志趣和归宿"。①

"李鸿章从小就天资过人，志向高远，内心也极为敏锐。"② 李鸿章6 岁开始在家馆中读书，李文安既是他的严父又是他的良师，为他攻读经史打下了坚实的学问基础。1834 年当李文安到费氏墨庄就馆授徒时，12 岁的鸿章也陪同前往继续读书。由于父亲连年赴京会试，无暇授徒，鸿章便拜堂伯父李仿仙为师。李仿仙是一位饱学之士，对鸿章的督教也极为严格。此外，鸿章还曾受教于徐明经。在包括父亲在内的 3 位先生的严格督导和学问的熏陶之下，鸿章在初涉义理和经世致用之学尤其是在应付科举考试技巧方面进步很快。1840 年考中秀才。1843 年在庐州府学被选为入国子监学习的优贡生。时任京官的父亲望子成龙，函催鸿章入京，准备来年顺天乡试。鸿章尊父命北上入京。李鸿章在北上入京之时作了《入都》诗 10 首，其中有"遍交海内知名士，去访京师有道人"③ 的句子，集中反映了这位年轻书生交友访师的心情异常迫切。

抵达京城后不久，李鸿章即以子侄辈的礼节拜见了在翰林院供职的曾国藩。自此，李鸿章就在曾国藩的指导下学习经学和应付科举考试的八股文技巧，成为曾国藩的得意门生和思想、事业上的继承人。

1844 年李鸿章应顺天乡试，结果中试第 48 名举人。随后，由曾国藩推荐到时任翰林的学士何仲高处，一面教授何公子读书，一面准备参加会试。当时，汇集在京城的各地参加科举考试的举人，在北京组织了一个文社，聘请曾国藩担任社长。社里规定每个成员每月须交文章 3 篇、诗作 8 首。李鸿章通过这个文社，既与各地人士交游问学，又常常得到曾国藩在诗文方面的精心指教。"鸿章初以优贡客京师，以文学受

① 成晓军：《洋务之梦——李鸿章传》，四川人民出版社 1995 年版，第 11 页。
② 赵焰：《晚清有个李鸿章》，广西师范大学出版社 2007 年版，第 22 页。
③ 成晓军：《洋务之梦——李鸿章传》，四川人民出版社 1995 年版，第 11—12 页。

知于曾国藩，因师事焉。日夕过从，讲求义理经世之学，毕生所养，实基于是。"① 1845 年李鸿章参加恩科会试，落第，但其诗文却博得本科会试同考官曾国藩的青睐。1847 年鸿章再次参加会试，脱颖而出，列为二甲第 13 名进士，授翰林院庶吉士。做翰林比较清闲，又能接触宫内藏书。鸿章利用职务之便，潜心经史，曾写成《通鉴》一书，并以亲身体会谆谆教导兄弟、子侄。鸿章不仅注意经史，而且喜好艺文。他反对雕章琢句而内容空虚的文风，赞赏以委曲婉转、平易流畅的文体宣扬纲常伦理、孔孟程朱之道的唐宋八大家和桐城派古文。然而，李鸿章在翰林院当了一段时间编修之后，对于那种机械八股无所事事的生活方式极为厌倦，同时也觉得英雄无用武之地。此时，太平天国运动爆发，而朝廷"国家军队"绿营兵腐朽日甚，不堪一击。曾国藩被派回湖南后不久，办团练、组建湘军，屡建奇功。于是朝廷又派了一些京官回乡"练勇"，李鸿章也被派回安徽，组织团练与太平军作战。

1859 年 1 月，李鸿章入曾国藩幕府，"起先掌管文书，继则负责向朝廷拟定奏稿"。② 李鸿章没有辜负老师的重托，凡所批阅的公文、起草的书牍和奏折等深受曾国藩赏识，因而曾氏对李鸿章另眼相待，尽心尽意地加以培养，随时、随地、随事予以启迪，致使李鸿章明显地感到："以前历佐诸帅，茫五指归；至此如识南针，获益非浅。"③ 从而更加健全了他出任军事统帅与封疆大吏的基本素质。

1861 年 12 月，曾国藩放手让李鸿章组建淮勇。李鸿章像一条潜龙一样终于等来了机会。他知道，一飞冲天之时到了。李鸿章受命后，考虑到庐州一带旧有团练较为强悍，自己对当地人情也较为熟悉，所以决定罗致并改编庐州一带旧有团练，组建淮军。在组建淮军过程中，李鸿

① 梁启超：《李鸿章传》，百花文艺出版社 2000 年版，第 13 页。
② 成晓军：《洋务之梦——李鸿章传》，四川人民出版社 1995 年版，第 24 页。
③ 欧阳跃锋：《人才荟萃——李鸿章幕府》，岳麓书社 2001 年版，第 36 页。

章胸有成竹，他知道这支队伍的战斗力，对这支队伍充满信心。淮军抵达上海之后，李鸿章一方面整肃军队，去除军队的散漫习气；另一方面，由于到上海后见识了洋人军纪和武器的厉害，李鸿章很想借鉴和学习洋人军队的一些做法。

为了了解洋人军队的情况，李鸿章甚至化装溜上了洋人的军舰。这一看李鸿章感到很震惊，他顿时明白泱泱大清之所以败给西洋小国的原因了，那是因为洋人部队纪律严明，训练有序，整体化和科技化程度高。这一次见识让李鸿章感受颇多，他暗下决心要学习西洋人军队的战争方式，购买洋人的武器来对付太平天国。而且他说学就学，"立即动手聘请了洋人担任自己部队的教官，并通过大哥李瀚章，向洋人火速购买了 3000 杆洋枪，充实自己的淮军"。①

李鸿章曾致函曾国藩，认为清军之所以没有什么战斗力，关键在于武器的陈旧落后。要想改变这一现状只有学习欧美、日本等国的"长技"。他提出：一是学习西洋的"长技"。俄、日两国已经先行一步，并且效果明显。中国也应虚心去学习这种"长技"；二是西洋的"长技"不仅仅限于枪炮，也包括轮船、兵舰；三是进一步提出"师夷"的根本目的，是要做到渐渐能够自行制造枪炮轮船，这样就可以使中国后来居上，自立、自强于世界强国之林。

李鸿章这种于第二次鸦片战争之后尤其是在领兵上海实地了解到西方列强优势而产生的民族危机意识，既非那种视中国传统礼乐教化样样不如西方近代文化的自卑心理，也非那种视西方文化源于中国之说，或者西方无礼乐教化可言、唯我中华独有的狂妄虚矫之论。李鸿章的民族危机意识的基本特征是：具有至善至美的儒家礼教的中国人已经受到了在"技艺""机巧"和"术数"方面更为强大、更为先进的西人的侵凌和威胁。在这种危机意识的基础之上，李鸿章在思想上又相应地产生

---

① 赵焰：《晚清有个李鸿章》，广西师范大学出版社 2007 年版，第 29 页。

了以摆脱危机为宗旨的避害反应和避害价值尺度。"这是在李鸿章对现实危险的新鲜的警觉和感受中直接产生的，而主要不是从尧舜孔孟的圣人格言中直接引申出来的。"① 李鸿章的学习思想即洋务思想就是在这个认识的基础之上逐渐形成的，并在实践中日益发展深化起来。

李鸿章抵沪第 17 天，即 1862 年 4 月 25 日就奉命署理江苏巡抚，仅仅过了 7 个月，又由署理而实授江苏巡抚。"'从此隆隆直上'，几与恩师曾国藩'双峰对峙'。"② 李鸿章之所以能够得到封疆重职，主要是由于他手握重兵（淮军）和曾国藩举荐的缘故。曾国藩早在 1861 年 12 月 26 日，就在《查复江浙抚臣及金安清参款折》中附片奏保李鸿章"劲气内敛，才大心细，若蒙圣恩将该员擢署江苏巡抚，臣在拨给陆军，便可驰赴下游，保卫一方"。③ 清廷自然懂得曾氏用意，并很快准奏，先令李鸿章署理通商大臣，继之署理江苏巡抚。这样，李鸿章就成为手握重兵、身兼巡抚和通商大臣要职的江苏实权人物。

李鸿章的幕府生涯，使他切身感受到了网络幕府人才的重要性，所以他在受命创办淮军之初以及就任江苏巡抚之后，就效法曾国藩"开设幕府，延揽人才，救时匡国"。④ 他既是幕府制度的产儿，又是幕府制度的熟练运用者，他个人的职位、财富和品性，成为他的幕府赖以存在的三大支柱。李鸿章幕府以统帅李鸿章为中心，肩负着军机、刑名、钱谷、文案等重任。李鸿章用人"取瑰异俶傥，其据守文墨无短长者非意"。⑤ 他从实际需要出发，把能力置于道德之上，注重罗致经世致用、精明练达之士，而很少聘请道学先生和文学侍从。他对应聘进入幕府的人员，多能量才而用，发挥专长。例如，他延揽被誉为"操行贞

---

① 成晓军：《洋务之梦——李鸿章传》，四川人民出版社 1995 年版，第 71 页。
② 苑书义：《李鸿章传》，人民出版社 2004 年版，第 54 页。
③ 苑书义：《李鸿章传》，人民出版社 2004 年版，第 55 页。
④ 苑书义：《李鸿章传》，人民出版社 2004 年版，第 59 页。
⑤ 苑书义：《李鸿章传》，人民出版社 2004 年版，第 59 页。

笃，条理精密"的钱鼎铭、"静思卓识，讲求经济"的冯桂芬襄办营务；招致号称"学识轶伦，熟悉洋务"的凌焕、"才识宏远，沈毅有为"的周馥办理文案。同时他还招募了薛书常、王大经、郭柏荫、丁日昌等征收厘捐和购买洋军火两方面的人才。

"李鸿章一生的事功，都是在其幕府的协助下完成的。"① 正是因为有了一个颇具办事效率的幕府班子，他才有可能完成镇压太平天国和捻军起义的任务，才能够在很长一段时间内保证淮军的存在和发展，才得以形成在晚清社会最具有实力的淮系集团，也才足以实施推动中国社会近代化的各项计划。"研究李鸿章幕府，充分地了解这一特殊的社会群体，不但可以全面的展示李鸿章这一历史人物的形成过程，以便于准确地评判其一生的功过是非，而且有利于加深人们对于近代中国社会的认识和理解。"②

1864 年，太平天国运动失败。朝廷封李鸿章一等肃毅伯，赏戴双眼花翎。41 岁的李鸿章开始步入他人生的高峰期。此后，李鸿章一直青云直上，几乎每隔一两年，他都能加官晋爵：1865 年，李鸿章被任命为两江总督；1866 年，他又接替曾国藩任钦差大臣，督办剿捻事务；1867 年，剿捻即将结束，李鸿章被任命为湖广总督；1868 年，李鸿章加太子太保衔，并升授协办大学士，入京受到慈禧太后的接见，允其在紫禁城骑马，以示恩宠；1870 年，李鸿章接替曾国藩任直隶总督兼北洋通商大臣；1873 年，李鸿章被授武英殿大学士；1874 年，李鸿章被改授文华殿大学士。清廷不设丞相，以文华殿大学士为首辅。在荣升文华殿大学士后，李鸿章曾得意地自撰楹联"已无朝士称前辈，尚有慈亲唤小名"。③ 李鸿章是当时朝中要臣中最年轻的了。维新变法失败后，

① 欧阳跃锋：《人才荟萃——李鸿章幕府》，岳麓书社 2001 年版，第 63 页。
② 欧阳跃锋：《人才荟萃——李鸿章幕府》，岳麓书社 2001 年版，第 63—64 页。
③ 赵焰：《晚清有个李鸿章》，广西师范大学出版社 2007 年版，第 32 页。

慈禧对"四朝元老"李鸿章特加恩宠，赏赐他"方龙补服"，即他穿的
官服可以有龙的图案。

　　官运亨通、荣宠异常的李鸿章主持清廷内政、外交数十年。同时，
又由于李鸿章在这一时期与洋人打交道较多，对西方文化的了解、接触
较早而又更深刻，使他感受到了中国与西方各国在"器物"方面的差
距。因此，由他积极倡导并参与其中的以"求强""求富"为最终目标
的学习西方的"洋务运动"轰轰烈烈地开展起来。

第二节　李鸿章的洋务之梦

一、李鸿章推行洋务运动的原因

　　对于一个历史人物来说，是历史的促进派，还是历史的反对派，就
看他是顺应历史的潮流，跟随时代的步伐前进，还是阻碍历史的进步，
逆历史的潮流而动。在时代洪流冲击下，19世纪60年代清朝统治集团
发生分化，出现了洋务派与顽固派。

　　顽固派以监察御史张盛藻、大学士倭仁为代表。他们唯祖宗之法是
尊，唯古圣先贤是尚，闭目塞听，因循守旧，盲目排斥一切新事物，固
守封建的闭关主义传统。张盛藻鼓吹："朝廷命官每用科甲正途者，为
其读孔孟之书，学尧舜之道，明体达用，规模宏远矣，何必令其为机
巧，专门制造轮船、洋枪之理乎？"① 倭仁的论调是："今以诵诗书者而
奉夷为师……恐不为夷所用者鲜矣。""立国之道当以礼义人心为本，
未有专恃术数而能超衰振弱者。天文、算学只为末议，即不讲习，于国

---

① 中国史学会编：《中国近代资料丛刊·洋务运动（二）》，上海人民出版社1961年版，第
　28页。

家大计亦无所损。"① 他们认为，只要牢牢地保持"中国数千年礼义廉耻之维"就能得"人心"，就能无敌于天下。很显然，他们实际上还没有从天朝大国的迷梦中清醒过来，认为只要牢牢守住孔孟之道，就能战胜一切强敌。这种认为西方先进的技术和装备是雕虫小技，不足为虑，认为战争的胜负可以完全排除武器因素的观点，显然是十分荒唐的，是愚昧无知的表现。

与顽固派相对的就是以李鸿章为代表的洋务派。李鸿章认为，在民族危机空前严重的形势下，仅仅抵抗外国军事侵略，维护领土的完整和统一是不够的，要从根本上抵御侵略，扭转被动挨打的局面，就必须学习西方，走改革发展的道路。在大规模农民起义已经过去，民族资产阶级还没有出现的时候，洋务派挑起了学习西方、自强救国的重任。因此，洋务派的出现，是中国封建地主阶级第一次真正的分化。中国近代的政治经济改革是由他们最先开始的，他们揭开了学习西方的中国近代化的序幕。

李鸿章是识时务者，他顺应了时代的潮流。面对变局，为了维护岌岌可危的清朝统治，李鸿章曾多次陈述了他对时局的看法。早在 1865年李鸿章就曾致函朱久香说："外国猖獗至此，不亟亟焉求富强，中国将何以自立耶！千古变局，庸妄人不知，而秉钧执政亦不知，岂甘视其沈胥耶？鄙人一发狂言，为世诟病所不敢避。"② 在这里，李鸿章虽然提出了"千古变局"的命题，但还无力剖析它的内涵和外延，因而还停留在直观的阶段。后来他两次上奏朝廷说："欧洲诸国百十年来，由印度而南洋，由南洋而东北，闯入中国边界腹地，几前史之所未载，亘古之所未通，无不款关而求互市。我皇上如天之度，概与立约通商，以

———————————

① 中国史学会编：《中国近代资料丛刊·洋务运动（二）》，上海人民出版社1961年版，第29页。

② 李鸿章：《复朱九乡学使》，《李鸿章全集·朋僚函稿》第6册，时代文艺出版社1998年版，第3282页。

牢宠之合地球，东、西南朔九万里之遥，胥集于中国，此三千余年一大变局也。西人专恃其枪炮轮船之精利，敌能横行于中土。中国向用之弓矛、小枪、土炮，不敌彼后门进子来福枪炮，向用之帆篷、舟楫、艇船、炮划，不敌彼轮机兵船，是以受制于西人。"①"然则今日所急，惟在力破成见，以求实际而已，何以言之历代备边，多在西北？其强弱之势，客言之形，皆适相埒。且犹有中外界限，今则东南海疆万余里，各国通商传教，来往自如，麇集京师及各省腹地，阳托和好之名，阴怀吞噬之计，一国生事，诸国构煽，实为数千年来未有之变局。轮船电报之速，瞬息千里；军器机事之精，工力百倍；炮弹所到，无坚不摧。水路关隘，不足限制，又为数千年来未有之。强敌外患之乘变幻如此，而我犹欲以成法制之。"②

李鸿章概括了当时中外形势的两句话："数千年来未有之变局"和"数千年来未有之强敌"，扼要中肯，发人深思。在浑浑噩噩的清朝统治者中，能有这种认识的人可说是凤毛麟角，难能可贵。他一再大声疾呼，反复强调"此三千年来一大变局也"，"我朝处数千年来未有之奇局，自应建数千年未有之奇业，若事事必拘守成法，恐日即于危弱，而终无以自强"。③

李鸿章是以"洋务"作为应敌制变之法宝，匡扶清朝中兴之利器的。他坚持以洋务自救的主张是非常坚定的，即使受到顽固派的攻讦、清朝最高统治者的掣肘也在所不计。当顽固派讽刺他"喜谈洋务"，指

---

① 李鸿章：《筹议制造轮船未可裁撤折》，《李鸿章全集·奏稿》第 2 册，时代文艺出版社 1998 年版，第 874 页。
② 李鸿章：《筹议海防折》，《李鸿章全集·奏稿》第 2 册，时代文艺出版社 1998 年版，第 1063 页。
③ 李鸿章：《议复张家骧争止铁路片》，《李鸿章全集·奏稿》第 3 册，时代文艺出版社 1998 年版，第 1560 页。

责他"直欲不用夷变夏不止","竭中国之国帑、民财而尽输洋人"①时，他颇为自负，毫不掩饰地回答："至谓鄙人喜闻谈洋务之言，以致冒险负谤。处今日喜谈洋务乃圣之时，人人怕谈、厌谈，事至非张皇即卤莽，鲜不误国。公等可不喜谈，鄙人若亦不谈，天下赖何术以支持耶？中国日弱，外人日骄，此岂一人一事之咎！过此以往，能自强者尽可自立，若不强则事不可知。"② 正视现实，不甘灭亡，勉支大局，变计图存，这就是李鸿章兴办洋务运动的出发点。还有，自己认定的事，就决心走到底，管他闲言碎语。对于李鸿章这种"走自己的路，让别人去说吧"的大无畏的勇气和决心，也是值得后人借鉴和学习的。

正因为李鸿章独具慧眼，看出了"变法者兴，因循者殆"这一社会发展规律，他才不遗余力地倡导推行新政，以此打破旧的统治框架，对社会进行多方位的变革。在这个问题上，李鸿章不乏真知灼见，他曾指出：今日当务之急，莫若借法以富强。强以练兵为先，富以裕商为本。李鸿章反复强调"借法以富强"，亦即引进西方先进技术以富国强兵，把顽固派斥之为"奇技淫巧"的科学技术移植、嫁接到中国来使之生根发芽、枝繁叶茂，从而使中国的科学技术摆脱封建的羁绊为生产力的发展服务。可见，李鸿章头脑之清醒、民族意识之强烈，远非那些闭目塞听昏睡于"天朝上国"迷梦之中的封建士大夫们可比。他的这些思想无疑是为中国的强大和进步指出了一条切实可行的道路。

二、李鸿章的洋务实践

鸦片战争的失败，加速了清王朝的崩溃之势，同时也惊醒了封建地主阶级中的一些有识之士，使他们感到切肤之痛，于是纷纷起来探寻救

---

① 中国史学会编：《中国近代资料丛刊·洋务运动（一）》，上海人民出版社 1961 年版，第 121 页。
② 李鸿章：《复刘仲良中丞》，《李文忠公全集·朋僚函稿》第 6 册，时代文艺出版社 1998 年版，第 3670 页。

亡图存的道路。林则徐在苦闷彷徨中思考着敌强我弱的原因，他时时留心西洋动态，派人收集外国书报，主持编译《四洲志》，开始了向西方学习的艰苦探索。因此，他成了近代中国睁眼看世界的第一人。魏源进一步发挥了林则徐的思想，明确提出了"师夷长技以制夷"的主张。是以李鸿章为首的洋务派把这些美好的设想和愿望，即林则徐、魏源开其端绪的学习西方的主张着手付诸实践，并扩展开来，持续达数十年之久，形成了一个"图富强"的洋务新政运动。

洋务运动从发生、发展到政治上破产的过程，大体反映了中国人向西方学习的认识由浅入深的过程。从洋务派的代表李鸿章来说，开始他认为："中国之政教文物风俗，无一不优于他国。所不及者，唯枪耳、炮耳、船耳、机器耳。"① 因此，他认为中国只需学习外国的"利器"和"制器之器"，"中国欲自强，则莫如学习外国利器，欲学习外国利器，则莫如觅制器之器，师其法而不必尽用其人。"② 至于政教文物，则无须学习。基于这种认识，李鸿章先是购买了大量洋枪洋炮，后来又把自强的希望寄托于建立军事工业，用西方阵法训练军队。1862 年，淮军"若不及早自强，变易兵制，讲求军实，仍循数百年绿营相沿旧规，厝火积薪，可危实甚""必须尽裁疲弱，厚给粮饷，废弃弓箭，专精火器"。③ 彻底抛弃了沿袭已久的传统武器和陈旧的训练方法，步西方之后尘，接受了近代军事装备与训练。同时，李鸿章还亲自创办了江南制造总局、金陵机器局，接管了天津机器局等军事工业，生产了大量的新式军械，开始改变了中国军队专恃刀矛舟楫等原始武器的落后状况，并培育了中国第一代产业工人和科技人才。

李鸿章从购买船炮到仿而制造，其性质究竟是为了镇压国内人民还

---

① 梁启超：《中国四十年来大事记》，日本横滨新民丛报社 1902 年版，第 39 页。
② 《筹办洋务始末（同治朝）》，民国十九年故宫博物院影印线装本，第 9 页。
③ 李鸿章：《复陈筱舫侍御》，《李文忠公全集·朋僚函稿》第 6 册，时代文艺出版社 1998 年版，第 3237 页。

是为了"自立""自强"而抵御外侮？笔者认为，主要不是前者而是后者。其理由：一是金陵机器局和江南制造总局是在太平天国失败之后兴建的。天津机器局的扩建，也是在捻军失败之后的事情。因此，李鸿章兴办军事工业尤其是造船工业的目的是巩固海防，自强御侮；二是李鸿章等人从购买船炮到自行制造——引发制器之器的举动，不仅表明他们"自强御夷"的明确性质，而且这种制器之器为中国近代社会带来了一种实实在在的新生产力，并且为中国近代工业的产生创造了条件。这种先进的制器之器一经出现，就会在数量上积累，而且按照自身规律运动，或迟或早突破其倡发者狭隘的预想。这是李鸿章等人在理论和实践上为中国近代工业发展所做出的一大贡献；三是因制造船炮并为其服务的各项专门化技术工业的产生，不仅具有"自强御夷"的性质，而且对促进中国封建自然经济的解体和新的近代经济的产生与发展，无疑起了一定的积极作用。这些企业尽管属于军事工业之类，却在具有"御侮"性质的同时，也为中国近代工业打下了最初的基础。在其影响之下，中国近代工业已经诞生并缓慢向前发展；四是这些军事工业虽在"靖内"方面起了极其恶劣的作用，但在"御侮"方面的实际效果也是明显存在的。一些军事工业起初虽然为镇压人民起义而制造军火，但随着民族矛盾的上升，各种军事工业所制造的武器弹药在加强边防、抵御外来侵略战争中发挥了作用。江南制造总局附设的轮船工厂主要生产供应于海防所需的船舶，为中国近代海防和海军建设也产生了不可低估的作用。

19 世纪 60 年代末 70 年代初，随着洋务运动的开展和不断深化，李鸿章对西方的认识也在不断提高，开始认识到西方国家之所以强大，除了拥有先进的武器——洋枪洋炮之外，还拥有相当雄厚的经济实力。李鸿章从所谓"求强"出发，把西方军事工业移植过来，力图加强清王朝的武装力量。然而，军事工业在资本主义国家中是整个政治经济体系中的一个环节，把这个环节孤零零地摘取下来，移植到中国，由于缺乏社会经济发展的稳固基础，结果发生了许多畸形现象和一连串的困难。经费来源枯竭，原料、燃料供不应求，转运维艰，技术落后，人才缺乏，管理制度混乱等等，阻碍了军事工业的进一步发展。为了解决这些问题，就必须为军事工业建立完整的的近代工交体系。因为"暴力的胜利是以武器的生产为基础的，而武器的生产又是以整个生产为基础，因而是以'经济力量'，以'经济情况'，以暴力所拥有的物质资料为基础的"。[①] "中国积弱由于患贫，西洋方千里数百里之国，岁入财赋动以数万万计，无非取资于煤铁五金之矿、铁路、电报、信局、丁口之税。"[②] 因此，李鸿章认为必须"酌度时势，若不早图变计，择其至要者逐渐仿行，以贫交富，以弱敌强，未有不终受其弊者"。[③] 他开始领悟到"富"的重要性，"富"是"强"的基础，求"强"必先求"富"。

李鸿章为了"求强"而"求富"，企图通过兴办民用工业，解决军事工业的原料、燃料供应、"调兵运饷"的交通运输困难和"练兵炼器"的经费问题。所以，从19世纪70年代开始，在他的主持下，除继续举办军事工业之外，又创办了轮船招商局、开平矿务局、天津电报总局、上海机器织布局等一系列的民办企业，并从单一的官办形式发展到"官督商办"的形式。

李鸿章兴办的民用企业，除了北洋官铁路局是官办的以外，其余都采取官督商办的形式。官督商办是李鸿章的创造，是洋务派依靠国家权力"收天下之才为己用"[④] 的一种方式。官督商办企业，形式上模仿西方资本主义股份公司的组织，既招商入股，又设有商总、商董作为入股商人的代表。所不同的是，这些企业都是直接受着"官督"的。李鸿

---

① 《马克思恩格斯选集》第3卷，人民出版社1972年版，第206页。
② 李鸿章：《复丁稚璜宫保》，《李鸿章全集·朋僚函稿》第6册，时代文艺出版社1998年版，第3665页。
③ 李鸿章：《复丁稚璜宫保》，《李鸿章全集·朋僚函稿》第6册，时代文艺出版社1998年版，第3665页。
④ 苑书义：《李鸿章传》，人民出版社2004年版，第226页。

章举办洋务，既未创设民族资本性质的企业，又有着压抑民族资本的意图。然而，他的主观愿望同客观效果却并非一致。他抱着巩固封建统治的目的而引进西方的军事装备、机器生产和科学技术，但是古老的中国封建社会一经接触这种新兴的资本主义的"物质文明"，就势必加速其自身的解体过程，刺激作为封建主义对立物的民族资本的发展，从而客观上推动了中国民族资本主义的发展，奠定了中国近代工业体系的基础。

李鸿章在大力兴办洋务企业的同时，还多方引进西方的科学文化知识，积极培养适应社会发展需要的近代化人才。早在1863年，他在上海设立外国语言文学学馆，随即改称上海广方言馆，兼聘洋人为教习，主要招收"14岁以下'资禀颖悟，根器端静'之幼童，入馆学习外国语言文字，兼习西人所擅长的'测算之学、格物之理、制器尚象之法'，以期'一切轮船、火器等技巧，当可由渐通晓'"。① 1867年，江南制造总局附设翻译馆，着手翻译外国书籍，"至80年代初，江南制造总局翻译馆翻译了各类西学书籍约150余种，400余本。其中已刊印者为98种，235本"。②

1880年春，李鸿章设立天津水师学堂，招收13—17岁的"良家子弟"入堂学习，培养海军人才，以开北方风气之先，立中国兵船之本。是年秋，李鸿章设立天津电报学堂，雇佣洋教习培养中国的近代电讯人才。次年，天津机器局设立了接待朝鲜留学生的朝鲜馆。后又陆续设立机电学堂、水雷学堂和水师学堂等。1882年，电报总局设立了上海电报学堂。1885年春，李鸿章创办了天津武备学堂，聘请德籍教官，"挑选各营精健聪颖、略通文义之兵弁，入堂肄习兵法"。③ 学习期限为一

① 欧阳跃锋：《人才荟萃——李鸿章幕府》，岳麓书社2001年版，第15—16页。
② 欧阳跃锋：《人才荟萃——李鸿章幕府》，岳麓书社2001年版，第16页。
③ 欧阳跃锋：《人才荟萃——李鸿章幕府》，岳麓书社2001年版，第16页。

年，以期达到"于西洋后膛各种枪炮、土木营垒及行军布阵、分合攻守各法必能通晓"① 的目的。这是中国第一所陆军军官学校。此后，李鸿章等还先后设立了旅顺口鱼雷学堂、驾驶学堂、管轮学堂、水雷营学堂，大连湾水雷营学堂，威海卫南北岸水雷营学堂、刘公岛水师学堂，山海关水雷学堂，天津北洋医学堂，烟台海军学堂等。李鸿章曾与曾国藩联合奏请选派幼童赴欧美各国留学。曾国藩去世后，由李鸿章独立主持，于1872—1875年间分四批选派了120名幼童留学美国。此后，他又与丁日昌等由福州船政学堂分3批选派了七十余名学生赴英、法等国留学。另外，他还曾选派卞长胜等7名淮军弁兵赴德国学习军事。"各类洋务学堂培养出来的学生与留学归来的各种专门人才，为中国社会近代化注入了第一股新鲜血液。"②

同时，随着洋务运动广泛深入的开展，李鸿章也逐渐认识到，仅是经济方面的改革，而无政治方面的改革，则经济方面的改革也很难展开，亦很少有成效。必须在经济方面改革的同时，进行政治方面的改革，只有这样，才能收到洋务运动的预期效果，使中国真正走上富强的道路。为此，李鸿章曾多次与同僚朋辈言及政治改革的问题，要求改变"祖宗之法"。他说："办洋务制洋务若不变法，而徒鹜空文，绝无实济。"③ "能自强则先变法与用人。"④ "兵制关立国之根基，驭夷之枢纽。今日情势不同，岂可狃于祖宗之成法。"⑤ 这实际上是早期改良主义思想的最早萌发。自然，由于时代和阶级的局限，他的这些思想尚不

---

① 欧阳跃锋：《人才荟萃——李鸿章幕府》，岳麓书社2001年版，第16页。
② 欧阳跃锋：《人才荟萃——李鸿章幕府》，岳麓书社2001年版，第17页。
③ 中国史学会编：《中国近代资料丛刊·洋务运动（一）》，上海人民出版社1961年版，第52页。
④ 中国史学会编：《中国近代资料丛刊·洋务运动（一）》，上海人民出版社1961年版，第268页。
⑤ 李鸿章：《复陈筱舫侍御》，《李文忠公全集·朋僚函稿》第6册，时代文艺出版社1998年版，第3237页。

明确。他所要改变的是哪些"祖宗之成法",也没有说明,更没有也不可能推动清廷去实行这些"变法",而只是表达了他要求政治变革的朦胧想法。虽然这些想法未能付诸实践,但我们仍应给以肯定,因为它为中国的政治近代化起到了很好的启蒙作用。

第三节　洋务运动在促进中国近代化方面的作用

究竟如何评价洋务运动,这与如何评价洋务运动中的李鸿章关系甚大。因为洋务运动是李鸿章倡导并亲自实践的,是其一生中最大的实践活动之一,是较能清楚地窥视其人格特征的历史窗口。我们给洋务运动以客观的评价,才会对李鸿章的评价不失公允。因此,我们在研究评价李鸿章其人的时候,必须坚持用马克思主义关于历史分析的基本原则和方法,以实事求是的态度去对洋务运动作一番分析。

一、经济近代化刺激了中国民族资本主义企业的发展,促使社会生产力发展到了一个新的水平,客观上加速了清王朝的灭亡

李鸿章办洋务,目的是力图把林则徐、魏源开其端绪的学习西方的大胆设想变为现实。虽然他口口声声强调要"中学为体",但实际上已承认了有着五千年文明的中华民族,在世界进步的洪流中,已落后了一大截。他说:"中国文武制度,事事远出西人之上,独火器万不能及。""鸿章尝往英国提督兵船,见其大炮之精能,子药之精巧,器械之显明,队伍之雄整,实非中国所能及。"[1] 而这种承认,对于一个效命于历来夜郎自大以"天朝大国"自居的清王朝的重臣来说,是十分难能可贵的。只有承认自己的落后,找出差距,才能想方设法赶上去。李鸿

---

[1] 《筹办洋务始末(同治朝)》,民国十九年故宫博物院影印线装本,第10页。

章由承认落后到以实际行动来图强，使中国迈出了学习西方、追赶西方的第一步。正是有了这一大胆而艰难的起步，以及向西方学习经济、科技、军事的实践，才有了后来的康有为、梁启超发起的旨在学习西方政治制度的戊戌维新运动，也才有了孙中山以革命手段推翻腐朽的清王朝致力于实现资本主义民主政治和发展资本主义经济的伟大社会变革。

洋务运动通过将官办军事企业转为官督商办的民用企业，使企业获取了巨大的利润，同时，也直接刺激了一些官僚、地主、商人投资办厂的热情。他们开始投资于近代企业，招集民间资本，发展资本主义。我们的民族经济能够在西方列强疯狂的经济侵略面前艰难地发展，没有完全沦为殖民地化经济，原因之一就是中国自己的近代工业占了一席之地。因此，"官督商办"企业在早期还是起到促进民族资本发展的积极作用，同时也把中国社会生产力水平提高到了一定的程度。在19世纪末期，中国近代工业虽仍发展缓慢，底子也相当薄弱，基础还不牢固，并且在一定程度上依赖外国资本主义，多少带有买办性，但在由李鸿章主持下的洋务企业的倡导和支助以及影响之下，中国近代工业已经诞生并缓慢而艰难地向前迈进。应当承认，这里有李鸿章的重大贡献。

从"自强"到"求富"，从仿造枪炮到仿行铁路、电报、开矿、纺织，这就在朝向"采用资本主义的生产方式"的道路即近代化道路上大大前进了一步。而随着资本主义经济成分的增长，生产力这个因素活跃起来，并最终提出了改革旧有的生产关系，建立与新的生产力相适应的新的生产关系的要求，这就决定了封建的清王朝已逃脱不了最终灭亡的结局。因而可以这样说，洋务运动是近代中国巨大社会变革的开端，是中国社会进步的重要进程之一。

二、国防近代化缩短了中国与西方在武器装备方面的差距，对抵御外来侵略起了一定的作用

洋务运动中所创办的军事、民用企业生产出来的产品，用来武装军队和投放国内市场，在一定程度上扼制了西方资本主义的经济侵略，增强了抵抗外来侵略的军事力量。比如：1865 年，李鸿章创办的江南制造总局是清王朝规模最大的军事企业，它所生产的武器弹药除供应淮军之外，还供应南洋系统及各地的炮台、军舰，各总督所辖地区的军队；1874 年日军入侵台湾时，清军护送兵勇、转运军装、接济粮食的轮船都是福州船政局制造的；1870 年李鸿章接管天津机器局后，苦心经营，扩大规模，主要生产火药、枪弹、炮弹、水雷等，辅之以修造船舰等，产品主要供应淮军以及北洋水师之武器装备。1884 年中法战争爆发，天津机器局昼夜生产，日产枪弹增加一倍；李鸿章亲自创办的金陵机器局在此期间亦扩大生产，除供应北洋军所需外，还为广东、云南、台湾等省制造大炮；甲午战争前夕，山东机器局为适应战备需要：以前日造枪子弹五万余粒，今则日造十余万粒，铅丸、铜帽、白药等皆十倍于平日。可见，李鸿章等人所兴办的洋务运动的开展，使中国武器装备能力乃至国防力量大为加强，这对于中国避免全盘殖民化和被肢解起了一定的积极作用。

虽然李鸿章的洋务运动以 1895 年中日甲午战争北洋舰队全军覆灭而告失败，但它为百十年后"开拓始基"作了尝试。它在中国近代化方面的重要意义是不能抹杀的。如果因为甲午之败而全盘否认李鸿章在洋务运动中所作出的贡献，显然是不公正的。李鸿章为中国的强大和进步尽心尽力，但并未达到预期的目的，中国并没有因为"觅得西人一二秘法"而改变被动挨打的局面，其根本原因在于当时中国政治的腐败和经济的落后。如果像李鸿章在回击顽固守旧派士大夫刘仲良等人时所说的："不责怪其中国所以不强盛的原因，只责怪其继承流弊堵塞漏洞的是非"① 则是不客观的，不公允的和不实事求是的。

---

① 成晓军：《洋务之梦——李鸿章传》，四川人民出版社 1995 年版，第 109 页。

三、教育近代化使中国人系统学习西方科学知识，培养造就了中国近代第一代科技人才

李鸿章对传统教育制度和考试制度的批判，兴办新式学堂，倡导西学，主张开化风气，对于普及中国国民的近代化意识，学习西方科学技术，启迪人们的心灵，不能不说是首屈一指的，功绩不可抹杀。中国第一代科技人才，尤其是洋务人才都是出自当时创立的新式学堂。

选派留学生，是李鸿章教育近代化的又一步骤。在李鸿章的提倡支持下，一批批摒弃八股制艺而掌握了近代科学技术的新式人才，学成归来，他们充实了本国技术力量，增强了我国与外国抗争的能力。更为重要的是，这些新式人才不但带回了先进的技术，同时带回了西方政治文化思想和先进的意识。他们对各个领域的风气开化，启蒙一代人们的近代意识起到巨大的推动作用，这也为以后社会变革在思想上、人力上奠定了基础。在这一点上，李鸿章的思想是值得肯定的，即使在今天亦有着积极的现实意义。从此以后，中国留学外国的风气大开，尽管困难重重，但却成为一股不可阻挡的潮流。李鸿章根据洋务事业的需要，积极主张和实力赞助中国留学事业，说明他与顽固守旧论者不同，能够因时而变，敢于突破中国传统文化的藩篱。这是中国近代中西文化相互碰撞、交融、吸收以及中国近代文化复杂多变这个基本特征在李鸿章等有识之士身上的反映。

综上所述，李鸿章举办洋务新政，倡导中国近代化，其动机的主导方面是为了抵抗外来侵略，而其实践所发挥出的客观作用，也是对中国强大和进步的有力推动。所以，仅就中国近代化一事而言，李鸿章表现出了真挚的爱国热情与高度的民族责任感，表现出了强烈的求变图强意识。正是由于李鸿章的"才"和"识"造就了一代人才，使中国人开始认识世界，走向世界，步入了近代化的世界。当然，作为封建统治阶级的一员，由于受到阶级和时代的局限，自然有悖于其追求的"求变图强"的理想，但是，这丝毫也不能掩盖其积极的、进步的作用。

第 九 章

以振兴佛学、挽回国运为己任的杨文会

　　梁启超说："晚清思想界有一伏流曰：佛学。"① 而这一"伏流"的代表人物为杨文会。梁启超评价杨氏"栖心内典，学问博而道行高。……故晚清所谓新学家者，殆无一不与佛学有关系。而凡有真信仰者率皈依文会"。②

　　在中国近代史上，由传统士大夫向近代知识分子转型的第一代代表人物龚自珍、魏源之后的第二代代表人物的"首选"是杨文会与康有为。"太平天国起义被镇压以后，清统治集团重新加强了思想禁锢，程朱理学一时回光返照。继龚自珍、魏源而起的近代第二代士大夫知识层异端思想发展显得相对迟缓。至十九世纪八十年代，随着西风东渐与外患内乱交迫，思想界才重呈活跃气象。年龄相差 20 岁的杨文会与康有为的思想都在此时成熟了。他们在思想上与龚、魏一样，都有从传统士大夫向近代知识分子过渡的特征。"③ 即"由于时代的局限，近代第二代士大夫还往往右腿跨越了传统，左腿又缩回去。但这一代的先驱者们

---

①　梁启超：《清代学术概论》，刘梦溪主编：《中国现代学术经典·梁启超卷》，河北教育出版社 1996 年版，第 206 页。

②　梁启超：《清代学术概论》，刘梦溪主编：《中国现代学术经典·梁启超卷》，河北教育出版社 1996 年版，第 207 页。

③　邓子美：《传统佛教与中国近代化》，华东师范大学出版社 1994 年版，第 24—25 页。

毕竟以其开阔的视野，恢宏的气魄，博大的胸襟哺育了新一代"。① 康有为、杨文会都与佛有关联，康氏援释入儒构建大同理想以接纳西学，倡言变法；杨氏则援儒入佛，兼融世间法，大规模刻印佛经以消解儒经，以扬释抑儒的形态策应了维新变法运动。"杨文会与康有为在根本宗旨上是异趣的，但在近代思想界一片迷离混沌之中，可以看出他们作为传统士大夫向近代知识分子转化的过渡人物，具有若干共同点，如志在以宗教济世救民，不拘守于一家一说，以复古为创新，其主张的实现往往趋于愿望的反面等。这些共同点正反映了历史的要求。因此，他们不仅是各自济世主张的代表者，兼取儒释也不仅是他们个人的行为。从古文经学家俞樾闭门校点《金刚经》，到恭亲王奕訢静坐参禅，都呈现了儒家文化再也满足不了困窘中的人们的广泛需求与佛教文化乘间再度崛起的历史画面。"②

要理解中国近代知识分子由传统向现代转型过程中向佛、习佛、援佛、信佛的深层原因，要做出正确解答，必须把他们放在西方以武力入侵中国、以文化渗透中国的背景之下来进行，这种"外力"推动近代中国社会经济与政治的加速变化，使得反映它们的种种文化思想、宗教哲学等意识形态也相应谐变。清末士人在受到内外多种力量的强烈冲撞下被推入佛门，深刻表明中国近代士人向佛与整个社会的变动存在着息息相关的联系。而作为晚清思想界"伏流"的佛学，自龚、魏以下，杨文会是这一"伏流"的关键人物。"研究杨文会及其主倡的佛教革新运动，无疑是认识清末思想文化全貌不可或缺的部分。"③

---

① 邓子美：《传统佛教与中国近代化》，华东师范大学出版社 1994 年版，第 30 页。
② 邓子美：《传统佛教与中国近代化》，华东师范大学出版社 1994 年版，第 30 页。
③ 唐文权：《杨文会与清末佛教革新运动》，《中国文化》1995 年第 1 期。

第一节　杨文会生平与传统文化的学术渊源

杨文会（1837—1911 年），号仁山，安徽石埭县人。杨文会出生于一个官宦之家，书香门第。他的父亲杨朴庵为 1838 年进士，官部曹，太平天国军队占领苏皖时，曾为曾国藩的湘军办粮台。"然杨文会早年不喜举子业，性任侠，好读奇书，凡音韵、历算、天文、舆地，以及黄老庄列，无不研读。"①

1863 年，杨文会 27 岁，其父朴庵公逝世，他开始仕宦生涯，受曾国藩之聘，供职于谷米局。次年由安庆归葬父亲于石埭，由于哀伤劳顿过度，感染上流行病，大病一场。他于病中反复诵读《大乘起信论》，兴味益然，不能释卷，由此发愿"一心学佛，悉废弃其向所为学"②，成为一名十分虔诚的佛教徒。1866 年，杨文会接受两江总督李鸿章的委任，移居南京，主持江宁工程之事务。同事王梅叔深通佛学，与之同习佛典，后又与魏刚纪、赵惠甫、曹镜初诸学佛者交游，互相研讨佛学，深感当时佛教之所以衰微，与佛教典籍的散佚、经版的毁灭、大藏经流通的不便等有着直接的关系。因此，他发愿要恢复刻经事业，刻印方策本佛经，以便广泛流通。为此，杨文会在南京创立金陵刻经处，开始刻经事业。"此实为中国近代佛教复兴运动中最重要的实践之一，居士亦因此而成为中国近代佛教复兴运动的开创者。"③

1873 年，李鸿章函聘办工，杨文会婉然拒绝，始屏弃世事，家居

---

① 《杨仁山居士小传》，刘梦溪主编：《中国现代学术经典·杨文会欧阳渐吕澂卷》，河北教育出版社 1996 年版，第 4 页。

② 《杨仁山居士学术年表》，刘梦溪主编：《中国现代学术经典·杨文会欧阳渐吕澂卷》，河北教育出版社 1996 年版，第 259 页。

③ 《杨仁山居士学术年表》，刘梦溪主编：《中国现代学术经典·杨文会欧阳渐吕澂卷》，河北教育出版社 1996 年版，第 260 页。

读书。次年，为搜求佛教亡佚经典，游历苏浙名刹，搜求殆遍，由于家计窘困，复职于江宁铸防局。1878 年，杨文会随曾纪泽出使欧洲，赴英法二国，考察政教及自然科学，并购得许多科学仪器而归，首开清末研究科技之风气。在此期间，文会于一偶然机会，在伦敦结识日本著名佛教学者南条文雄。归国后，二人书信往来，畅谈佛学。由此得知日本流传佛书甚多，其中中国早已佚失的佛教经典亦有很多。

1886 年，杨文会随刘芝田再度出使英国，考察政治、制造诸学，探求西方列强立国之本。1889 年，由英返国，不受褒奖。曾与人曰："斯世竞争，无非学问。欧洲各国政教工商，莫不有学。吾国仿效西法，不从切实入手，乃徒袭其皮毛。方今上下相蒙，人各自私自利，欲兴国，其可得乎？"① 从此，他誓不复与政界往还，闭户诵经。

1894 年，杨文会与英人李提摩太合作，将《大乘起信论》译为英文，并流通于国外。1897 年，他建屋于金陵城北延龄巷（今之南京淮海路 35 号），落成后即将此室捐给金陵刻经处，作为永久存放经板及流通经典之所。

1907 年，杨文会于金陵刻经处创设佛教学校——"祇洹精舍"。精舍规定要学习佛学、国文和外文。其中，佛学由杨文会自讲，国文和外文另请人讲授。到精舍讲课之人，皆尽义务，不收薪金，师生平等，各尽其心。1910 年，他创办佛学研究会，自任会长，每月开会一次，每周讲经一次，深受欢迎。佛学研究会的办学方式比起正规化的"祇洹精舍"较为灵活，不需固定师资，学员不住校，经费较省。通过祇洹精舍与佛学研究会所培养出的佛学人才著名者有谭嗣同、桂柏华、黎端甫、章太炎、谢无量、欧阳渐、蒯若木等。此外，与杨文会交往接受其影响者，有梁启超、沈曾植、陈三立、夏曾佑、汪康年等。

---

① 《杨仁山居士学术年表》，刘梦溪主编：《中国现代学术经典·杨文会欧阳渐吕澂卷》，河北教育出版社 1996 年版，第 262 页。

1911 年，杨文会病，自知不起，将刻经处事咐嘱研究会同人。8 月 17 日申时，向西瞑目而逝。临终前遗言："经版所在，灵柩所在"[1]，尽表其与刻经事业生死与共。

对杨文会的生平有一个大致简略的了解之后，再来谈他与传统文化的学术渊源之关系，进而探讨其学习、学术思想，脉络可能更清晰些。当然下文对其生平中的一些关键性的重大事件还会有更加详细的叙述。

根据《杨仁山居士事略》及有关记载，杨文会 10 岁时在家乡受学，极颖悟。14 岁即能著文，然不喜举子业，喜浏览唐诗宋词，以与知交结社赋诗为乐。性任侠，稍长，益复练习驰射击剑之术。好读奇书，凡音韵、历算、天文、舆地以及黄老庄列，无不研读。杨氏生长于仕宦之家，而无意于仕途功名，终其一生未下过考场。从正统教育观念来看，他的性格中已经带有"异端"性因子。击剑、任侠，冲出四书五经之狭隘藩篱而旁涉老庄而后入释，这些作为既带有反传统色彩，而又不入科举之彀中。他从功名枷锁中解脱出来，与龚自珍、魏源执着于走"进士"之路而挫折、困顿不堪相比，其现代意识浓厚、鲜明多了。龚、魏以今文经学标举学术思想，而杨文会则跳出经学门槛，跨进佛学园地，不啻是向儒家及其经典的公然挑战。

杨文会在中国近代发轫之际，对官方意识形态或正统地位的文化观念持"叛逆"态度，而他从佛教汲取思想滋养，并非是偶然的巧合。其实通过上述他读书向学不入正统之规矩，亦可以看出某种必然性。佛教正是昔日的"异端"之一。正统的价值体系崩溃所造成的负压，把历来的"异端"吸入人的视野以填补价值真空，以应对西方文化思潮滚滚而来的冲击。不难理解，杨文会自青少年时期向学中的反传统的"异端"精神，是与近代社会思潮有机结合在一起的。他最终坚定不移

---

[1] 《杨仁山居士学术年表》，刘梦溪主编：《中国现代学术经典·杨文会欧阳渐吕澂卷》，河北教育出版社 1996 年版，第 266 页。

地选择了佛教佛学，突出表现为参与对超越的转化。这种转化从本质上讲，还是自身存在的问题。一切本质性的知识（无论是哲学还是宗教，或自然科学）都和人的存在密切相关。杨文会对佛教的皈依，追求在此岸实现庄严净土，反映了人类的一种生存意识与对社会的参与精神。

基于以上认识，再来探讨杨文会的佛学及其与儒、道之关系。杨氏"向于儒释道等诸家之说广泛涉猎，乃经一悉深入比较，方归于佛家"。①

（一）杨文会的佛学研究与修持

梁启超说，杨文会的佛学，"得力于'华严'，而教人以'净土'"。② 就是说杨文会佛学思想的源头在华严与净土二宗，他在教理上传承华严宗之学说，而在个人修持上践履净土宗之法门。在经典方面，他尤其推崇《大乘起信论》，视其"为学佛之纲宗"③、"精微奥妙，贯彻群经"④，认为"通达此论，则一切经典易于入门矣"。⑤ 而作为居士修持，所谓"念佛法门，欲得心心相续，先事一心而后入理一心，非屏除万缘不可"。⑥ "行之既久，冥契华严法界而不自觉，古德法施之力有如是耶！"⑦ 而"净土一门，括尽一切法门，一切法门，皆趋净土一

① 《杨仁山居士学术年表》，刘梦溪主编：《中国现代学术经典·杨文会欧阳渐吕澂卷》，河北教育出版社1996年版，第259页。

② 梁启超：《中国佛法兴衰沿革说略》，张品兴主编：《梁启超全集》第7册，北京出版社1999年版，第3722页。

③ 杨文会：《与陈大镫书》，刘梦溪主编：《中国现代学术经典·杨文会卷》，河北教育出版社1996年版，第118页。

④ 杨文会：《三身义》，刘梦溪主编：《中国现代学术经典·杨文会卷》，河北教育出版社1996年版，第14页。

⑤ 杨文会：《与李质卿书》，刘梦溪主编：《中国现代学术经典·杨文会卷》，河北教育出版社1996年版，第118页。

⑥ 杨文会：《与李澹缘书四》，刘梦溪主编：《中国现代学术经典·杨文会卷》，河北教育出版社1996年版，第112—113页。

⑦ 杨文会：《与李澹缘书四》，刘梦溪主编：《中国现代学术经典·杨文会卷》，河北教育出版社1996年版，第113页。

门"。① 华严与净土的关系是："盖净土法门，非大乘根器，不能领会，故《华严经》末，普贤以十大愿王导归极乐为五十三参之极致也。"② "以一切佛法，入念佛一门，即《华严经》'融摄无碍'之旨也。"③

这样，杨文会把华严与净土融贯在一起，建构他的佛学思想体系。同时，他对唯识学也非常看重，他说："盖庄严净土，总不离唯识变现也。"④ 他在复桂伯华的信中说："俾得前来金陵，久住敝宅，专心研究《因明》、《唯识》二部，期于彻底通达，为学佛者之楷模，不至颠顶儱侗，走入外道而不自觉，实振兴佛法之要门，且于净土道理深为有益。"⑤

杨文会谈到自己学佛的道路时说："我于二十六岁学佛，二十七岁丧父担任家务，十余口衣食之资，全仗办公而得。日日办公，日日学佛，未尝懈退，至五十三岁，始能专求出世之道。然不能求现证，只在弘法利生上用心，以为往生净土资粮，此是超出三界之捷径也。若必欲参禅悟道，心如止水，亦不能免于转世。"⑥ 这番表白心迹性的文字说明两个问题：一是强调学佛是在"入世"中求"出世"法，"以不隐为隐"，在尘世彼岸追求想望彼岸净土，说明他的佛教信仰终究是一种关涉到终极关怀的信仰，是身处乱世、末世中的"救心"的需要。他断

---

① 杨文会：《与李澹缘书一》，刘梦溪主编：《中国现代学术经典·杨文会卷》，河北教育出版社1996年版，第108页。
② 杨文会：《代陈栖莲答黄掇焦书一》，刘梦溪主编：《中国现代学术经典·杨文会卷》，河北教育出版社1996年版，第121页。
③ 杨文会：《与陈仲培书》，刘梦溪主编：《中国现代学术经典·杨文会卷》，河北教育出版社1996年版，第96页。
④ 杨文会：《与桂伯华书二》，刘梦溪主编：《中国现代学术经典·杨文会卷》，河北教育出版社1996年版，第107页。
⑤ 杨文会：《与桂伯华书二》，刘梦溪主编：《中国现代学术经典·杨文会卷》，河北教育出版社1996年版，第107页。
⑥ 杨文会：《与廖迪心书》，刘梦溪主编：《中国现代学术经典·杨文会卷》，河北教育出版社1996年版，第119页。

言："若欲断绝世务，方能学佛，则举世之人得出轮回者，鲜矣！"① 二是学佛要在"弘法利生上用心"。这是大乘佛教菩萨"不住涅槃，不舍众生"的人格理想的修持，从而使他成为"道行高"的自律与律他的楷模。这些说明杨氏学佛与近代经世思潮、道德理想主义的高涨有着割不断的关系。

杨文会谈到自己与传统佛学的渊源时说："鄙人初学佛法，私淑莲池、憨山；推而上之，宗贤首、清凉；再溯其源，则宗马鸣、龙树。此二菩萨，释迦遗教中之大导师也。"②

又说："弟闻法以来，世业多而学力浅，大乘之机启自马鸣，净土之缘因于莲池，学华严则遵循方山，参祖印则景仰高峰，他如明之憨山，亦素所钦佩者也。用力不专，而岁月虚度，如来说谓可怜悯者。庐山之书，未曾多见。"③ 在这里，杨文会把自己的学脉交代得一清二楚，也就是梁启超说的"文会深通'法相'、'华严'两宗，而以'净土'教学者；学者渐敬信之"④ 的"仁山佛学"。作为由传统向近代转型的第二代知识分子代表人物，杨文会推进了中国近代佛教各宗派在学理上向近代发展。

（二）杨文会与儒家、道家之关系

杨文会对以儒、道为代表的古代传统文化持批判态度，但自言自己"一心学佛"之后"悉废弃向所为学"的论断，则实属夸饰失实之辞。应该说杨文会学佛是"真信仰者"，十分诚笃，但也并未完全割弃与

① 杨文会：《与廖迪心书》，刘梦溪主编：《中国现代学术经典·杨文会卷》，河北教育出版社1996年版，第119页。
② 杨文会：《与某君书》，刘梦溪主编：《中国现代学术经典·杨文会卷》，河北教育出版社1996年版，第120页。
③ 杨文会：《与日本南条文雄书二》，刘梦溪主编：《中国现代学术经典·杨文会卷》，河北教育出版社1996年版，第127页。
④ 梁启超：《清代学术概论》，刘梦溪主编：《中国现代学术经典·梁启超卷》，河北教育出版社1996年版，第207页。

儒、道的联系，他毕竟是吃"儒奶"长大，"断脐"之后仍血脉相通，何况他处在宋元以来儒、释、道三教大融合的大趋势之下，三教互排中，你中有我，我中有你，内外互渗。如他崇敬的莲池、憨山等高僧也难免有三教混血之法相。

杨文会生长在儒教家庭，童蒙受教于经史子集，深受儒、道思想影响。他学佛之后，只是站在佛教的立场上对儒、道作批判性地吸收，而并非彻底"废弃"。秦汉之后，没有纯粹的儒家，宋元之后，也没有纯粹的佛家。

杨文会对传统文化持三教统一观，他说："中国之有儒释道三教，犹西洋之有天主、耶稣、回回等教，东洋之有神道及儒佛二教。东西各国，虽变法维新，而教务仍旧不改，且从而振兴之，务使人人皆知教道之宜遵，以其造乎至善之地。我中国何独不然？"① 三教组合成中国传统文化的主要内容，在变法维新中从而振兴之，而礼乐文章，渐次兴起，以挽回中国衰坏之国运。三教之旨虽然不同，有世间法与出世法之别，但可以共存互融。他说："先圣设教，有世间法，有出世法。黄帝尧舜周孔之道，世间法也，而亦隐含出世之法；诸佛菩萨之道，出世法也，而亦该括世间之法。"② 当然，他是站在佛教立场比较二法优劣，认为："世间法局于现生，不脱轮回；出世法透彻根源，永脱轮回。"③ 他又说："立身成己、治家齐国，世间法也；参禅学教、念佛往生，出世法也。地球各国，于世间法，日求进益，出世法门，亦当讲求进步。支那国中，自试经之例停，传戒之禁驰，渐致释氏之徒，不学无术，安

---

① 杨文会：《支那佛教振兴策一》，刘梦溪主编：《中国现代学术经典·杨文会卷》，河北教育出版社 1996 年版，第 20—21 页。
② 杨文会：《学佛浅说》，刘梦溪主编：《中国现代学术经典·杨文会卷》，河北教育出版社 1996 年版，第 16 页。
③ 杨文会：《学佛浅说》，刘梦溪主编：《中国现代学术经典·杨文会卷》，河北教育出版社 1996 年版，第 16 页。

于固陋。"①

杨文会认为传统文化中的儒、释、道各有所长，佛教应取其合乎佛理的一面，加以融会贯通。佛教能兼摄"世间法"，是其援儒入佛的重要标志，也是儒释在近代合流，以争取更多的士大夫向佛、信佛、习佛的"方便法门"，同样包含着新时代维新变法的内容，他与康有为的失败形成鲜明对照。

杨文会对儒家的圣人与经典，并非一概否定，只是把孔子放在佛陀释尊之下的菩萨界位上，承认孔子为"万世师"。他说过：设有二致，佛不得为三界尊，孔子不得为万世师。而对《论语》也极为感佩，不过他是用佛教教义来阐释"仁"与"礼"。他阐释《论语·颜渊》中的"克己复礼而归仁"时说："己即七识我执，礼即平等性智，仁即净本觉，一切众生自具仁，只因七识染污，造成我执，妄见种种障暗。因此，孔子所言正是一种破除我执，求取平等性智，而于性净本觉的'修习之方'。"② 杨文会作《论语发隐》，进而把佛教理论与儒家理论融合起来以阐扬佛理，在客观上还是以儒理为基础的。"孝"是儒家的重要观念，西汉起即尊《孝经》为经典。最高统治者大力提倡孝道，宣扬以孝治国，已成为中国古代社会的伦理准则。佛教的沙门不敬王者和不礼拜父母，与中国的伦理道德形成了尖锐的矛盾。佛教自印度传入中国，其与儒家世俗伦理抗衡是不可能的，它要生存发展，就必须认同儒家伦理，历代佛教高僧、理论家也不能无视孝道。印度佛典没有这样的观点，这实际上是佛教中国化（儒化）在伦理道德上的一个标志。杨文会也继承佛教重孝的这个传统，他在《欧阳母朱生西行述》"题词"中，称赞"岭南欧阳氏号石芝者，向道之士也""事母极孝""孝

---

① 杨文会：《般若波罗蜜多会演说四》，刘梦溪主编：《中国现代学术经典·杨文会卷》，河北教育出版社 1996 年版，第 28—29 页。

② 杨文会：《论语发隐》，《杨仁山居士遗著》第 5 册，南京金陵刻经处 1919 年版，第 59 页。

道精纯"①，尽管他是以欧阳石芝"尝以念佛法门劝进其母"② 的视角来论孝道，企图以佛化儒，但从本源上说是以佛之教从儒之理，是儒化而非佛化。

对于道家，杨文会自幼就习染较深。他说："修行人常以兼善为怀。若存独善之心，则违大乘道矣。鄙人学佛以来，近四十年。始则释道兼学，冀得长生而修佛法，方免退堕之虞。两家名宿，参访多人，证以古书，互有出入，遂舍道而专学佛。如是有年，始知佛法之深妙，统摄诸教（儒、道）而无遗也。"③ 杨氏在对释与道的比较中是以释融道，他说："道家之阳神，乃佛经之业识也。"并认为释高于道，"所证果位，在欲界以下。必须超出三界，永脱轮回，方称大丈夫事业"。④ 在佛与道生死观的比较中，杨氏扬释抑道，他说："佛家直须命根断。命根断，则当下无生，岂有死耶？生死既不可得，而假生死以行大愿，是以《华严经》中，善财所参善知识，比丘居士，仙人天神，错杂间出，皆是一真法界所流露也。"⑤ 他批评道教"若认定金丹秘诀修成之仙，或为仙官，或为散仙，总不出上帝所统之界，不过高于人界一等耳。虽寿至千万岁，亦有尽时也"。⑥ 这也确然针砭到道教之荒诞的"长生经"之要害处。

杨文会著《道德经发隐》《南华经发隐》《冲虚经发隐》《阴符经

①　杨文会：《欧阳母朱生西行述・题词》，刘梦溪主编：《中国现代学术经典・杨文会卷》，河北教育出版社 1996 年版，第 46 页。
②　杨文会：《欧阳母朱生西行述・题词》，刘梦溪主编：《中国现代学术经典・杨文会卷》，河北教育出版社 1996 年版，第 46 页。
③　杨文会：《与郑陶斋书》，刘梦溪主编：《中国现代学术经典・杨文会卷》，河北教育出版社 1996 年版，第 102 页。
④　杨文会：《代陈栖莲答黄掇焦书二》，刘梦溪主编：《中国现代学术经典・杨文会卷》，河北教育出版社 1996 年版，第 121 页。
⑤　杨文会：《与郑陶斋书》，刘梦溪主编：《中国现代学术经典・杨文会卷》，河北教育出版社 1996 年版，第 102 页。
⑥　杨文会：《与郑陶斋书》，刘梦溪主编：《中国现代学术经典・杨文会卷》，河北教育出版社 1996 年版，第 102 页。

发隐》，可以看作是他对道家、道教的总批判、总认识。他以佛家之
"理"，发道家（教）之"隐"（深奥义理）。他以《华严经》之"圆融
法界""事事无碍"来解释《老子》之道论，他对《老子》一书，"以
佛教义释之，似觉出人意表"①。论水平，比他提到的释德清（字憨山）
与焦竑（字弱侯）要逊色。憨山、弱侯堪称解《老子》名家，但杨文
会对《道德经》的经世价值还是看到的，他在《道德经发隐·自叙》
中说："或问：孔子既称老子为犹龙，何以其书不入塾课耶？答曰：汉
唐以来，人皆以道家目之（即'出世法'），不知其真俗圆融（佛家眼
里的'无为'、'自然'说），实有裨于世道人心。若与《论语》并行，
家弦户诵，则士民之风，当为之一变也。"②

　　在《南华经发隐·自叙》中，杨文会批评司马迁在《史记·老庄
申韩列传》中"不于《内篇》窥庄子之学，而据伪撰（指《渔父》
《盗跖》《胠箧》等外杂篇）以判庄子，宜其将老庄申韩合为一传也。
至唐初尊之为《南华经》，而作注解者渐多。"③ 而称赞"明之陆西星、
憨山清二家以佛理释之，憨山仅释《内篇》，西星则解全部"。④ 但是，
陆西星是明代著名的道士，并非释家，作《南华经副墨》卷八，多为
焦竑《庄子翼》引述。憨山诠释《庄子·内篇》，也是调和释道，却有
创见。杨氏认为二书"犹有发挥未尽之意，因以己意释十二章，与古
今著述迥不相同。质之漆园，当亦相视而笑"。⑤ 但杨氏之"发隐"学

---

① 杨文会：《道德经发隐·自叙》，刘梦溪主编：《中国现代学术经典·杨文会卷》，河北
　教育出版社1996年版，第56页。
② 杨文会：《道德经发隐·自叙》，刘梦溪主编：《中国现代学术经典·杨文会卷》，河北
　教育出版社1996年版，第56—57页。
③ 杨文会：《南华经发隐·自叙》，刘梦溪主编：《中国现代学术经典·杨文会卷》，河北
　教育出版社1996年版，第57页。
④ 杨文会：《南华经发隐·自叙》，刘梦溪主编：《中国现代学术经典·杨文会卷》，河北
　教育出版社1996年版，第57页。
⑤ 杨文会：《南华经发隐·自叙》，刘梦溪主编：《中国现代学术经典·杨文会卷》，河北
　教育出版社1996年版，第57页。

术水平远不及憨山，更不及支遁之释《逍遥游》。支遁从《山木》篇拈出一句"物物而不物于物"来解释"逍遥游"，运用佛教即色义中更为彻底的相对主义来诠释庄子的相对主义，令东晋王羲之、孙绰、郗超、许询等名士群儒旧学莫不叹服，也令高僧慧远受到启发。

而杨文会解《庄子》没有什么思辨智慧，其解《人间世》中的"心斋"、《大宗师》中女偊与南伯子葵论道的文字，以"自性真空""九转功成""依教进修"解之，颇为牵强附会。这也从一个方面反映了近史佛学理论思维之平庸。但他强调释道互融贯通却是有价值的，他说："尝见《宗镜》（即《宗镜录》，五代延寿撰，禅宗理论著作）判老庄为通明禅，憨山判老庄为天乘止观。及读其书，或论处世，或论出世，出世之言，或浅或深，浅者不出天乘，深者直达佛界，以是知老、列、庄三子，皆从萨婆若海逆流而出，和光混俗，说五乘法（人乘、天乘、声闻乘、菩萨乘、佛乘），能令众生随根获益。后之解者，局于一途，终不能尽三大士之蕴奥也。"①

对于道家系统的《列子》，杨文会取而读之，"妙义显发，多出于张（湛）卢（重元）二家之外，如开宝藏，如涌醴泉，实与佛经相表里。信笔直书，得四十二章，约计全书三分之一，因名之为《冲虚经发隐》云"。②他确认《仲尼篇》中"西方圣人章"里孔子极口称赞的"西方圣人"就是释迦牟尼，他以佛家因果说解《力命篇》中的"力不胜命章"。

杨文会对道家经典《黄帝阴符经》也特别看重，该书以其天机暗合于行事之机，或云明天道与人道，有暗合大理之妙，因而以"阴符"名之。《阴符经》在历史上是一部名著，它的原文仅三百余字，后人增

---

① 杨文会：《南华经发隐·自叙》，刘梦溪主编：《中国现代学术经典·杨文会卷》，河北教育出版社 1996 年版，第 57—58 页。

② 杨文会：《冲虚经发隐·自叙》，刘梦溪主编：《中国现代学术经典·杨文会卷》，河北教育出版社 1996 年版，第 57 页。

补百余字（自宋以后即有）。它得到各阶层人士的重视，就是因为它讲
"机变"，这是道家的思维方式。该经分为三章（篇），上曰心机，中曰
盗机，下曰目机，全书以"机变"为用，以机变随时应物，不拘于古。
杨氏以佛学"八识"诠释"机变"，认为"心机"即属佛说第八识
（阿赖耶识）；"盗机"属第七识（末那识）；目机属前五识（即眼、
耳、鼻、舌、身）。①

　　杨文会受道家思想影响至深，他始终是以释道兼修为人生宗旨的，
他在《与陈南陔（采兰）书》中说："自弱冠至今，以释氏之学治心，
以老氏之道处世，与人交接，退让为先。"②

　　总之，杨文会对儒、释、道三教主张调和、会通以振兴佛教，应对
近代社会发生的千载不遇的巨变。他对居士沈雪峰说："真净界中，有
何隔阂之有哉！奉赠拙作《阴符经发隐》，并送孙绍鼎比部一册。孙君
信罗近溪之语，不出明了意识边事。若能进而求之，将如来一代时教，
究彻根源，则知黄老孔颜心法，原无二致，不被后儒浅见所囿也。"③
在这里，他不仅主张佛教内部各派学说的摄融贯通，认为儒道也"原
无二致"。他又说："若论三教，儒道之高者，始能与佛理相通，皆是
菩萨影现，行权方便耳。"④

　　杨文会有深厚的传统文化根基，在他究心佛学之后，反身观照传统
文化，抓住儒、道二家对其作系统的评判工作，从华严圆融无碍的理念
立论，援儒、道入佛，融会三教，反映了他在近代佛学方面所能达到的
认识水平，也反映了破旧迎新时代思潮的一个侧面。

---

① 杨文会：《阴符经发隐》，《杨仁山居士遗著》第6册，南京金陵刻经处1919年版，第70页。
② 杨文会：《与陈南陔书》，刘梦溪主编：《中国现代学术经典·杨文会卷》，河北教育出
　　版社1996年版，第97页。
③ 杨文会：《与沈雪峰书》，刘梦溪主编：《中国现代学术经典·杨文会卷》，河北教育出
　　版社1996年版，第100—101页。
④ 杨文会：《代陈栖莲答黄掇焦书二》，刘梦溪主编：《中国现代学术经典·杨文会卷》，
　　河北教育出版社1996年版，第121—122页。

　　唐文权先生评价杨文会在佛学方面的成就，认为"他在佛教的学理学说方面自成一家的重要建树，更足以保证他成为（清末佛教革新）运动无可置疑的导师"。[①] 这个评价过高而失实。梁启超的评价较平实，他说："清僧亦无可特纪者，惟居士中差有人，晚有杨文会者，得力于'华严'，而教人以'净土'，流通经典，孜孜不倦，今代（指近、现代）治佛学者，十九皆闻文会之风而兴也。"[②] 梁氏提示三点：一是学理上"得力于华严宗，教人躬行净土宗法门，贡献在居士佛学"；二是刻经、传经方面，成就巨大；三是近现代的学者研究佛学受文会之影响，所谓"闻文会之风而兴"。梁氏断言："唐以后殆无佛学。"[③] 话说得过于绝对化，但他提出的三条理由也反映了唐以后佛学发展的一些实际状况：一是禅宗取得压倒一切的支配地位，其他诸宗衰微，佛教内部由多元而走向一宗独断，失去了进取的生机；二是宋以后儒佛合流而产生道学，佛学被引入了儒家的学理框架之中；三是佛教界乏才，难得水平极高的高僧，佛学理论处于衰退之中。明末，虽有莲池、妙峰、憨山、蕅益诸名僧，但学术水平则难与六朝、隋唐诸高僧比肩，杨文会也未达到他们的水平。

　　杨文会对佛学的贡献有三个方面：一是华严、法相二宗在宋代已灭亡，杨文会在近代大力提倡，使二宗得以复兴，特别是法相唯识，影响近现代几代学人，一时成为中国哲学的主流。从这方面看，杨文会功莫大焉；二是宋以后天台宗、禅宗分为多种派别，互相攻击。杨文会认为中国佛教各宗各派的长期纷争，对于近代佛教的振兴不利，他对禅宗持批评态度，对天台宗也不赞可，他由净土而华严摄融佛教内部各宗派学

---

① 唐文权：《杨文会与清末佛教革新运动》，《中国文化》1995 年第 1 期。
② 梁启超：《中国佛法兴衰沿革说略》，张品兴主编：《梁启超全集》第 7 册，北京出版社 1999 年版，第 3722 页。
③ 梁启超：《中国佛法兴衰沿革说略》，张品兴主编：《梁启超全集》第 7 册，北京出版社 1999 年版，第 3721 页。

说，以契合社会人心、西学东渐后兴起的社会思潮；三是功在居士佛学，而使之成为灿烂辉煌的学派。居士佛学包括社会各阶层的信佛者。因此，它的范围极其广泛，人数也比住寺僧人多得多，既有名卿宿儒，也有黎民庶子，而居士学在中国上流社会特别发达，特别是近代佛教居士，绝大多数是有一定政治地位或学术地位的宰官大夫。他们政治、经济上全力扶持僧团，开展民间的佛教活动，利用自己较高的文化修养，撰写各种佛教佛学著作，不仅推动了佛教在近代的振兴，更为重要的是他们还积极投身到变法、救亡的社会活动中去，把原来追求内在超越的佛学推向关注国家兴亡、社会政治和人生问题的经世之学转化，使得反映它们的种种实相虚相的文化思想和宗教哲学等意识形态也相应谐变，把爱国与爱教、出世与入世结合起来，开中国佛教的新局面。这是杨文会创办金陵刻经处、"祇洹精舍""佛学研究会"，大力推行居士佛学的最大功绩。

第二节　金陵刻经处超越宗教的革新意义

1866 年，金陵刻经处在南京创立。这是中国近代佛教复兴运动的真正起始点，杨文会亦因此而成为中国近代佛教复兴运动的开创者。此后的四十五年，他在刻印佛教经典和创办僧人学堂这两个方面的突出贡献，足以奠定他在清末佛教革新运动中的领袖地位。

一、刻经与办学的"中学"背景

两次鸦片战争引起"古今中外之大变局"。所谓"古今中外"，实际上主要是"中外"即"中西"问题，实质上是西方近代思想文化与中国专制时代的思想文化之争。"中国思想文化即包括'古今'，所谓'今'，就是近代以来的新学，主要是向西方学习而产生的资产阶级思想文化，因而与中国古代即封建时代的旧学发生冲突。所以，新学与旧学之争，主要是西学与中学之争。……随着外国资本主义的入侵，打开中国大门，西方文化传入中国，即所谓'西学东渐'。西方国家不仅有坚船利炮，其近代科技和思想文化也优越得多，直接威胁到中国的专制统治，威胁到中国的存亡。"① 鸦片战争以后，中国的"先进分子为挽救国家危亡而向西方学习，引进西学，而专制统治者宁可割地赔款，也不肯改变为其安身立命的君道臣节、名教纲常及跪拜礼节，不愿作什么改革，引起中西学的激烈冲突。所以学校与科举之争、新学与旧学之争、西学与中学之争，实质上是西方近代思想文化和中国专制时代的思想文化之争。"②

杨文会刻经与办学也是在这一大背景下进行的，必须把他的振兴佛学纳入"西学与中学之争"这一大的历史背景与大的中国近代思潮框架内来认识、探讨，才能看出它与传统佛教的区别，看出它吸纳西方近代思想文化（包括近代科技）的"新"的价值。

传统佛教文化属于专制时代思想文化的组成部分。在中国历史上佛教作为外来文化自东汉末年由印度佛教输入，经过魏晋南北朝至隋唐已纳入中国传统文化的基本结构，为专制统治所利用。大乘的教下三家（天台、华严、法相）完全是中国化了的。时至晚清，专制王朝已至穷途末路，依附于清王朝的佛教伴随着专制统治的衰败而衰败，是必然的命运所至。梁启超曾一针见血地指出，佛教"入清转衰，清诸帝虽皆佞佛，然实政治作用，于宗教无与，于学术益无与也"。③

杨文会作为"先觉者"，认识到佛教要振兴，唯有对外吸纳西学

① 丁守和：《中国近代思潮的思考》，《中国近代思潮论》，广东人民出版社2003年版，第54页。
② 丁守和：《中国近代思潮的思考》，《中国近代思潮论》，广东人民出版社2003年版，第54—55页。
③ 梁启超：《中国佛法兴衰沿革说略》，张品兴主编：《梁启超全集》第7册，北京出版社1999年版，第3722页。

（主要是自然科学），对内打破儒家的一统天下，并从佛教自身的基因中寻找"普度""利他"的救世因素，加以改铸，与先进分子掀起的救亡思潮合流，把中国传统佛教变成与欧洲现代思潮汇合时期的佛教，才有希望。作为较长时期身处欧洲的杨文会，对西方资本主义社会的考察、感受，以及他对西学（包括近代的自然科学和人文科学）的直接了解，无疑与那些未出国门、拘守寺院的僧人、学者相比，其认知结构中有了西学而优胜得多。他以西学比照中学，对传统文化中的儒、释、道不适应社会发展的一面也看得清楚些。

因此，对振兴佛教他只抓刻经与办学两件大事。要刻经，因为他认识到"末法世界，全赖流通经典，普济众生"①"欲求振兴，惟有开设释氏学堂，始有转机"。② 这种认识是基于对中国近代社会变革与传统佛学的衰落腐败的正确估计而产生的。他在《支那佛教振兴策一》中说："我国佛教，衰坏久矣，若不及时整顿，不但贻笑邻邦，亦恐为本国权势所夺，将历代尊崇之教，一旦举而废之，岂不令度世一脉，后人无从沾益乎？"③

佛教之衰坏，就经典而论，太平天国战争期间，太平军所到之处不仅焚毁儒典、孔庙，对佛典、佛寺也一律焚毁之。战后，明代以前所刻藏经大多散坏，《嘉兴藏》当时已毁于兵火，《南藏》之板片多已朽烂，清刻《龙藏》乃朝廷颁赐大寺院藏经楼收藏，普通僧众很难寓目。因此，佛教经典的刻印并使之广泛流通，已成为当时振兴佛教与争取信众的关键之一。僧众不读经典导致近乎佛盲。杨文会说："禅门扫除文字，单提'念佛的是谁'一句话头，以为成佛作祖之基，试问三藏圣

---

① 方广锠：《杨文会的编藏思想》，《中华佛学学报》2003 年第 13 期。

② 杨文会：《般若波罗蜜多会演说一》，刘梦溪主编：《中国现代学术经典·杨文会卷》，河北教育出版社 1996 年版，第 27 页。

③ 杨文会：《支那佛教振兴策一》，刘梦溪主编：《中国现代学术经典·杨文会卷》，河北教育出版社 1996 年版，第 21 页。

教有是法乎？此时设立研究会，正为对治此病。"① 加之清代统治者欲利用佛教，于乾隆年间正式废除度牒制度后，僧尼数量剧增，真妄良莠丛生，佛寺戒律废弛而寺僧的品德下降，秽行、恶行时有发生，严重影响到佛门形象。杨文会说："盖自试经之例停、传戒之禁驰，以致释氏之徒，无论贤愚，概得度牒。"② 并认为这是佛教传入中国后"第一隳坏之时"。杨氏反对"无论贤愚，概得度牒"的做法，因为其恶果是，"以致释氏之徒"，"于经律论毫无所知，居然作方丈，开期传戒。与之谈论，庸俗不堪，士大夫从而鄙之，西来的旨，无处问津矣"。③ 要改变这种现状，杨氏说："今欲振兴，必自开学堂始。"④

　　杨文会刻经与办学的另一个极为重要的背景是太平天国运动。洪秀全皈依基督教，创立拜上帝会，组织起一批拥有武装的反抗力量，于1851 年发动金田起义，一直打到南京，部分势力发展到长江以北。太平天国运动是中国封建社会及其统治思想——儒学临近终结面对危机的产物。它不像以往农民起义领袖从传统的民间宗教中寻找造反的神秘启示，而是从西方基督教中找到反抗封建专制王朝的精神武器，也就是说他借用的是西方的基督文化，而暴力矛头指向的不仅是专制王朝，而且也指向维护它的传统文化，特别是儒家的礼教与道统。曾国藩以保卫名教、接续道统为旗号，罗织大批经世儒生成为湘军运筹指挥的中枢，清政府正是依靠这批儒家经世派才得以暂时起死回生，出现了所谓的"同治中兴"。曾国藩士集团镇压太平天国的胜利，并不能证明儒术的

---

① 杨文会：《佛学研究会小引》，刘梦溪主编：《中国现代学术经典·杨文会卷》，河北教育出版社 1996 年版，第 25 页。
② 杨文会：《释氏学堂内班课程刍议》，刘梦溪主编：《中国现代学术经典·杨文会卷》，河北教育出版社 1996 年版，第 22 页。
③ 杨文会：《释氏学堂内班课程刍议》，刘梦溪主编：《中国现代学术经典·杨文会卷》，河北教育出版社 1996 年版，第 22 页。
④ 杨文会：《般若波罗蜜多会演说四》，刘梦溪主编：《中国现代学术经典·杨文会卷》，河北教育出版社 1996 年版，第 29 页。

"治国功效"，他们办"洋务"，采用西方近代的军事科学技术是其成功的一个关键性的条件，他们恰是"师夷之长技"以"制民"的胜利。这种胜利并不能从根本上扭转专制王朝溃颓的命运。

而跟随曾国藩镇压太平天国运动的杨文会，却在"天京"陷落、清政府暂时摆脱危机的历史表象下，看到了王权危机正在日益扩大。他从太平天国摒弃儒家文化中悟到了儒学所面临的必然崩析的命运，而毅然皈依佛教。杨文会并不赞成洪秀全利用西方基督教创立的拜上帝会，但他由于受到强烈的冲击而产生的文化危机感，并因此成为他的佛教革新的一大动力也是不言而喻的。杨文会并没有像官僚阶层与地方绅士那样痛恨太平天国摧残儒学。这说明在近代西学东渐、儒学倾颓的时势之下，作为佛教复兴先驱者的杨文会已不屑于隐晦自己的面目，与保卫名教、接续道统的儒家人物判然划界自立了。洪秀全援耶叛儒而最后又陷于儒以失败告终的历史，为杨文会思考传统文化提供了借鉴，使他援儒入佛，会通中西，从统治阶级的营垒里游离出来。

另外，废寺兴学风潮也是杨文会办僧学的一个不可忽视的社会背景。中国的寺院经济自南北朝时期产生，到唐代中期得到膨胀性发展——天下公私田宅，多为僧寺所有。唐朝僧寺拥有大量庄田，已成为民生的大害之一。延续到清末，全国占有成千上万亩土地的寺院并不少见。1898 年张之洞提出改寺院为校舍和取寺财为学费的主张，具体做法是："大率每一县之寺观，取什之七以改学堂，留什之三以处僧道。其改学堂之田产，学堂用其七，僧道仍食其三。计其田产所值，奏明朝廷旌奖。僧道不愿奖者，移奖其亲族以官职。如此，则万学可一朝而起也。以此为基，然后劝绅商捐资以增广之。"① 此议一出，各地纷纷掀起废寺兴学风潮。本来是一项利国益民的善政，可各地实行起来，却成为贪官劣绅土豪们借以侵吞寺产之工具。他们煽动起驱僧、毁像、占

---

① 张之洞：《劝学篇》，华夏出版社 2002 年版，第 93 页。

庙、提产诸种横暴的歪风，严重打乱了佛教界的正常秩序。尽管清政府对此也有禁饬，但令行不止，愈演愈烈，到筹备立宪自治时期，各地又掀起大规模地抢占寺产的风潮。佛教界将占寺产比之为历史上的"三武一宗"（北魏太武帝、北周武帝、唐武宗和后周世宗）毁佛之灾。

在废寺兴学风潮中，杨文会一方面从维护佛教的利益出发，表示反对，这就是他说的"恐为本国权势所夺"，"一旦举而废之"① 的犹虑。另一方面兴学之举与佛教普度众生的本旨相应，理应同情支持，他说："为今之计，莫若请政务处立一新章，令通国僧道之有财产者，以其半开设学堂，分教内教外二班，外班以普通学为主，兼读佛书半时，讲论教义半时，如西人堂内兼习耶稣教之例；内班以学佛为本，兼习普通学，如印度古时学五明之例。如是，则佛教渐兴，新学日盛，世出世法，相辅而行，僧道无虚縻之产，国家得补助之益，于变法之中，寓不变之意。酌古准今，宜情宜理，想亦留心时务者所乐为也。"②

杨文会这种利用寺产办学，僧学与新学并举，既使"僧道无虚縻之产"，又使"国家得补助之益"。对佛教来说，既是谋求应变自保的一项温和折中的措施，也是顺应清末教育改革诸新政以推动佛教革新、培养新的僧才的有效办法。从清末的社会变革来看废寺兴学风潮，"无论参与者主观动机如何，在客观上却是对寺院财产继承法规的沉重打击。而因缘相生的僧教育兴起，则在推进近代僧学进步的同时，有利于突破世袭的法嗣制度"。③ 把杨文会创办"祇洹精舍"和"佛学研究会"以及由此带动起大范围的僧界兴学，并把它与整个国家民族救亡图存的时代主题联系起来看，"它们都与辛亥革命准备时期挣脱封建宗

① 杨文会：《支那佛教振兴策一》，刘梦溪主编：《中国现代学术经典·杨文会卷》，河北教育出版社 1996 年版，第 21 页。
② 杨文会：《支那佛教振兴策一》，刘梦溪主编：《中国现代学术经典·杨文会卷》，河北教育出版社 1996 年版，第 21 页。
③ 唐文权：《杨文会与清末佛教革新运动》，《中国文化》1995 年第 1 期。

法制度束缚的时代大运会相应不悖"。①

二、刻经办学的"西学"背景

以杨文会为首的佛教界发动的佛教革新运动除了与"中学"的关系，即与中国专制时代的思想文化之联系与悖逆之外，与西学的关系，即与欧美、日本诸国社会制度、宗教文化以及其对中国推行殖民主义暴力活动的深化程度的联系又怎样呢？

首先是西方的宗教（天主教、基督教）在华传播对中国本土的佛教、道教构成威胁。杨文会看到的西方国家不仅有坚船利炮，而且其近代科技和以宗教为主体的思想文化也随着兵舰打进中国的大门。鸦片战争以后，与列强签订的不平等条约中（如《中法新约》）规定传教士可以入内地自由传教并建造教堂。于是，大批的西方传教士来到中国，深入内地城乡，数以千计的教堂、学校和慈善机构在几年内遍布各地，给佛教以严重的挑战。相形之下，西方传教士不仅具备其本宗教的神学素养，还具有近代自然科学知识，这是佛教僧众难以与之抗衡的。西方基督教的传入和发展，不仅为中国人提供了一种崭新的信仰方式，也刺激了佛教作为本土信仰的发展。面对这种强大的异端力量，杨文会等必然要采取应对举措，于是他们奋起刻经弘法和设学育才，以振兴佛教。因为他们意识到刻经、办学与救国护教之间的密切关系，或者说，在西方异教入侵威胁到佛教生存的时候，他们奋起护教，对国家民族也是具有救亡图存的意义。

随着舰炮进入中国的不仅是西方宗教，日本的宗教势力也在中国抢占地盘。从 19 世纪 70 年代开始，日本净土真宗中的东本愿寺派和西本愿寺派在上海、苏州、杭州、南京等地先后设寺兴学。甲午战争以后，日本加紧了对中国侵略的步伐，派遣一批强大有力的"开教使者"来

---

① 唐文权：《杨文会与清末佛教革新运动》，《中国文化》1995 年第 1 期。

华极力扩大其传教范围。他们由江浙闽粤等江南地区向西进入鄂豫，向北到河北、东北各省。作为文化侵略者，日本的"开教使者"与西方传教士一样，除了广开教堂、滥收教徒的宗教活动外，也不离殖民主义的本行，干预中国内政，挑唆教民制造事端。日本净土真宗这种同文同种同教的"东洋货"在华的膨胀性的传播与发展，更易使中国爱国护教的佛教徒产生巨大的危机感。

　　此外，就国际环境而言，中国近代佛教的振兴也"是对欧美佛学流行和日本佛教振兴的一种积极回应"。① 18 世纪末，西方殖民主义国家向亚洲扩张势力，他们需要武力与文化两种手段，因此，西欧各国政府鼓励对东方文化、宗教进行研究，而儒学与佛学是研究的两大重点。英、法、德、美诸国先后成立了专门研究机构，对印度巴利文和梵文、伽罗文进行研究，收集和翻译佛教经典，如法国的东方学家鲍诺夫把梵文《妙法莲华经》译成法文；英国佛学家李斯·达维斯夫妇把巴利语三藏和注疏用罗马文刊出，并将其中一部分译成英文；德国的奥登堡和纽曼将巴利文《阿含经》全部译成德文；美国的哈佛大学发起《东方丛书》的编译工作。尤其是日本，在明治维新之后曾发生"废佛毁释"运动，一度使日本佛教面临困境，而迫害引起佛教各宗各派奋起护教护法，致力于创设佛教学校，而后又升格为宗门大学。与此同时，日本佛教又积极派遣优秀人才赴欧学习，到 19 世纪末 20 世纪初，日本佛学界涌现出一批杰出的佛教学者，如村上专精、井上圆了、织田德能、铃木大拙、木村泰贤、宇井伯寿、羽溪了谛等人，"或绛帐授徒撰写论著，或编印佛刊纂辑续藏，共同把日本的佛学研究搞扬得光焰四射，辉煌一时，造成了日本佛教的一派兴旺气象"。② 这就是杨文会说的："日本佛寺，亦扩充布教之法，开设东文普通学堂，处处诱进生徒。近日创设东

---

① 唐文权：《杨文会与清末佛教革新运动》，《中国文化》1995 年第 1 期。
② 唐文权：《杨文会与清末佛教革新运动》，《中国文化》1995 年第 1 期。

亚佛教会，联络中国、朝鲜，以兴隆佛法，犹之西人推广教务之意也。"① 这也是他说的中国佛教不振兴将"贻笑邻邦"的国际背景。

这里特别要提到的是日本佛教学者南条文雄，他与笠原研寿于1876 年赴英国师事牛津大学米勒教授研习印度佛教原典。杨文会在出使英国时与之结交，归国后，2 人书信往来，专谈佛学，由此得知在中国早已佚失的佛教经论却在日本仍在流传。在南条文雄等人的帮助下，杨文会从日本、朝鲜等处，购得中国失传的历代重要经论注疏与高僧论著二百八十余种，择要刻印出来。同时，杨氏也为日本藏经书院刻印的《续藏经》选目提出极有价值的增删意见，并在国内多方为之搜集秘籍善本，以供给《续藏经》编选用。与南条文雄的交流，使杨文会了解了日本大力推行僧教育、培养人才的实际情况，成为他创办僧学的动因之一。

三、刻经弘法和设学育才的成就

1866 年杨文会移居南京，结识了一批佛学同好，如王梅叔、魏刚纪、曹镜初等。他们经常在一起切磋佛学，深感当时佛教之所以衰微，与佛教典籍的散佚、经版的毁灭、大藏经流通的不便等有着直接的关系。因此，恢复刻经事业，刻印方册本佛经，以便广泛流通。为此，杨文会亲自拟定章程，集合同志十余人，分别劝募刻经，创立了金陵刻经处。同时赞助杨氏刻经事业最有力的郑学川在扬州成立了江北刻经处，曹镜初又在长沙成立了长沙刻经处等。"这几处刻经处以金陵刻经处为中心，根据统一的刻经版式和校点体例，互相分工合作，为近代佛教典籍的刊刻，做出了重要的贡献。"②

---

① 杨文会：《支那佛教振兴策一》，刘梦溪主编：《中国现代学术经典·杨文会卷》，河北教育出版社 1996 年版，第 21 页。
② 杨文会：《杨仁山居士小传》，刘梦溪主编：《中国现代学术经典·杨文会卷》，河北教育出版社 1996 年版，第 4 页。

　　金陵刻经处成立后，杨文会四处搜求散佚的佛典，还从日本寻回多种我国久已失传的隋唐古籍注疏，如《中论疏》《百论疏》《三论疏》《唯识述记》《华严策略》等，还从朝鲜访得《华严三昧章》等。他全身心地投入刻经事业，苦心孤诣，惨淡经营四十余年，流通经典至百余万字，印刷佛像至十余万张。所刻经典，都经过精心挑选，校勘谨严、刻工精致。他曾发愿要校刻《大藏经》一部，另为初学者刻《大藏辑要》一部，计划刻印 460 种，3300 卷，并选编藏外重要遗著若干种。虽未能全部如愿，但就已刻印出版的《大藏辑要》即达 3320 卷，共460 部，完成了原计划的五分之四以上。这部规模宏伟的佛典集成，包括各宗各派的重要经论及注疏、历代古德重要著述及宋元以后的重要佚著。

　　杨文会屏绝世事，专力刻经，经他校刻的经版四万多片。为了收藏这些经版，发展刻经事业，杨文会将南京延龄巷私宅捐献给金陵刻经处，作为永久流通经典的场所，"为烦恼海中设一慈航，普度含灵"。①

　　杨文会主持刊刻的佛典，不仅包含了许多宋元以后的重要佚著，而且对所刻典籍都做了十分精审的选择、校勘和句读。因此从版本学上讲，金陵刻经处（包括江北刻经处、长沙刻经处等）所刻的方册本佛典，具有很高的学术价值，是我国近代一部重要的佛典版本。

　　杨文会在孜孜不倦刻经的同时，还大力倡导佛教教育，培育僧才。杨氏对当时国内僧侣"不学无术，安于固陋"②的状况很不满意，认为要振兴佛教，必须"自开学堂始"。③为此，他曾亲自订立了一个"释氏学堂内班课程"计划，主张"仿照小学、中学、大学之例，能令天

①　杨文会：《与李质卿书》，刘梦溪主编：《中国现代学术经典·杨文会卷》，河北教育出版社 1996 年版，第 118 页。
②　杨文会：《杨仁山居士小传》，刘梦溪主编：《中国现代学术经典·杨文会卷》，河北教育出版社 1996 年版，第 5 页。
③　杨文会：《杨仁山居士小传》，刘梦溪主编：《中国现代学术经典·杨文会卷》，河北教育出版社 1996 年版，第 5 页。

下僧尼，人人讲求如来教法，与经世之学互相辉映，岂非国之盛事乎？道家者流，虽人数无多，亦可仿此办理，是在随时斟酌耳"。① 并且认为，只有受过这种教育的僧尼"酌定三级课程：先令其学习文理，然后教以浅近释典，约需三年，学成者准其受沙弥戒，是为初等；再令学习稍深经律论，三年学成，准其受比丘戒，给牒，是为中等；此后应学深奥释典，及教律禅净专门之学，三年之后能通大意，讲解如流者，准其受菩萨戒，换牒，是为高等。聪慧之流，九年学成，具受三坛大戒，方能作方丈，开堂说法，升座讲经，登坛传戒，始得称为大和尚"。②

经过多年的努力，杨文会于 1908 年在金陵刻经处开办佛教学堂，即著名的"祇洹精舍"，招收僧俗学生二十余人。他手订课程，编定课本，撰写章程，在佛学课程外，又设普通课程有本国文理、史地、算法、梵文、英文、日文等。他自任《大乘起信论》讲授，还聘请当时名僧谛闲法师主讲名宗教理，李晓暾教国文，苏曼殊教英文和梵文。可惜祇洹精舍只办了两年，即因经费短缺而停止。1910 年，杨文会又发起组织佛学研究会，秉承祇洹学脉，继续弘法育才。他自任会长，每周讲经一次。当时的社会名流、学界骏足、诚信居士，纷纷从四方奔凑于杨氏之门。

杨文会创办的祇洹精舍与佛学研究会，培养出许多僧俗人才，著名者如谭嗣同、桂伯华、黎端甫、章太炎、谢无量、梅撷云、李证刚、欧阳渐、太虚、释仁山等，对复兴佛学、振兴佛教产生了深远的影响。随后太虚又创办武昌佛学院，奔走于国内外倡导"佛教复兴运动"，宣传"人间佛学"。欧阳渐受嘱在杨氏身后主持金陵刻经处，后又创办支那内学院，培养出汤用彤、吕澂、熊十力、刘定权、王恩洋、黄忏华等卓

---

① 杨文会：《释氏学堂内班课程刍议》，刘梦溪主编：《中国现代学术经典·杨文会卷》，河北教育出版社 1996 年版，第 22 页。

② 杨文会：《释氏学堂内班课程刍议》，刘梦溪主编：《中国现代学术经典·杨文会卷》，河北教育出版社 1996 年版，第 22 页。

异的佛学人才。后来梁启超、汤用彤、梁漱溟、熊十力等又使佛学走向大学讲坛，为近代中国培养了一大批佛学研究人才。

四、杨文会对佛教振兴的贡献

杨文会不愧为近代佛教的先觉者，近代复兴佛学的一代宗师。他创办的金陵刻经处与祇洹精舍在近代刻经弘法和设学育才方面是功德无量的。金陵刻经处乃是我国近代佛教史上第一家由居士创办的佛教文化机构，佛教的复兴和发展是以它为中心推向全国的。欧阳渐在《杨仁山居士传》中对乃师的业绩归纳为十个方面："一者，学问之规模弘扩；二者，创刻书本全藏；三者，搜集古德逸书；四者，为雕塑学画刻佛像；五者，提倡办僧学校；六者，提倡弘法于印度；七者，创居士道场；八者，舍女为尼，孙女、外甥女独身不嫁；九者，舍金陵刻经处于十方；十者，舍科学伎艺之能而全力于佛事。"① 对杨氏一生行谊归纳诚然全面，但仍局限于佛教之框架内，而且也是就事论事而已。

笔者认为评价杨文会应该看到他超越佛教范围对我们国家民族所作出的贡献，要看到他在清末革新运动中所做的一切"具有世界眼光者"方面，即他援西学入中学，将时代性和世界性作为两个重要的元素带入他的刻经与办学事业中去。这在中国近代社会以杨氏为第一人。杨文会两度出国，前后共达7年之久，因而在他的思想中吸收了许多西学的新鲜东西，我们应对其作充分的评价。

第一，杨文会援西学入佛学，主张佛教革新，反对墨守旧规成法。他在《阐教篇·阐教刍言》中说："一切教规，概不更动，但将舍圣道之语，隐而不言，不过少小转移之间，便成契理契机之教。或以违祖训为疑，而不知非也。且以世法论之。五伯之子孙，岂不能学三王？三王

---

① 欧阳渐：《杨仁山居士传》，刘梦溪主编：《中国现代学术经典·杨文会卷》，河北教育出版社1996年版，第450页。

之子孙，岂不能学二帝？以出世法论之，声闻之门徒，岂不能学缘觉？缘觉之门徒，岂不能学菩萨？此理不待辩而明矣。若必守成法而不许变通，则地球各国，亦不能有维新之气象矣。"① 他办僧学吸收西学，主张"世出世法，兼而习之"，"惟愿善学者不为成法所拘，则妙契佛心，允为如来真子矣！"② 这样做法，"人才辈出，何可限量？"③ 他肯定"近时泰西各国办理庶务，日求进益，总不以成法为足"④ 的先进之变法进益精神。他创办的祇洹精舍，也不是纯乎宗教性质的，分为"内班与外班"，希望学者兼通中西文。他倡导各省开设释氏学堂，"如西人堂内兼习耶稣教之例"⑤，仿照西方普通教育体制中的"小学、中学、大学之例"，"先令其学习文理，然后教以浅近释典"⑥，三年一个台阶，由初等到中等再到高等。僧学"与经世之学互相辉映"，则为"国家之盛事"⑦。这样打破传统常规，吸纳西方新思想，兴办佛教教育事业，开一代居士佛学之新风，培养出僧、俗二界的卓异人才。

就祇洹精舍与佛学研究会的影响而论，其影响不只局限于佛教界，还向政界、知识界渗透，把教内与教外、治心与治世、传统与革命、护教与救国沟通起来，从而影响了当时的社会变革。

第二，杨文会在会通佛学与西学的关系中，特别重视西方近代自然

---

① 杨文会：《阐教刍言》，刘梦溪主编：《中国现代学术经典·杨文会卷》，河北教育出版社1996年版，第228页。
② 杨文会：《阐教刍言》，刘梦溪主编：《中国现代学术经典·杨文会卷》，河北教育出版社1996年版，第229页。
③ 杨文会：《阐教刍言》，刘梦溪主编：《中国现代学术经典·杨文会卷》，河北教育出版社1996年版，第229页。
④ 杨文会：《评真宗教旨》，刘梦溪主编：《中国现代学术经典·杨文会卷》，河北教育出版社1996年版，第229页。
⑤ 杨文会：《支那佛教振兴策一》，刘梦溪主编：《中国现代学术经典·杨文会卷》，河北教育出版社1996年版，第21页。
⑥ 杨文会：《释氏学堂内班课程刍议》，刘梦溪主编：《中国现代学术经典·杨文会卷》，河北教育出版社1996年版，第22页。
⑦ 杨文会：《释氏学堂内班课程刍议》，刘梦溪主编：《中国现代学术经典·杨文会卷》，河北教育出版社1996年版，第22页。

科学。他两次出使欧洲到伦敦、巴黎等地考察，并用其薪金的大半购买仪器与机械图纸。他对西方自然科学的接受与传播，在客观上适应了洋务运动的时代潮流，也是作为晚清思想界伏流的佛学的一个鲜明特色。1897 年 5 月，杨文会与谭嗣同、刘聚卿、茅子贞等人，在南京创立了金陵测量会，并凑集了二三十种测量仪器。他自回国后就从事这方面的研究，研制出"天地球仪"和一种适合中国用的舆图尺，他还著有《天地球图说》，供各学堂使用。他颇感慨地说："欧洲各国政要，工商莫不有学。我国图强应从科学文化切实处下手，不可徒求其表也。"①

　　杨文会一面研究、普及科学教育，一面又用西方自然科学诠释佛说。他用有关电学和极光、地裂、火山等物理地学知识来解释佛经上的"风金相摩，故有火光，为变化性"② 之说，认为"变化性者，以电气最能变化物质故也"。③ 他用近代天文学知识解释佛经上的三千大千世界"无量无数"④ 之说。他肯定近代科学所证地球形状与佛说相一致，地球是圆形的。总之，他以西方自然科学知识来诠解佛教经典的义理，虽然也认为西学为"俗谛"，但仍能有助于"慧辨"而破除"愚迷"，以显佛说之"真谛"。

　　第三，杨文会对西方自然科学采取学习、研究、吸纳的态度，但对西方的哲学、宗教等人文科学则采取批评、贬抑的态度。他认为西方哲学与佛法根本不可同日而语，是"出世妙道，与世俗知见大相悬殊。西洋哲学家数千年来精思妙想，不能入其堂奥。盖因所用之思想，是生灭妄心，与不生不灭常住真心全不相应。是以三身、四智、五眼、六通

---

① 武华：《绿荫深处佛子归》，《佛教文化》1995 年第 5 期。
② 杨文会：《佛教初学课本》，刘梦溪主编：《中国现代学术经典·杨文会卷》，河北教育出版社 1996 年版，第 209 页。
③ 杨文会：《佛教初学课本》，刘梦溪主编：《中国现代学术经典·杨文会卷》，河北教育出版社 1996 年版，第 209 页。
④ 杨文会：《佛教初学课本》，刘梦溪主编：《中国现代学术经典·杨文会卷》，河北教育出版社 1996 年版，第 211 页。

非哲学家所能企及也"。① 因此，不能入佛法之堂奥。对于西方的宗教，他认为："基督天方之学，皆以事天为本，其源出于婆罗门，而变其规模也。婆罗门教最古，以大梵天为主，或有宗大自在天者，皆从人道而修天道，不出六凡之表。佛教兴，而婆罗门之明哲者，多从佛教。"② 他不接受西方宗教史学者以印度婆罗门教为佛教本源的说法，当然他也找不出多少史料来确证之，仅能说："利根上智，现证阿罗汉果，即出六凡而为四圣之初门，可见佛教非出于婆罗门也。"③ 他对宣扬基督教在儒、释、道三教之上的言论特别敏感。当时邓厚庵著有《观音阁语录》，称"上帝为太极之总纲，包羲为次总纲，儒释道为分见之总纲"。④ 杨文会认为"此等语言，为西教之先导，他日必有因此而舍三教，专崇基督教者，其害胜言哉！"⑤ 这等于说基督教在中国是文化侵略者。

第三节　杨文会与洋务、维新、革命诸派之关系

杨文会与洋务派的湘系、淮系的关系都很密切，他两次出使欧洲都是缘于这种背景，他出来做官也是缘于这种背景。杨文会出生的那年即1837年，其父杨朴庵参加乡试合格而成为举人，次年进而成为进士并

---

① 杨文会：《佛法大旨》，刘梦溪主编：《中国现代学术经典·杨文会卷》，河北教育出版社1996年版，第16页。
② 杨文会：《与夏穗卿书》，刘梦溪主编：《中国现代学术经典·杨文会卷》，河北教育出版社1996年版，第104页。
③ 杨文会：《与夏穗卿书》，刘梦溪主编：《中国现代学术经典·杨文会卷》，河北教育出版社1996年版，第104页。
④ 杨文会：《与黎端甫书》，刘梦溪主编：《中国现代学术经典·杨文会卷》，河北教育出版社1996年版，第114页。
⑤ 杨文会：《与黎端甫书》，刘梦溪主编：《中国现代学术经典·杨文会卷》，河北教育出版社1996年版，第114页。

供职于刑部，成为清朝高级官僚中的一员。曾国藩（1811—1872 年）恰好与杨朴庵同时成为进士，并共同服务于朝廷，这对后来的杨文会产生了很大的影响。

清末爆发了太平天国运动。1851 年，洪秀全（1814—1864 年）率领起义军从广西金田村北上，屡败清军，于 1853 年 3 月攻克南京，建立太平天国。自 1853 年起，清政府发布命令，要求全国各省地方官普遍举办团练。杨朴庵也于 1856 年应副都御使张芾的邀请，协助张芾办团练，杨文会亦随父同行，而且还参加了与太平军的战斗，表现得异常英勇。

1853 年 1 月 8 日，曾国藩被任命为湖南团练大臣，开始以湖南为基地招募乡民，编练湘军，同时物色才俊，建立幕府。曾国藩幕府的来源主要包括至亲好友、亲朋子弟、门生故吏等。由于父亲杨朴庵与曾国藩是同年的进士，且二人交好，杨文会作为曾国藩的“至亲好友”即好友杨朴庵之子而进入曾国藩幕府，协助曾氏料理军务，曾氏也因而得到杨文会许多超乎想象的帮助。湘军占领南京后，杨文会先后被委任董理金陵工程局、江宁筹防局和汉口盐局工程，深得曾国藩以及淮系将领李鸿章的信任。

曾国藩留给长子曾纪泽（1839—1890 年）的遗嘱中提到要重用杨文会。1878 年曾纪泽出使英、法时，杨文会以“书记生”亲信有朋的身份被选为随员。1885 年，清廷任命淮系人物刘瑞芬（1827—1892 年）为“出使英俄大臣”时，应刘瑞芬使召，杨文会随往英、俄等国，协助刘氏尽力维护国家利益。在走出国门之后，杨文会的思想也开始了新的变化。正是由于杨文会的两次出访，其与南条文雄才在英国伦敦相识，也才为近代中国佛教的振兴和发展起到了重要作用。

杨文会与维新派和革命派的关系是通过佛教革新运动联系在一起的。在杨氏左右，有一批活跃在戊戌和辛亥时期的思想文化界的头面人物，如谭嗣同、梁启超、章太炎，而他的佛门弟子太虚直接参与辛亥前

期的革命活动，再如乌目山僧黄宗仰、苏曼殊上人都曾结交革命党人参
与同盟会的革命宣传。

为什么活跃在戊戌和辛亥时期的思想文化界的头面人物会推崇杨文
会，特别是戊戌维新派那些被称作"新学家"的人物"殆无一不与佛
学有关系"① 呢？我们还得从杨文会说起。

杨文会的一生在思想文化上有两次"突围"。第一次突围发生在
1866 年父死、大病之后，他从儒家思想的藩篱中突围出来，金陵刻经
处的创立是突围后的一个标志。太平天国虽然被镇压下去，但他却从这
一重大历史事件中看出儒家思想已经失去经世致用的能力，他必须另觅
安身立命之地，而乱世必须"救心"才能挽回国运。他审视中国传统
文化，能"救心"者唯有佛教，所以，他决心从儒门跳出来，皈依佛
门。宋僧契嵩说："治心者不接于事，不接于事则善善恶之志不可得而
用也；治世者宜接于事，宜接于事则赏善罚恶之礼不可不举也。其心既
治，谓之情性真正，情性真正则与夫礼仪所导而至之者不亦会乎？"②
契嵩讲儒释互补、治心与治世统一，但是在近代中国传统社会行将解体
之时，依附于专制皇权的儒学也失去了"治世"的效用。

契嵩的时代，儒为中国文化的主流，而杨文会的时代是儒成末流。
所以，杨文会在精神荒原上怀着一种"宗教饥渴"去寻找安身立命之
地而皈依佛教。他相信宗教有"维持世道人心"的作用，他说："地球
各国，皆以宗教维持世道人心，使人人深信善恶果报毫发不爽，则改恶
迁善之心，自然从本性发现，人人感化，便成太平之世矣。"③ 而在各
种宗教中，他选择佛教，因为"佛教所以胜于他教者，在倡明真性不

① 梁启超：《清代学术概论》，刘梦溪主编：《中国现代学术经典·梁启超卷》，河北教育
　出版社 1996 年版，第 207 页。
② 宋契嵩：《寂子解》，《镡津文集》卷 8，《四部丛刊》影印常熟瞿氏铁琴铜剑楼藏明本。
③ 杨文会：《南洋劝业会演说》，刘梦溪主编：《中国现代学术经典·杨文会卷》，河北教
　育出版社 1996 年版，第 29 页。

灭"，"不造恶因，免受苦果，渐渐增进，以至成佛，则久远大梦，豁
然顿醒。自度功毕，度他不休，此乃佛教济世之方，与世间法相辅而
行，非虚无寂灭之谈也。更有深妙道理，须久阅内典，潜心体究，方能
领会，非一时所能演说"。①　杨文会在这里说的"世间法"非专指儒家，
而应指戊戌维新派推行的"新学"或曰"改良主义"，包含着西学的新
内容。这正是新学家与近代佛教革新运动汇流的接合点之一。由此，也
可以看出杨氏"以释氏之学治心"的目的是"为烦恼海（乱世）中设
一慈航，普度含灵"。②　"救心"乃佛教济世之方。

　　杨文会第二次突围是在他于 1889 年由英返国后，从专制体制统治
下的社会突围出来，是在他对国内外都有深刻认识之后作出的决定。在
国外，他看到："斯世竟争，无非学问。欧洲各国政教工商，莫不有
学。""泰西各国振兴之法，约有两端：一曰通商，二是传教。通商以
损益有无，传教以联合声气。"③　在国内他看到的是："吾国仿效西法，
不从切实处入手，乃徒袭其皮毛。方今上下相蒙，人各自私自利，欲兴
国，其可得乎？"④　因此，誓不复与政界往还。他从政界突围出来，看
到专制皇权统治的腐朽，坚决与之决裂的原因，更为重要的是出于他对
于佛教可以济世利民，有益于国家民族的认识。他以佛法观之，社会治
乱、国家兴衰之根本在于人心之善恶，治心乃是治本。"心也者，十界
圣凡所同具也。迷则万别千差，悟则平等一致，迷悟之机，即在'照
见五蕴皆空'一语耳。五蕴本空，非照之使空，乃照见其本空也。"⑤

① 杨文会：《南洋劝业会演说》，刘梦溪主编：《中国现代学术经典·杨文会卷》，河北教
育出版社 1996 年版，第 29 页。
② 杨文会：《与李质卿书》，刘梦溪主编：《中国现代学术经典·杨文会卷》，河北教育出
版社 1996 年版，第 118 页。
③ 杨文会：《支那佛教振兴策二》，刘梦溪主编：《中国现代学术经典·杨文会卷》，河北
教育出版社 1996 年版，第 21 页。
④ 杨仁山：《20 世纪佛学研究经典文库·杨仁山卷》，武汉大学出版社 2008 年版，第 394 页。
⑤ 杨文会：《〈心经浅释〉题词》，刘梦溪主编：《中国现代学术经典·杨文会卷》，河北教
育出版社 1996 年版，第 46 页。

　　杨文会通过这两次"突围"（儒学突围与官场突围），空掉一切外在的追逐，超越现实生活的牵累，化解掉生活中的苦恼，所谓"破开自己的囚笼"，直悟生命的本性、本真。这是一种有深度的开悟。佛教讲的"大慈大悲""救苦救难"不是什么口头禅，它需要一种终极的信念、信仰的支撑。杨文会通过两次突围，有了终极承担或终极献身精神，并且转化成人格，才能使"凡有真信仰者率皈依文会"①，才能激起一批以挽回国运的新学家们的同情与共鸣，才能获得教内一部分关心世事的僧众的敬仰与拥护。杨文会讲"五蕴皆空"，但在他经历了两次突围之后，并没有"空掉一切"，而始终与近代社会变革思潮息息相关。

　　1895 年 5 月 2 日，中国作为战败国与日本签订《马关条约》，巨大的"国耻"引发出震惊中外的"公车上书"事件。杨文会对此发表了自己的看法："世间治乱，莫能预知，然自冷眼人观之，则有可以逆料者。且就目前世界论之，支那之衰坏极矣。有志之士，热肠百转，痛其江河日下，不能振兴。然揣度形势，不出百年，必与欧美诸国并驾齐驱。何则？人心之趋向，可为左券也。不变法不能自存。既变法矣，人人争竞，始而效法他国，既而求胜他国，既求胜他国，年复一年，日兴月盛，不至登峰造极不止也。"②

　　杨文会的这种认识与当时维新变法派的观点是一致的。他在社会上广与维新人物结交，如谭嗣同、陈三立、沈曾植、庄蕴宽、桂伯华等。1896 年夏，谭嗣同来南京作候补知府。不久，便与杨文会结识，从其习佛学、西学，称其为"第二导师"。谭在杨的住处，完成了他最有代表性

---

① 梁启超：《清代学术概论》，刘梦溪主编：《中国现代学术经典·梁启超卷》，河北教育出版社 1996 年版，第 207 页。
② 杨文会：《观未来》，刘梦溪主编：《中国现代学术经典·杨文会卷》，河北教育出版社 1996 年版，第 19—20 页。

的著作——《仁学》。谭嗣同"自从杨文会闻佛法,其学又一变"。①
1897 年 9 月,谭嗣同等人在湖南创办了著名的时务学堂。杨文会不仅
支持儿子杨自新直接参与校务,而且还为时务学堂挑选了大量科学仪器
与各种图纸运往湖南,并积极推销《时务报》。在戊戌变法后几年内,
"刻经处在戊戌之后,匪独为佛学机关,实为一维新人物聚会之处"。②

　　杨文会与同盟会的革命党人也多有交往。同盟会会员余同伯、孙毓
筠都曾前往深柳堂杨文会居所叩谒居士,请益佛学。余同伯曾长期住在
刻经处,从杨文会居士学佛。后来孙毓筠于 1906 年从日本回南京运动
新军,响应萍醴起义,事泄被捕。孙氏被捕后,其眷属即隐藏在金陵刻
经处,并由杨文会居士照顾生活。另有亚髡法师,能书善绘,有抱负。
光宣之际,其云游江浙诸地,在江苏办过僧学堂,鼓吹革新佛教,常以
同盟会的宣传品,介绍僧众阅读,积极从事反清活动。当亚髡法师被当
局追捕时,杨氏不畏风险将其藏在刻经处。杨文会生前对于僧俗两界入
世救众的革命者极表同情并极力赞助。

　　了解了杨文会佛学思想入世救众以挽回国运的特征之后,我们再来
看新学家们与佛学的关系。新学家们"以己意进退佛说",就是说他们
并非是佛学"真信仰者",只是根据自己所从事的社会政治改良或革命
的需要,把佛家思想作为工具,加以重新解释或改造制作,以服务于自
己所从事的事业。他们以佛家思想来接应西方民主、民权、自由、平等
的资产阶级思想观念,通过近代佛学与西学的联系,作为一种思想武
器,纳入西方近代思想文化与中国专制时代的思想文化之争的框架内,
来与专制主义、顽固的守旧派死抱着的君道臣节、名教纲常作斗争。章
太炎说佛教"最恨君权","与恢复民权的话相合"③,"要有这种信仰,

---

① 梁启超:《清代学术概论》,刘梦溪主编:《中国现代学术经典·梁启超卷》,河北教育
　出版社 1996 年版,第 199 页。
② 杨国庆:《杨仁山新思想初探》,《东南文化》1997 年第 2 期。
③ 章太炎:《东京留学生欢迎会演说辞》,《民报》第 6 号,1906 年 7 月。

才能勇猛无畏，众志成城"，方可干出"光复诸夏"① 的事来。谭嗣同说："善学佛者，未有不震动奋厉而雄强刚猛者也。"② 梁启超宣扬佛教的 6 大优点，有一条是"乃平等而非差别"③，他用佛教的"真如"去解释德国哲学家康德、费希特学说中的"真我"，认为"康氏思想大近佛学"。④ 佛家思想被章太炎说成是激励国民道德的利器："民德衰颓，于今为甚。姬孔遗言，无复挽回之力，即理学亦不足以持世，……自非法相之理，华严之行，必不能制恶见而清污俗。"⑤ 新学家们"以己意进退佛说"的作用，驱散了笼罩在大乘佛教入世路上的儒学阴影，化解了欧美某些启蒙思想，以对变法或革命理论进行建构。他们借助佛学接应西学，冲击儒教儒学。

杨文会说佛理具有浓厚的宗教色彩，所谓"真信仰"是宗教家的立场。而新学家们张扬"佛"具有明显的人格化倾向，强调的是人本主义，淡化了佛的神秘意识。他们立足于变革现实社会，处处"接于事"，关心"赏善罚恶之礼"。从这一基本立场出发，他们自觉地以国家民族的生存价值信念作为自己的精神支柱，认为只有自觉地承担起把现实社会引向富强、摆脱屈辱地位的神圣使命，个体生命才有意义。这种"担待意识"虽然来自传统儒学，却有鲜明的近代色彩。这就是他们不像宋儒那样"灭人欲"，而是接受西方文化的影响，坦然承认"人欲"是人性的合理内核，站在中西文化融汇的思潮中，把个体生命与民族命运纳入到人类整体命运的视野之中来考察。这样救亡图存的担待意识与佛教的"普度""慈悲"观念有了一个共同"拯溺""救世"的

① 章太炎：《东京留学生欢迎会演说辞》，《民报》第 6 号，1906 年 7 月。
② 蔡尚思、方行编：《谭嗣同全集》下册，中华书局 1981 年版，第 321 页。
③ 梁启超：《论佛教与群治的关系》，张品兴主编：《梁启超全集》第 2 册，北京出版社 1999 年版，第 908 页。
④ 梁启超：《近世第一大哲康德之学说》，张品兴主编：《梁启超全集》第 2 册，北京出版社 1999 年版，第 1054—1064 页。
⑤ 章太炎：《人无我论》，《章太炎全集》第 6 册，上海人民出版社 1985 年版，第 95 页。

接合点。正是在这个接合点上他们才能与杨文会等佛教革新家携起手来，彼此呼应，共同承担祖国的命运。新学家们也正是在这个接合点上去信佛、学佛，吸纳佛理中的"救世"养料，创立自己的思想体系与精神境界，在变革社会的大风大浪中获得一种超越个体超越现实的精神提升和进取力量。宋明道学"出入佛老"，是佛教被动地走向了儒家；而近代佛教则试着主动地以佛学来消化儒学。新学家的理论意图很明显，就是改造佛教的"出世"意识以及佛教教义中与社会脱离的超越观，把佛教纳入中国文化由传统向现代转型的轨道上，加强与西方文化的会通，构成一种"不中不西即中即西"的新学派、新文化。然而，佛教、儒家与西学到底是大异其趣的，新学家们的努力随着他们政治上的维新变法的失败而失败了。

新学家们虽然失败了，但他们的探索表明，在传统的封建社会秩序四分五裂的状况下，如果想通过一种有意义的方式使国家民族得到拯救的话，就必须进行一场真正有创造力的全新的文化重建运动。他们看到西方资本主义秩序与中国的封建秩序有天壤之别后，就不可能退回到以前的秩序中去。因此，他们试图创立一种新学问，一种最终在整个社会和全体国民意识中建立一种新秩序的学问。但他们作为近代史上由士大夫向现代知识分子转型的第二代（以康有为、杨文会为代表）、第三代（以谭嗣同、梁启超为代表）都无力完成这一使命，只有到了第四代（以陈独秀、胡适为代表）提出科学与民主，发动新文化运动，历史条件才成熟了。第四代完成了由士大夫向现代知识分子的转型，从他们开始才称得上是真正的现代知识分子。

笔者花这么大的篇幅来研究杨文会，实在是因为研究者夸大了他对近代佛教的贡献，而掩盖、忽视了他在中国近代文化史上的地位。他是一位带有居士佛号的近代革新家，他在近代文化史上的贡献并不比康有为低。

第 十 章
学术由传统向现代转变的
枢纽式人物——康有为

康有为（1858—1927 年），原名祖诒，字广厦，号长素，后改号更生、更牲，晚号天游化人，广东广州府南海县人。梁启超在《南海康先生传》中称康有为"其先代为粤名族，世以理学传家"①是溢美不实之词。康有为的家族中高祖康辉与祖父康赞修二人中过举人。康氏家族发迹是由康有为的从叔祖康国器开始，他募乡勇从湘军左宗棠抗击太平军起家，历任福建按察使、广西布政使、广西巡抚等职。康氏族中子弟随他从军得官，约十数人，家族由此"贵盛"。赞修因在国器幕府掌书记，得保举为候补知县。赞修屡应试不中，垂老始由举人大挑而得本省钦州学正。有为之父康达初在其 11 岁时病死。有为只得被祖父带到连州训导官舍，从事科举入门学习。14 岁被送回家乡入族塾。18 岁以前心气不定，学无所主。19 岁赴广东乡试，落榜后始有悔悟，便投名师朱次琦于同邑礼山草堂。有为由于幼年失父教，养成狂妄与霸气，就是梁启超说的"常有六经皆我注脚、群山皆其仆从之概""然常开人之所不敢开"②，后

---

① 梁启超：《南海康先生传》，张品兴主编：《梁启超全集》第 1 册，北京出版社 1999 年版，第 482 页。

② 梁启超：《南海康先生传》，张品兴主编：《梁启超全集》第 1 册，北京出版社 1999 年版，第 497 页。

来干出许多惊天动地的事业。"盖当前清时力主维新，举国目之为狂，至是（民国时期）力主守旧，举国又目之为怪云。"①

康有为是清末民初中国学术思想界最有影响的人物之一，又是在戊戌变法、辛亥革命等时代风云变幻的政治生活中引起诸多争议的人物之一。康有为于1888年以布衣伏阙上书，极论变法图强，而辛亥革命以后，他的思想又极端守旧，参加张勋的复辟活动，成立孔教会，一变而成顽固派。康氏思想行为的两极端，当时论者毁与誉亦相当悬殊。对其政治主张和政治活动虽然不能与他的学术主张和学术活动完全分开来，但是还是可以有所侧重地作分割研究。我们从学习思想史的视角来评价康有为，他确实有许多重大的开创和贡献，不能再采取简单的态度来对待，不能把属于学术文化层面的问题当作政治斗争问题看待。离开中国近代历史发展的前进潮流来评价康有为，很难得出平实公允的结论。

梁启超说，康有为对"汉学宋学，皆所吐弃，为学界别辟一新殖民地"，"则数千年来共认为神圣不可侵犯之经典，根本发生疑问，引起学术怀疑批评的态度"。②"而所生影响有二：第一，清学正统派之立脚点，根本摇动；第二，一切古书，皆须从新检查估价；此实思想界之一大飓风也。"③应当说，梁氏对乃师在学术上的评价并不为过。

第一节　新学家的代表人物

梁启超在《清代学术概论》中说："光绪间所为'新学家'者，欲

---

① 钱穆：《中国近三百年学术史》，刘梦溪主编：《中国现代学术经典·钱宾四卷》上册，河北教育出版社1999年版，第548页。
② 梁启超：《清代学术概论》，刘梦溪主编：《中国现代学术经典·梁启超卷》，河北教育出版社1996年版，第190页。
③ 梁启超：《清代学术概论》，刘梦溪主编：《中国现代学术经典·梁启超卷》，河北教育出版社1996年版，第188页。

求知识于域外，则以此（指当时翻译过来的西方科学书籍）为枕中鸿秘；盖'学问饥饿'，至是而极矣。……康有为、梁启超、谭嗣同辈，即生育于此种'学问饥荒'之环境中，冥思枯索，欲以构成一种'不中不西即中即西'之新学派。"① 这里对新学家的界定有五点：一是出现于"光绪间"（1875—1908 年）；二是"学问饥饿"至是而极；三是新学派主要指戊戌前后的主张变法维新的人士；四是新学派的学术特征是"不中不西即中即西"，即以其极幼稚之"西学"知识，与清初启蒙期所谓"经世之学"相结合；五是"别树一派，向于正统派公然举叛旗矣"。在这五个方面，唯须解释的是"学问饥饿"。这主要指在西方列强入侵、中西文化冲突日益剧烈深化的形势下，正统儒学失去统治能力，靠它无法救亡图存，挽回国运。"而外来之新思想（西学），又来源浅觳，汲而易竭。"② 这就是说，传统的学问不顶用了，但又不能彻底抛弃，而向西方学习，接受西方新思想需要有一个磨合、消化、创新的中国化的过程，拿来就用并不便当，况且"盖当时之人，绝不承认欧美人除能制造能测量能驾驶能操练之外，更有其他学问"。③ 于是乎，有"中学为体，西学为用"论，有"维新变法"论，对中学欲弃不能，对西学欲用有忌。在无比深刻的历史动荡和社会变迁面前，"对外（西学）求索之欲日炽，对内（儒学）厌弃之情日烈"④，形成 19 世纪后半期思想界的"饥饿"状态。

新学家产生的背景，梁启超也有明确交代：一是"'鸦片战役'以

---

① 梁启超：《清代学术概论》，刘梦溪主编：《中国现代学术经典·梁启超卷》，河北教育出版社 1996 年版，第 205 页。
② 梁启超：《清代学术概论》，刘梦溪主编：《中国现代学术经典·梁启超卷》，河北教育出版社 1996 年版，第 205 页。
③ 梁启超：《清代学术概论》，刘梦溪主编：《中国现代学术经典·梁启超卷》，河北教育出版社 1996 年版，第 205 页。
④ 梁启超：《清代学术概论》，刘梦溪主编：《中国现代学术经典·梁启超卷》，河北教育出版社 1996 年版，第 183 页。

后，志士扼腕切齿，引为大辱奇戚，思所以自湔拔；经世致用观念之复活，炎炎不可抑。又海禁既开，所谓'西学'者逐渐输入；始则工艺，次则政制"。① 二是"甲午丧师，举国震动；年少气盛之士，疾首扼腕言'维新变法'"。②

以上新学家的 5 大特征，在康有为身上表现得最鲜明突出。他是维新变法派的领袖人物，也是新学家们的领袖人物。他的《大同书》（成书于 1901—1902 年间），根据《春秋》公羊家的三世说与《礼记·礼运篇》的小康大同说，佛教慈悲平等和基督教博爱平等自由的教义，卢梭的天赋人权说，再加上一些欧洲空想社会主义学说，构想出一个大同世界，这是典型的"不中不西即中即西"的代表作和新学家的学问样板。

康有为的新学思想萌芽于他在礼山草堂从朱次琦受学时期（1876—1878 年），即他 19—21 岁，到 1884 年，即他 27 岁时已成雏形。康氏在礼山草堂期间，诵读宋儒书及经说，攻读《周礼》《仪礼》《尔雅》《说文》《水经》等儒家经典，背诵《楚辞》《汉书》《文选》及杜诗等古典文学，但他诵读的传统典籍愈多愈感到旧学无法解决当前的现实问题。他本来接受朱次琦"济人经世"的为学宗旨，以圣贤必为可期，以群书为 30 岁前必可尽读，但是学不能致用，使他陷入思想矛盾与苦闷之中。

1878 年冬，康有为便辞别旧学导师朱次琦回家。1879 年，22 岁，他开始接触各种新书，12 月初游香港，购读西学之书。1882 年，25 岁，至北京应顺天乡试，不第，归途道经上海，益知西人治术之有本，乃大购西书以归，自是尽释故见，大讲西学。1883 年，26 岁，专攻西方近代自然科学，专精学问，日新大进。1884 年，27 岁，初步形成治学理念：

---

① 梁启超：《清代学术概论》，刘梦溪主编：《中国现代学术经典·梁启超卷》，河北教育出版社 1996 年版，第 183 页。

② 梁启超：《清代学术概论》，刘梦溪主编：《中国现代学术经典·梁启超卷》，河北教育出版社 1996 年版，第 205 页。

"合经子之奥言，探儒佛之微旨，参中西之新理，穷天人之赜变，搜合诸教，披析大地，剖析今故，穷察后来，自生物之源，人群之合，诸天之界，众星之世，生生色色之故，大小长短之度，有定无定之理，形魂现示之变，安身立命，六通四辟浩然自得。"① 康有为曾自称：至乙酉（1885 年）而学大定，不复进矣。而他所谓"学大定"，当指开始酝酿资产阶级变法维新思想的经世之"术"。此时，他在学问上还没有以今文经学为安身立命之地，虽然他在 1880 年 23 岁时曾从事经籍及公羊学的研究，专攻东汉今文经学家何休之说，但不是信奉而是批判，真正学主今文经学是在 1890 年 33 岁时。这年春，他居广州之徽州会馆，曾去广雅书局拜会今文经学家廖平，读到廖平著《今古学考》，深受启发，才坚定了他利用今文经学中的"微言大义"变法的信念，既而移居云衢书屋，招收陈千秋、梁启超二弟子。10 月，教课于广府学宫孝弟祠，同时专意著述。

会晤廖平与结纳陈千秋、梁启超对康有为的学术生涯与社会政治活动具有转折作用。1890 年以后，康有为开始了学术上的创获时期，直到 1898 年（戊戌年）达到顶峰。

康氏学术创获在戊戌变法失败以前有两个标志性时期：一是 1891—1893 年（34—36 岁）长兴学舍时期；一是 1896 年（39 岁）万木草堂时期。前期刊行《新学伪经考》。后期撰成《孔子改制考》《春秋董氏学》。这些著作在当时思想界像"飓风"，像"地震"，卓然与乾嘉以来学风划一新线，"则直接导致了学术界脱离经学而重新认识上古历史的趋向"。②

① 康有为：《我史》，刘梦溪主编：《中国现代学术经典·康有为卷》，河北教育出版社 1996 年版，第 825 页。
② 朱维铮：《康有为先生小传》，刘梦溪主编：《中国现代学术经典·康有为卷》，河北教育出版社 1996 年版，第 10 页。

第二节　康有为与中学

康有为的学习道路大致可以划分为 18 岁以前的杂学无主时期和 19 岁礼山草堂系统地学习汉、宋经典时期。30 岁左右学有所成。从 33 岁开始进入学术创获时期，其主要成就在清末。1902 年，45 岁，居印度大吉岭，撰成《大同书》《论语注》《大学注》《孟子微》《礼运注》，标志着其学术创获基本结束。

1884 年，康有为作《礼运注叙》云：予小子六岁而受经。十二岁而尽读周世孔氏之遗文，乃受经说及宋儒先之言。二十七岁而尽读汉、魏、六朝、唐、宋、明及国朝人传注、考据、义理之说，所以考求孔子之道者，既博而劬矣。始循宋人之途辙，炯炯乎自以为得之矣，既悟孔子不如是之拘且隘也。继遵汉人之门径，纷纷乎自以为践之矣，既悟其不如是之碎且乱也。苟止于是乎？孔子其圣而不神矣。既乃离经之繁而求之史，凡数千年国家风俗治乱之故，若者与孔教相因而进退者，得之于战国、秦、汉之间。东汉为美矣，以为未足尽孔子之道也。既乃去古学之伪而求之今文学，凡齐、鲁、韩之《诗》，欧阳、大小夏侯之《书》，孟、焦、京之《易》，大小戴之《礼》，公羊、谷梁之《春秋》，而得《易》之阴阳之变、《春秋》三世之义，曰：孔子之道大，虽不可尽见，而庶几窥其藩矣，惜其弥深太漫，不得数言而赅大道之要也。乃尽舍传说，而求之经文。读至《礼运》，乃浩然而叹曰："孔子三世之变，大道之真在是矣！大同、小康之道，发之明而别之精，古今进化之故，神圣悯世之深在是矣！相对而推施，并行而不悖，时圣之变通尽利在是矣！是书也，孔氏之微言真传，万国之无上宝典，而天下群生之起死神方哉！"

康有为这篇自叙性的文字，仅讲述了自己思想发展变化的过程，没有明确讲述自己学习思想发展的阶段性。笔者大致把康氏的学习思想划分为 4 个时期，即杂学无主的少年时期、礼山草堂时期、长兴讲学时期和流亡海外时期。下面仅就其前 3 个时期略加叙述。

一、少年杂学无主时期

笔者说康有为 19 岁以前杂学无主，是说他受教并不系统，也不严格。从 6 岁起开始受教于番禺简凤仪，读《大学》《中庸》《论语》、朱注《孝经》。1868 年，11 岁，丧父，往依祖父于连州官舍，开始接受正统历史教育，浏览《纲鉴》《大清会典》《东华录》《明史》，泛读《三国志》等史籍。由于祖父管束较松，竟日杂览群书，不喜八股制艺。1871 年，14 岁，还南海银塘老家，读书于叔祖康国器所筑的澹如楼，纵观说部集部等丛刊类书，厌弃八股时文，但慕袁子才诗文，常常与族中兄弟饮酒取乐，兴趣多在乱翻小说诗文上，结果 14、15 岁两次应县童子试，均落榜，受到叔伯们的诘责。1873—1874 年（16—17 岁）仍然是个童生，仍不肯严格按照科举制要求去读书与制艺，时好览经说、史学、考据书，好为纵横之文，多与兄弟先辈诗酒唱和。

二、礼山草堂时期

1876 年，19 岁，康有为赴广东乡试不中，深受刺激，始悔悟改从名师求学，从岭南大儒朱次琦学于南海县九江镇礼山草堂，开始了他为学的一个新阶段。

朱次琦（1807—1881 年），字子襄，又字雅圭，道光末进士，以候补知县分发山西，七年后始署襄陵县缺，仅半年即归南海九江乡，以讲学终其生。朱氏"以早慧受知于阮元，为学海堂都讲。其学亦主融汉、宋。尝谓：'汉之学，郑康成集之；宋之学，朱子集之。朱子又即汉学而稽之者也。会同《六经》，权衡《四书》，使孔子之道大著于天下'"①，"而与陈东塾之为见复异"。② 去世前数月由两广总督张树声举荐，与广州菊坡精舍山长陈东塾同由清廷特授五品卿。朱氏以"四行五学"③ 教人。这位进士出身又曾有清官名声的老教育家，曾教过康达初，又是康赞修的畏友。康有为在名儒朱氏指授下才真正较系统地涉猎程朱理学及经史诸子等书，进入学有所主的自觉阶段，打下了渊博的中学基础。朱次琦是对康有为影响较深的一个学者。

康有为在《我史》中说："先生硕德高行，博极群书，其品诣学术，在涑水、东莱之间，与国朝亭林、船山为近，而德器过之。尝为襄陵知县百九十日，惠政大行，县人祀焉。弃官归，讲学于邑之礼山，三十年累召不出，以讲学躬行，荐授五品卿。先生壁立万仞，而其学平实敦大，皆出躬行之余。以末世俗污，特重气节，而主济人经世，不为无用之空谈高论。其教学者之恒言，则曰四行五学。四行者：敦行孝弟，崇尚名节，变化气质，检摄威仪。五学则经学、文学、掌故之学、性理之学、词章之学也。先生动止有法，进退有度，强记博闻，每议一事，论一学，贯串今故，能举其词，发先圣大道之本，举修己爱人之义，扫去汉宋之门户，而归宗于孔子。"④

康有为初入礼山草堂，对朱次琦是非常崇敬的。他说："于时捧手受教，乃如旅人之得宿，盲者之睹明，乃洗心绝欲，一意归依，以圣贤为必可期，以群书为三十岁前必可尽读，以一身为必能有立，以天下为必

① 钱穆：《中国近三百年学术史》，刘梦溪主编：《中国现代学术经典·钱宾四卷》上册，河北教育出版社1999年版，第552页。
② 钱穆：《中国近三百年学术史》，刘梦溪主编：《中国现代学术经典·钱宾四卷》上册，河北教育出版社1999年版，第553页。
③ 钱穆：《中国近三百年学术史》，刘梦溪主编：《中国现代学术经典·钱宾四卷》上册，河北教育出版社1999年版，第553页。
④ 康有为：《我史》，刘梦溪主编：《中国现代学术经典·康有为卷》，河北教育出版社1996年版，第818页。

可为。从此谢绝科举之文，士芥富贵之事，超然立于群伦之表，与古贤豪君子为群。"① 但是，时间一长，读书愈多，怀疑愈甚。1878 年，21 岁，康有为在礼山草堂就不太安分，独行其是的旧习时有流露。朱次琦精于古文，推重周秦诸子，甚称韩愈之文章，而康有为则认为韩愈"道术浅薄"而浪有大名，朱氏笑责其狂。到这年秋冬时，面对四库要书已经读不下去，认为终日"埋故纸堆中，汩其灵明，渐厌之"，怀疑那些"考据家著书满家，如戴东原，究复何用？"于是干脆"绝学捐书，闭户谢友朋，静坐养心。同学大怪之，以先生尚躬行，恶禅学，无有为之者"。② 顿入佛禅一路。而朱氏"尚躬行，恶禅学"。康氏"静坐时，忽见天地万物皆我一体，大放光明，自以为圣人，则欣喜而笑。忽思苍生困苦，则闷然而哭。忽思有亲不事，何学为？则即束装归庐先墓上。同门见歌哭无常，以为狂而有心疾矣"。③ 康氏故到这年年终不得不离开草堂。

不过康有为从朱氏受教两年多的影响还是很大的。这不仅使他学到关于传统学说的较全面又系统的知识，更为重要的是他在这两年多的时间里确立了自己的学术思想以"孔教论"为主体。因为朱次琦为学走的是朱熹"道问学"之路，认为朱熹恢复了孔子的原教旨，而清代汉学家则分裂儒学，从内部割裂了孔子之道。这给康有为以后批判汉学古文学派以方向性的启示，甚至康氏后来长兴讲学所制定的学规《长兴学记》，也与礼山草堂的"四行五学"有着明显的联系。"此四行五学，即《长兴学记》之所本。节目之间，大同小异，要之万木草堂之规模，

① 康有为：《我史》，刘梦溪主编：《中国现代学术经典·康有为卷》，河北教育出版社1996年版，第818页。
② 康有为：《我史》，刘梦溪主编：《中国现代学术经典·康有为卷》，河北教育出版社1996年版，第820页。
③ 康有为：《我史》，刘梦溪主编：《中国现代学术经典·康有为卷》，河北教育出版社1996年版，第820页。

袭取之于礼山，其事甚显。"①

三、长兴讲学时期

康有为长兴讲学始于1890年，止于1896年。1890年这一年，康氏讲学于广府学宫万木草堂，后续成《孔子改制考》《春秋董氏学》等。

康氏于1878年冬，离开礼山草堂后都做些什么，应作简要叙述。1879年春，22岁，入西樵山，居白云洞高士祠，专学道教佛教经典，求道迫切，所谓"习魔入心"，有皈依于佛的祈求。在西樵山他认识了番禺名士张鼎华（1849—1888年），此人久任京官，熟知朝廷风气和各种新书。康氏与他竟夕申旦交谈，"自延秋先生，而得博中原文献之传"。② 或许是这位张编修喝破了他的成佛梦，把他从西樵山诸魔杂沓中拉回到现实中来。

1880年，康有为23岁，初涉公羊学。1882年，25岁，至北京应顺天乡试不第。归途游江南（扬州、南京、上海），悉购江南制造局及西方教会所译出各书尽读之，自是尽释故见，大讲西学，成为体用一致的西化论者。1884年，27岁，他开始酝酿资产阶级变法维新思想，撰写《万身公法书籍目录提要》《实理公法全书》。1888年6月，31岁，赴北京应顺天乡试，又不第。12月10日，第一次向光绪帝上书。次年春夏居北京南海会馆，撰《广艺舟双楫》，提出"尊魏卑唐"理论。"久旅京师，日熟朝局，知其待亡，决然舍归，专意著述，无复人间世志意矣。"③ 这年9月出京，至苏杭，入九江，游庐山，溯江游武昌、汉阳，至12月还粤。

---

① 钱穆：《中国近三百年学术史》，刘梦溪主编：《中国现代学术经典·钱宾四卷》上册，河北教育出版社1999年版，第553页。

② 楼宇烈整理：《康南海自编年谱》，中华书局1992年版，第9页。

③ 康有为：《我史》，刘梦溪主编：《中国现代学术经典·康有为卷》，河北教育出版社1996年版，第830页。

通过以上叙述可知，康有为在这近十年间，主要是往来于京粤间，应试、上书、游历，并开始大量接触、学习西学。他由中学转向涉足西学，但还未形成自己的学术思想体系，今文学家的面目还不清楚。

1890 年，33 岁，对康有为来说是异常关键的一年。论者以为在这一年中，"出现了对他以后生涯有转捩作用的两件事。其一是会晤了晚清经学名著《今古学考》的作者廖平，从此放弃过去采用的《周礼》、《左传》等经说，转而采用《春秋》公羊学的'非常异义可怪之论'。今存他的遗稿《教学通议》，据我考察就是他弃旧图新仍在难产中的明证。其二是他相继说服了两位才华横溢的青年接受他关于'学'的见解，并退出学海堂拜他为师。他们就是陈千秋、梁启超。他们帮助康有为在省城建立了讲学基地，使康有为从此获得了宣传自己政见和学说的立足点"。①

第一件事，康氏《我史》中缺然未记，第二件事，记载颇详。梁启超说："今文学运动之中心，曰南海康有为，然有为盖斯学之集成者，非其创作者也。有为早年，酷好《周礼》，尝贯穴之著《政学通议》，后见廖平所著书，乃尽弃其旧说。廖平者，王闿运弟子；闿运以治《公羊》闻于时，然故文人耳，经学所造甚浅；其所著《公羊笺》，尚不逮孔广森，平受其学，著《四益馆经学丛书》十数种，颇知守今文家法；晚年受张之洞贿逼，复著书自驳，其人固不足道，然有为之思想，受其影响，不可诬也。"②

1891 年 8 月，康有为在陈千秋、梁启超协助下，刊行《新学伪经考》，《我史》亦有记载。因此，梁说当可靠而不诬。廖平于 1886 年著《今古学考》，谨守汉人家法，今文与古文并重而不相混。不久即改变

---

① 朱维铮：《康有为先生小传》，刘梦溪主编：《中国现代学术经典·康有为卷》，河北教育出版社 1996 年版，第 9 页。

② 梁启超：《清代学术概论》，刘梦溪主编：《中国现代学术经典·梁启超卷》，河北教育出版社 1996 年版，第 188 页。

观点，尊今而抑古，尊今文而作《知圣篇》，谓六经皆孔子所作；抑古文而作《辟刘篇》，谓古文经皆刘歆伪造。1894 年又著《古学考》，继续驳古文之伪。康有为本《辟刘篇》之观点而发挥成《新学伪经考》；本《知圣篇》之观点而发挥成《孔子改制考》。鉴于康著与廖著的这种关系，康有为的怀疑古文经为刘歆伪造说与孔子托古改制说，直接受廖平的影响是毫无疑问的。

钱穆认为："长素《伪经考》一书，亦非自创，而特剿窃之于川人廖平。犹《长兴学记》之言义理，皆有所闻而张皇以为之说，非由寝馈之深而自得之也。"① 钱氏又说："长素辨新学伪经，实启始自季平。此为长素所深讳，而季平则力揭之。"②"而长素则藏喙若噤，始终不一辨。"③ 1892 年，康有为选拔学生协助编纂的《孔子改制考》，钱穆认为："亦季平之绪论，季平所谓《伪经考》本之《辟刘》，《改制考》本之《知圣》也。"④ 康氏作《我史》讳言自己尊今文非古文的思想与廖平的著述有关。1917 年，康氏作《重刻伪经考后序》又多方掩饰自己受廖平的影响，只说"今世亦有好学深思之士，谈今古之辨，或闇有相合者"，不像《伪经考》初成书时那种"孤鸣而正易之"的口气。廖平说："丁亥（1887 年）作《今古学考》，戊子（1888 年）分为二篇，述今学为《知圣篇》，古学为《辟刘篇》。庚寅（1890 年），晤康长素于广州，议论相克，逾年，《伪经考》出，倚马成书，真绝伦也！"⑤ 钱穆出此断定，"长素剿窃廖说，倡为伪经、改制之论，当时有

---

① 钱穆《中国近三百年学术史》，刘梦溪主编：《中国现代学术经典·钱宾四卷》上册，河北教育出版社 1999 年版，第 555 页。
② 钱穆：《中国近三百年学术史》，刘梦溪主编：《中国现代学术经典·钱宾四卷》上册，河北教育出版社 1999 年版，第 556—557 页。
③ 钱穆：《中国近三百年学术史》，刘梦溪主编：《中国现代学术经典·钱宾四卷》上册，河北教育出版社 1999 年版，第 559 页。
④ 钱穆：《中国近三百年学术史》，刘梦溪主编：《中国现代学术经典·钱宾四卷》上册，河北教育出版社 1999 年版，第 563 页。
⑤ 廖平：《经话甲篇》卷二。

遗书相纠匡者曰朱鼎甫"。①

《伪经考》一案，论者断断于其事者，近似《水经注疏》存在的戴震与赵一清两家谁抄袭谁的公案。不管怎么说，《新学伪经考》与《孔子改制考》两书一出，康有为暴得大名，震动天下，即时成为"今文学运动之中心"。

四、以《新学伪经考》《孔子改制考》为代表的康氏今文学的主要观点及其影响

《新学伪经考》的主要观点是：东汉以来的古文经全系刘歆伪造，应称"伪经"，刘歆饰经佐篡，身为新臣，是新莽一朝之学，应叫"新学"，旨在湮没孔子的微言大义，为王莽篡汉服务。其主要论据要点有四：其一，秦始皇焚书，六经未尝亡缺，西汉今文十四博士所传，皆孔门足本，并无残缺；其二，《史记》本无古文经记载，《史记》记载无河间献王征求民间书及鲁恭王坏壁得书之事。《史记》中有关古文经说及有关古文记载，皆刘歆伪造；其三，《汉书》本为刘歆所作，刘歆在《汉书》中编造有关古文经的记载，为其伪经张目；其四，刘歆欲弥缝其作伪之迹，故校中秘书时，于一切古书多所羼乱。

以上四点已略见于《长兴学记》。《学记》谓"二千年皆为歆学""自歆始尚训诂，以变异博士之学"，而入清以来的汉学、乾嘉考据学，所治古音古义之学无用于治道世事。这样就全盘否定了传世的古文经传，从而动摇了现存的儒家经典，也就是梁启超所说的"清学正统派之立脚点，根本摇动"。② 因此，康书一出就受到保守派学者的激烈抨击。1894 年 8 月，给事中余联沅弹劾康有为"非圣无法，同少正卯，

---

① 钱穆：《中国近三百年学术史》，刘梦溪主编：《中国现代学术经典·钱宾四卷》上册，河北教育出版社 1999 年版，第 564 页。
② 梁启超：《清代学术概论》，刘梦溪主编：《中国现代学术经典·梁启超卷》，河北教育出版社 1996 年版，第 188 页。

圣世不容，请焚《新学伪经考》，而禁粤士从学"。① 清政府即令毁版。从变法维新的思潮看，此书曾起过进步舆论作用；从学术上看，它摧毁经学的独断地位，起过破除迷信，解放思想的作用，因此受到一些疑古学者的推崇。

康有为不仅发挥《春秋公羊学》的微言大义，对公羊家的"三世说"作出新的解释，为变法制造舆论，而且又发挥公羊家"素王改制"之义，炮制出"孔子托古改制"说。1896 年创作的《孔子改制考》便是这方面的纲领性著作。该书认为，孔子为素王，亲作六经，假托古代圣王的名义来宣传自己的政治主张，因时改制，为后世立法。

该书的主要内容有几个方面：一是"'六经'以前无复书记"②，没有给人类留下任何可查资料。所谓"上古茫昧无稽考"，"三代文教之盛，实由孔子推托之故。故得一孔子而日月光华，山川煜耀"。③ 二是六经皆孔子所作。这一观点的论述集中在第 9 卷《孔子创儒教改制考》和第 10 卷《六经皆孔子改制所作考》，他引证今文家及纬书之说以证之。如卷 10 中说："《诗》、《书》、《礼》、《乐》、《易》、《春秋》'六艺'为孔子所手作，故得谓之经。"④ 又说："'六经'皆孔子所作也，汉以前之说莫不然也。学者知'六经'为孔子所作，然后孔子之为大圣，为教主，范围万世而独称尊者，乃可明也。知孔子为教主，'六经'为孔子所作，然后知孔子拨乱世，致太平之功，凡有血气者，

---

① 马洪林、阎丹红：《康有为先生学术年表》，刘梦溪主编：《中国现代学术经典·康有为卷》，河北教育出版社 1996 年版，第 883 页。

② 康有为：《孔子改制考》，刘梦溪主编：《中国现代学术经典·康有为卷》，河北教育出版社 1996 年版，第 343 页。

③ 康有为：《孔子改制考》，刘梦溪主编：《中国现代学术经典·康有为卷》，河北教育出版社 1996 年版，第 343 页。

④ 康有为：《孔子改制考》，刘梦溪主编：《中国现代学术经典·康有为卷》，河北教育出版社 1996 年版，第 568 页。

皆日被其殊功大德,而不可忘也。"① 第 11 卷《孔子改制托古考》和第12 卷《孔子改制法尧舜文王考》,讲孔子为何托古于尧、舜、文、武之原因,他说:"《春秋》始于文王,终于尧、舜。盖拨乱之治为文王,太平之治为尧、舜,孔子之圣意,改制之大义,《公羊》所传微言之第一义也。"②

纵观全书,康有为继承今文经学"托古改制"的衣钵,从孔子那里寻找根据,来宣传君主立宪政体之所谓"升平世"。梁启超说:"近人祖述何休以治《公羊》者,若刘逢禄、龚自珍、陈立辈,皆言改制,而有为之说,实与彼异;有为所谓改制者,则一种政治革命社会改造的意味也。故喜言'通三统','三统'者,谓夏商周三代不同,当随时因革也;喜言'张三世','三世'者,谓据乱世升平世太平世,愈改而愈进也;有为政治上'变法维新'之主张,实本于此。有为谓孔子之改制,上掩百世,下掩百世,故尊之为教主;误认欧洲之尊景教为治强之本,故恒欲侪孔子于基督,乃杂引谶纬之言以实之;于是有为心目中之孔子,又带有'神秘性'矣。《孔子改制考》之内容,大略如此;其所及于思想界之影响,可得言焉。"③

梁启超把《孔子改制考》对当时思想界的影响比作"火山大喷火""大地震",它虽有一定的思想意义,但却没有学术价值。刘逢禄、宋翔凤、龚自珍、魏源等今文学家援引《公羊》,恣其胸臆,穿凿无理,而康有为有过之而无不及,其纯任主观,"往往不惜抹杀证据或曲解证

---

① 康有为:《孔子改制考》,刘梦溪主编:《中国现代学术经典·康有为卷》,河北教育出版社 1996 年版,第 568 页。
② 康有为:《孔子改制考》,刘梦溪主编:《中国现代学术经典·康有为卷》,河北教育出版社 1996 年版,第 609—610 页。
③ 梁启超:《清代学术概论》,刘梦溪主编:《中国现代学术经典·梁启超卷》,河北教育出版社 1996 年版,第 189—190 页。

据，以犯科学家之大忌"。① 刘、宋、龚、魏等今文家虽亦借今文公羊说言改制，议政事，但在学术上又多有建树。康有为只把今文经学当作他从事政治革命、社会改造的工具，他的《新学伪经考》《孔子改制考》及其以考辨为形式的著作，"此实为事理之万不可通者"。因此，康氏著作并无多少学术价值。

1895 年春，康有为偕梁启超入京会试，联合各省入京应试举人"公车上书"，标志着康氏由讲学、著述活动开始转变为社会政治活动。1896 年，康有为读到严复译著的《天演论》，接受达尔文主义，同时受马丁·路德宗教改革思想的影响，构成他的"孔子改制创教"的理论系统。这一年，他讲学于广府学宫万木草堂，在弟子协助下，相继续成《春秋董氏学》《日本变政考》等著作。这类著作都是在《天演论》、马丁宗教改革影响下，产生的"创法改制"的理论表述。又撰成《日本书目志》，收有日本书生理、理学、宗教、图史、政治、法律、农业、工业、商业、教育、文学、文字语言、美术、小说、兵书 15 门类，精选日文书达一万种之多。

1897 年 11 月，德国帝国主义强占我国山东胶州湾，康有为闻之赶到北京，上清帝第五书，采法俄日以定国是，大集群臣而谋变法，并正式提出国事需经国会议行和颁布宪法的主张。1898 年初，上清帝第六书，他倡导的革旧维新变法运动达到顶峰。从这年开始，他在国内的学术性活动（讲学、著述）基本结束。

---

① 梁启超：《清代学术概论》，刘梦溪主编：《中国现代学术经典·梁启超卷》，河北教育出版社 1996 年版，第 189 页。

第三节 康有为与西学

　　康有为接触西学是在 1882 年他 25 岁时，这年 6 月初赴北京应顺天乡试。落榜后，归途游江南。《我史》云："道经上海之繁盛，益知西人治术之有本。舟车行路，大购西书以归讲求焉。十一月还家，自是大讲西学，始尽释故见。"① 由此开始"大攻西学书，声、光、化、电、重学及各国史志，诸人游记，皆涉焉。于时，欲辑万国文献通考，并及乐律、韵学、地图学"。② 1885 年，28 岁，从事算学，以几何著《人类公理》。这年，康有为犯头痛病，半年治不好，中医"束手无法"，"既而得西医书读之，以信西学之故，创试西药，如方为之，乃渐效，日走村后大树下，至七月乃瘳"。③ 第二年，从事天文历法研究，已经参照西方近代天文著作。1887 年，继续以几何编著《人类公理》，他将欧氏几何公理系统，视作"人类公理"，由于他"兼涉西学"，竟然"推孔子据乱、升平、太平之理，以论地球"。④

　　鸦片战争以后的士大夫接触西学，都先对西方近代自然科学感兴趣，与康有为同时代的杨文会如此，与康有为一同参加戊戌变法的谭嗣同亦如此。而作为中国近代由士大夫向现代知识分子转型的第二代代表人物康有为要比第一代的龚自珍、魏源等对西学了解得多多了。康有为

① 康有为：《我史》，刘梦溪主编：《中国现代学术经典·康有为卷》，河北教育出版社 1996 年版，第 823 页。
② 康有为：《我史》，刘梦溪主编：《中国现代学术经典·康有为卷》，河北教育出版社 1996 年版，第 823 页。
③ 康有为：《我史》，刘梦溪主编：《中国现代学术经典·康有为卷》，河北教育出版社 1996 年版，第 825 页。
④ 康有为：《我史》，刘梦溪主编：《中国现代学术经典·康有为卷》，河北教育出版社 1996 年版，第 827 页。

并没有停留在学习西方近代自然科学方面，他对西方近代自然科学的研究到 28 岁即中辍，而转向政教方面。康有为 29 岁那年（1886 年），当时两广总督张之洞曾托他的好朋友张鼎华（延秋）告之，欲聘他主持翻译西书的译局。张之洞说："中国西书太少，傅兰雅所译西书，皆兵医不切之学，其政书甚要，西学甚多新理，皆中国所无，宜开局译之，为最要事。"① 事虽不成，但康有为把这番话记在《我史》中，可见这是当时知识界、政界的共识，也是社会变革提出的要求。

康有为变法的时代，对西学的学习研究，已经从器物（技艺）层面变革到制度、文化层面。1896 年，康有为续成《孔子改制考》，托"六经"、孔子之古，欲改清王朝之制，实质上借用的是"西学"思想。该书把孔子打扮成维新改革的祖师，批评君主专制（直指清王朝）压制民主的不合理性；把孔子美化为争取人格民主的斗士。他在《日本书目志·序》中指出："天道后起者胜于先起也，人道后人逸于前人也。""泰西之强，不在军兵炮械之末，而在其士人之学，新法之书。"对中国传统文化中的"泥古守旧""今不如古"的历史退化观是一次大清算。

认识《新学伪经考》与《孔子改制考》的价值、进步意义，首先是在于康有为用西方近代思想文化（政教）来改造中国专制时代的思想文化。这些著作是西学与中学之争的产物。康有为著述的实质都是援西入中，参西改中，具有强烈的变革意识，这是他为变法派的首领与洋务派的不同之处。以张之洞、李鸿章为代表的洋务派，他们提出的"中体西用"的洋务纲领的实质，在于维护中国传统社会的格局，不去触动专制主义这一要害。洋务时期的士大夫只承认在以坚船利炮为表现形式的西方近代自然科技方面，中国不如洋人，不承认西方人文文化方

---

① 康有为：《我史》，刘梦溪主编：《中国现代学术经典·康有为卷》，河北教育出版社 1996 年版，第 826 页。

面有优于中国的地方；变法派是从思想文化方面感到西方有优于中国的
地方，西方国家直接威胁到中国的存亡，不仅有坚船利炮之类的近代军
事科技，更为根本的是政体所体现的近代思想文化。戊戌变法要变革的
从根本上说是中国的传统思想文化。

　　以西学变革中国传统思想文化贯穿在康有为清末时期所有的学术文
化活动中，如他的《中庸注》（作于 1901 年）、《孟子微》（作于 1901
年）、《论语注》（作于 1902 年）、《大学注》（作于 1902 年）等都是引
西学释中学。这些书的注释，表面上看，是在采用今文旧学，讲"三
世"说及"改制"，实际上是在借题发挥，杂糅古今中外于一炉，往往
引用西方思想观念进行比附，虽然牵强生硬，在今天看来有些可笑，但
在当时的历史条件下却有巨大的启蒙意义。

　　顽固派骂洋务派"直欲破坏列祖列宗之成法以乱天下"的"罪名"
加到康有为头上倒是符合实际的。试举几个这方面例子加以说明之。如
注《中庸》"王天下有三重焉，其寡过矣乎?"① 句下用"三统"附会
"三重"之义说："三重者，三世之统也。孔子之法，务在因时。当草
昧乱世，教化未至，而行太平之制，必生大害；当升平世而仍守据乱，
亦生大害也。譬之今当升平之时，应发自主、自立之义，公议、立宪之
事，若不改法，则大乱生。人情蔽所习，安于一统一世之制，见他制即
惊议之，此所以多过也。若知孔子三重之义，庶几不至悲忧眩视乎!"②
又如注《孟子》"不忍人之心"，说："不忍人之心，仁也，电也，以太
也。人人皆有之，故谓人性皆善。"注"然后可以为民父母"，曰："此
孟子特明升平授民权、开议院之制，盖今之立宪体，君民共主法也，今
英、德、奥、意、日、葡、比、荷、日本皆行之。"注"民为贵，社稷

---

① 钱穆:《中国近三百年学术史》，刘梦溪主编:《中国现代学术经典·钱宾四卷》上册，
　河北教育出版社 1999 年版，第 598—599 页。
② 钱穆:《中国近三百年学术史》，刘梦溪主编:《中国现代学术经典·钱宾四卷》上册，
　河北教育出版社 1999 年版，第 599 页。

次之，君为轻"，曰："此孟子立民主之制太平法也。……众民所归乃举为民主，如美、法之总统。……今法、美、瑞士及南美各国皆行之，近于大同之世，天下为公，选贤与能也。"① 康有为注《论语》，"以今文学为主"，牵引《公羊》，比附西方的地方更多。解《卫灵公》"无为而治"章说："舜任官得人，故无为而治。盖民主之治，有宪法之定章，有议院之公议，行政之官，悉由师锡公举得人，故但恭己，无为而可治。若不恭己，则恣用君权，挠犯宪法，亦不能治也。故无为之治，君无责任，而要在恭己矣。此明君主立宪，及民主责任政府之法，今欧人行之，为孔子预言之大义也"。②

由此可见，康有为的几种"四书"新注，多有附会西方社会学说中的"民主""议会""立宪""人权""自由"等概念，渗透着近代西方资产阶级的法权思想与民主意识，在当时也是注释儒家经典中破天荒的举动，不仅在汉、宋诸儒中找不出，即使在乾、嘉诸老中也闻所未闻。这绝非仅仅是"好博好异之故"，实则是打着孔子、《公羊》、董仲舒的旗号，贩卖西方资产阶级的思想学说。你可以从学术立场看他"穿凿附会""主观武断""恣其胸臆""强人就我""歪曲史实""篡改经典"等等罪名，但从思想文化方面看，你无法否认他引进西学、"尽释故见"，具有启蒙、破旧、维新、解放思想的"飓风"式摧枯拉朽的进步作用。没有康有为的《新学伪经考》《孔子改制考》等著作的出现，晚清思想文化界就不会出现火山喷浆、海啸地震，清学正统派之立脚点就不会发生根本动摇。这种百倍千倍胜于何休的"非常异义可怪之论"，是西方帝国主义列强用枪炮军舰轰出来的，是取代洋务派从根本上变革中国社会的文化思想。尽管康有为进入民国时期思想转向保守，但他在清末杂糅中西、以西革中的文化思想是应该得到充分肯定的。

---

① 康有为：《孟子微》，上海广智书局民国五年版，第35页。
② 康有为：《论语注》，中华书局1984年版，第42页。

戊戌变法失败后，康有为流亡国外，暂时从国内的政治斗争的旋涡里挣脱出来。先到日本写成《我史》（即《康南海自编年谱》）。1902年转至印度，开始撰写《大同书》，这是康有为继《新学伪经考》《孔子改制考》之后又一部里程碑式的著作，这是吸纳西学深化之后的"中国式"的乌托邦理论的一种独特表述。

梁启超在《清代学术概论》中说，《新学伪经考》《孔子改制考》"皆有为整理旧学之作，其自身所创作，则《大同书》也"。① 梁氏记《大同书》条理如下：

"一，无国家。全世界置一总政府，分若干区域。

二，总政府及区政府皆由民选。

三，无家族。男女同栖不得逾一年，届期须易人。

四，妇女有身者入胎教院，儿童出胎者入育婴院。

五，儿童按年入蒙养院，及各级学校。

六，成年后由政府指派分任农工等生产事业。

七，病则入养病院，老则入养老院。

八，胎教，育婴，蒙养，养病，养老诸院，为各区最高之设备，入者得最高之享乐。

九，成年男女，例须以若干年服役于此诸院，若今世之兵役然。

十，设公共宿舍公共食堂，有等差，各以其劳作所入自由享用。

十一，警惰为最严之刑罚。

十二，学术上有新发明者，及在胎教等五院有特别劳绩者得殊奖。

十三，死则火葬，火葬场比邻为肥料工厂。"②

梁氏说："《大同书》之条理略如是。全书数十万言，于人生苦乐

① 梁启超：《清代学术概论》，刘梦溪主编：《中国现代学术经典·梁启超卷》，河北教育出版社1996年版，第190页。
② 梁启超：《清代学术概论》，刘梦溪主编：《中国现代学术经典·梁启超卷》，河北教育出版社1996年版，第191—192页。

之根源善恶之标准，言之极祥辩，然后说明其立法之理由。其最要关键，在毁灭家族。有为谓佛法出家，求脱苦也，不如使其无家可出；谓私有财产为争乱之源，无家族则谁复乐有私产；若夫国家，则又随家族则消灭者也。有为悬此鹄为人类进化之极轨，至其当由何道乃能致此，则未尝言。其第一眼目所谓男女同栖当立期限者，是否适于人性，则亦未甚能自完其说。"①

　　谈到康有为"大同世界"思想的形成，梁启超说："在三十年前，而其理想与今世所谓世界主义社会主义者多合符契，而陈义之高且过之。"② 这里点出康氏大同思想与西方社会学思想的联系。因此说其"一无制袭"可以，不能说他"一无依傍"。钱穆指出："长素思想之来历，在中国则为庄子之寓言荒唐，（《论语注》卷五，谓：'孔子大同之道，再传为庄周，在宥、天下，大发自由之旨。'又曰：'善读孔子书者，当知六经不足见孔子之全，当推子贡、庄子之言而善观之。'）为墨子之兼爱无等，（《礼运》晚出，本杂道、墨思想。又谭复生仁学亦力尊墨子，其风亦沿晚清治子学之遗绪，又附会之于西国耶教而然。）又炫于欧美之新奇，附之释氏之广大，而独以孔子为说。分析《大同书》含义，虽若兼容并包，主要不过两端：一曰平等博爱，此西说也，而扬高凿深之，乃不仅附会之于墨翟，并牵率之于释迦。一曰去苦求乐，此则陈义甚浅，仅着眼社会外层之事态，未能深入人性、物理之精微。"③ 钱穆的最后结论为："大同书思想，实自涉猎西书与研究佛典，

---

① 梁启超：《清代学术概论》，刘梦溪主编：《中国现代学术经典·梁启超卷》，河北教育出版社 1996 年版，第 192 页。
② 梁启超：《清代学术概论》，刘梦溪主编：《中国现代学术经典·梁启超卷》，河北教育出版社 1996 年版，第 192 页。
③ 钱穆：《中国近三百年学术史》，刘梦溪主编：《中国现代学术经典·钱宾四卷》上册，河北教育出版社 1999 年版，第 575 页。

二者相合。"① 西书即他说的"两端"中的平等博爱，佛典即另一端"去苦求乐"。但又认为："《大同书》首曰'入世界观众苦'，此等描写，乃佛书滥套耳。"而其"去苦求乐，此则陈义甚浅。"② 可以说西学与佛学二者在《大同书》中，"西学"为主，它是"超儒、佛之微旨，融中、西之新理"的著作。此书初名《人类公理》，后来才取名《大同书》。

钱穆认为张伯桢在《南海康先生传》中"叙述大同书思想来历，至为明备"。该《传》说："先师年二十七，以法越之役，粤城戒严，还西樵，居一楼，名曰澹如。涉猎西书，并研究佛典。上自婆罗门，旁通四教，万缘澄绝，所悟益深。因显微镜而悟大小齐同之理，因电机、光线而悟久速齐同之理。既知无去来，则专以现在为总持；既知无无，则专以生有为存存；既知知气神精无生死，则专以示现为解脱；既知无精粗、无净秽，则专以觉悟为受用；既以畔援、歆羡皆尽绝，则专以仁慈为施用。其道以元为体，以阴阳为用，以勇、礼、义、智、仁五运论世宙，以三统论诸圣，以三世推将来，而务以仁为主，故奉天合地，以合国、合种、合教，一统地球。又推一统之后，人类语言、文字、饮食、衣服、宫室之变，男女平等之制，人民同公之理，务致诸生于极乐。抉经、子之奥言，超儒、佛之微旨，融中、西之新理，穷天、人之赜变……又云：先师年二十八，从事算学，以几何理著人类公理，并手定大同之制。"③ 钱穆认为"当时有切实发挥《大同书》含义"者，

① 钱穆：《中国近三百年学术史》，刘梦溪主编：《中国现代学术经典·钱宾四卷》上册，河北教育出版社 1999 年版，第 576 页。
② 钱穆：《中国近三百年学术史》，刘梦溪主编：《中国现代学术经典·钱宾四卷》上册，河北教育出版社 1999 年版，第 575 页。
③ 钱穆：《中国近三百年学术史》，刘梦溪主编：《中国现代学术经典·钱宾四卷》上册，河北教育出版社 1999 年版，第 576 页。

"则为谭嗣同之《仁学》"。① "今试进而一究《仁学》思想之来历，则
《仁学》者，实无异于《大同书》也。大同即仁之境界；冲决网罗，即
《大同书》之破除九界。去国界、去级界，则无君臣矣；去形界，则无
夫妇矣；去家界，则无父子、兄弟矣。九界尽去，尚无人、禽之别，何
论三纲五常？故非冲决网罗，即无以企大同。长素之书玄言之，而复生
之书笃言之，其实一也。"② 而《大同书》的破除九界即以西方的自由、
民主、博爱、平等之观念破除中国封建君权专制主义，矛头指向专制统
治的君道臣节、名教纲常，这在中国思想文化发展史上是一个巨大进步。

　　无可否认，《大同书》中吸收了资本主义上升时期的文化思想，如民
主主义、自由主义、自由平等、博爱人权等思想，也有东西方的宗教思
想、乌托邦、浪漫主义等等，同时又在不同方面和不同程度地掺杂着中
国的传统思想。《大同书》所表现的康有为的思想也很复杂，他不只是接
受一种思想，而是兼收并蓄。但是，《大同书》中那些闪光的思想不是那
些陈腐的公羊三世说、礼记大同说之类的儒家思想，而是中国所没有的
西学新理，即当时流行的西方的进化论和某些社会主义学说。这种以平
等自由为学说的思想架构，其背后实有一西洋伦理为之张本。康有为等
的戊戌变法，"所谓冲决网罗，毁灭君臣、父子之伦常言之，不将为无意
义之徒死乎？"③ 正像康有为之弟康广仁劝其出国时说的："伯兄平生言
教，以救地球。区区一家之祚，牺牲无益。"④ 康有为没有受传统君臣伦
理观念的束缚，恰是受西方伦理观念的影响，毅然流亡国外。

---

① 钱穆：《中国近三百年学术史》，刘梦溪主编：《中国现代学术经典·钱宾四卷》上册，
　河北教育出版社 1999 年版，第 576 页。
② 钱穆：《中国近三百年学术史》，刘梦溪主编：《中国现代学术经典·钱宾四卷》上册，
　河北教育出版社 1999 年版，第 584 页。
③ 钱穆：《中国近三百年学术史》，刘梦溪主编：《中国现代学术经典·钱宾四卷》上册，河
　北教育出版社 1999 年版，第 585 页。
④ 钱穆：《中国近三百年学术史》，刘梦溪主编：《中国现代学术经典·钱宾四卷》上册，河
　北教育出版社 1999 年版，第 585 页。

钱穆认为:"康党在当时,即对光绪亦未尝有十分忠良之意,保皇旗帜,特以后事势推迁所演成。"① 他认为谭嗣同之死,并非像他与梁启超临诀时说的"不有死者,无以酬圣主"②,"而遂若与其极端之冲决网罗论,为心迹之两违也"。③ 又说:"然复生身后,所谓冲决网罗之思潮,则演进无已。辛亥革命,君臣一伦终于毁灭,平等、自由之声浪日呼日高。凡《仁学》与《大同书》之所薪向,方一一演出。"而这时候康有为又站出来"大声疾呼为反抗之"④,反对孙中山领导的资产阶级革命,撰《救亡论》《共和政体论》,反对共和政体,提出"虚君共和"的政治主张,拒绝与反清革命的孙中山合作。1899 年 7 月,康氏在加拿大组成"保救大清皇帝公司"即保皇会,便使他的角色固定化。1913 年,创办《不忍杂志》,发表《中国颠危误在全法欧美而尽弃国粹说》,其思想变得极端保守顽固。

1899 年,康有为的保皇角色固定化以后,也并非完全拒绝接受西方思想文化。1905 年,康有为自温哥华南游美国,在各地向华侨演讲。他一方面鼓舞众人加入保皇会,另一方面倾慕西方资本主义国家的物质文明,撰写《特质救国论》,认为欧美崛起于讲求物质之学。他指出:中国是数千年之文明古国,然偏重于道德、哲学,最缺物质之学,今日欲救中国,专从事于物质学足矣,甚至提出"科学实为救国之第一事",宁百事不办,此必不可缺。笔者认为《特质救国论》开"物质救国""科学救国"之先声。

---

① 钱穆:《中国近三百年学术史》,刘梦溪主编:《中国现代学术经典·钱宾四卷》上册,河北教育出版社 1999 年版,第 586 页。
② 钱穆:《中国近三百年学术史》,刘梦溪主编:《中国现代学术经典·钱宾四卷》上册,河北教育出版社 1999 年版,第 585 页。
③ 钱穆:《中国近三百年学术史》,刘梦溪主编:《中国现代学术经典·钱宾四卷》上册,河北教育出版社 1999 年版,第 586 页。
④ 钱穆:《中国近三百年学术史》,刘梦溪主编:《中国现代学术经典·钱宾四卷》上册,河北教育出版社 1999 年版,第 586 页。

第四节　康有为的学风

　　康有为曾师从南海硕儒朱次琦。后来师生在学习思想上分途，朱次琦之理学，以程朱为主，而兼采陆王；康有为则独好陆王，又潜心佛典，基本上属于理学中的心学一派。因此，康氏在为学上从论性出发，说明为学的重要性。康氏在《长兴学记·自序》中，认为性是人与禽兽所共有，而人之所以异于禽兽者在于人能够学习，他要求学人大胆违逆常规、积习，勉从学，以成博学之人。而他自己的治学道路正是这样走过来的，他的《新学伪经考》《孔子改制考》《大同书》等都是大胆违逆常规、积习的著作。梁启超说："其所以自成家数崛起一时者以此，其所以不能立健实之基础者亦以此。"① 而康有为"教人读古书，不当求诸章句训诂名物制度之末，当求其义理；所谓义理者，又非言心言性，乃在古人创法立制之精意。于是汉学宋学，皆所吐弃，为学界别辟一新殖民地"。② "汉学宋学皆所吐弃"是康有为今文经学的一大特征。梁启超认为康有为的文化、学习思想并未完全脱出洋务派"中体西用"的模式，他是"以孔学、佛学、宋明学为体，以史学、西学为用"。③ 他"排斥宋学"，是因为宋儒"仅言孔子修己之学，不明孔子救世之学也"；他"排斥歆学"（刘歆之学），因为刘歆"作伪，诬孔子，误后世也"；他"排斥荀学"（荀卿之学），因为荀子"仅传孔子小

---

① 梁启超：《清代学术概论》，刘梦溪主编：《中国现代学术经典·梁启超卷》，河北教育出版社 1996 年版，第 189 页。
② 梁启超：《清代学术概论》，刘梦溪主编：《中国现代学术经典·梁启超卷》，河北教育出版社 1996 年版，第 190 页。
③ 梁启超：《南海康先生传》，张品兴主编：《梁启超全集》第 1 册，北京出版社 1999 年版，第 483 页。

康之统，不传孔子大同之统也。"① 他尊孔但不重《论语》而重六经中的《春秋》和《易》，他认为，"《易》为魂灵界之书，《春秋》为人间世之书，所谓致广大而尽精微，极高明而道中庸，孔教精神，于是乎在"。②

康有为在万木草堂讲学时指导陈千秋、梁启超等弟子学习《公羊传》，此外则读点《资治通鉴》《宋元学案》《朱子语类》等书籍，他也提倡研治周秦诸子及佛典，涉猎清儒经济书及译本西书。这是长兴学规中规定的学科内容。

康有为排宋、排刘、排荀，俱为经世致用，"思一革而新之，故进退千古，制定法律，以贻来者"。③ 专在激厉气节、发扬精神，"欲任天下之事，开中国之新世界"。④ 他认为"宋元明儒者，别发性理，稍脱刘歆之范围，而皆不出荀学之一小支"。⑤ 梁启超与谭嗣同等俱排斥荀学，这是从康有为那里传承下来的。梁启超说："孔门之学，后衍为孟子荀卿两派，荀传小康，孟传大同。汉代经师，不问为今文家古文家，皆出荀卿，（汪中说）二千年间，宗派屡变，壹皆盘旋荀学肘下；孟学绝而孔学亦衰。于是专以绌荀申孟为标帜，引《孟子》中诛责'民贼'、'独夫'，'善战服上刑'，'授田制产'诸义，谓为大同精意所寄，日倡道之。"⑥ 谭嗣同排荀更为激烈，他说："二千年来之政，秦政

① 梁启超：《南海康先生传》，张品兴主编：《梁启超全集》第1册，北京出版社1999年版，第486—487页。
② 梁启超：《南海康先生传》，张品兴主编：《梁启超全集》第1册，北京出版社1999年版，第487页。
③ 梁启超：《南海康先生传》，张品兴主编：《梁启超全集》第1册，北京出版社1999年版，第487页。
④ 梁启超：《南海康先生传》，张品兴主编：《梁启超全集》第1册，北京出版社1999年版，第483页。
⑤ 梁启超：《南海康先生传》，张品兴主编：《梁启超全集》第1册，北京出版社1999年版，第487页。
⑥ 梁启超：《清代学术概论》，刘梦溪主编：《中国现代学术经典·梁启超卷》，河北教育出版社1996年版，第193页。

也，皆大盗也；二千年来之学，荀学也，皆乡愿也。惟大盗利用乡愿；惟乡愿工媚大盗。"①

1891 年康有为作《长兴学记》，作为长兴讲学的学规。《长兴学记》，"其为教也，德育居十之七，智育居十之三，而体育亦特重焉"。②具体论述为学之要，包含"学纲""学科""科外学科"三个方面。"学纲"中明确提出学生要在德智体几方面协调发展的思想，这在中国教育思想史上还属首创。但德育上，强调为学以仁为本，没有超越传统思想道德修养的内容，而智育上，却有创新，其学习内容反映了中学与西学并存的时代特点，体现了旧式书院向新式学校的过渡，引进了西方新学，又保留了大量中国旧学。特别是加了体育这一新科，强调音乐、舞蹈、体操、兵式体操的训练，开展游历活动，这是受西方教育学影响的产物。

康有为的学术思想体现在"学科"内容之中。在智育上，除了传统的义理之学（包括孔学、佛学、周秦诸子学、宋明学、泰西哲学）、考据之学（包括中国经学史学、万国史学、地理学、数学、格致学即自然科学）、文字之学（包括中国词章学、外国语言文字学）之外，增加了经世之学（包括政治原理学、中国政治沿革得失、万国政治沿革得失、政治应用学、群学），而且对传统"六艺"有所改造，以西学之"图""枪"代替中学的"射""御"。从以上学科内容可以看出，康氏提出了前人未提出的新内容，如音乐至兵式体操诸科，皆属创举，是有巨大进步意义的。

在康有为的学术思想中最可值得珍视的是"经世之学"，他在《长兴学记》中的经世之学的科目与中外现实密切相关。经世之学在近代

---

① 谭嗣同：《仁学一》，蔡尚思、方行编：《谭嗣同全集》下册，中华书局 1981 年版，第 337 页。
② 梁启超：《南海康先生传》，张品兴主编：《梁启超全集》第 1 册，北京出版社 1999 年版，第 485 页。

已成今文经学派的学术本质性特征，自庄存与、刘逢禄到龚自珍、魏源一脉相承。今文学家均讲经世，但他们都停留在学术层面上，到康有为等变法派士人，将经世之学变为社会政治运动服务之学。他们讲《公羊学》，"因能生大勇猛，以舍身而救天下"①，"如大海潮，如狮子吼，善能振荡学者之脑气，使之悚息感动，终身不能忘"②。

梁启超在谈到晚清学风时说："中国学风之坏，至本朝而极；而距今十年前（1891 年），又末流之末流也。学者一无所志，一无所知，惟利禄之是慕，惟帖括之是学。"因为康有为为了扭转这种利禄、孤陋、无用的末流之末流的学风，"必以严重迅厉之语大棒大喝，打破其顽旧卑劣之根性"。③

康有为的"经世之学"，在他的弟子陈千秋为《长兴学记》作《跋》中有所阐明："国朝之儒，刳心绌性而宋学亡，经师碎义逃难而汉学亦亡。陵夷至道、咸之季，大盗猖披，国命危阽，民生日悴，莫之振救，儒效既睹，而世变亦日新矣。吾师康先生，思圣道之衰，悯王制之缺，慨然发愤，思易天下。"④ 陈氏又说，《长兴学记》使"缀学之士，知所趋向，推行渐广，风气渐移，生民之托命，或有赖焉"。⑤ 说明《长兴学记》以及康氏讲学、著述旨在经世。康有为自己也说："近世著书，猎奇炫博，于人心世道，绝无所关。"⑥ 因此，康氏为学"凡

---

① 梁启超：《南海康先生传》，张品兴主编：《梁启超全集》第 1 册，北京出版社 1999 年版，第 487 页。
② 梁启超：《南海康先生传》，张品兴主编：《梁启超全集》第 1 册，北京出版社 1999 年版，第 484—485 页。
③ 梁启超：《南海康先生传》，张品兴主编：《梁启超全集》第 1 册，北京出版社 1999 年版，第 485 页。
④ 钱穆：《中国近三百年学术史》，刘梦溪主编：《中国现代学术经典·钱宾四卷》上册，河北教育出版社 1999 年版，第 548 页。
⑤ 钱穆：《中国近三百年学术史》，刘梦溪主编：《中国现代学术经典·钱宾四卷》上册，河北教育出版社 1999 年版，第 548 页。
⑥ 钱穆：《中国近三百年学术史》，刘梦溪主编：《中国现代学术经典·钱宾四卷》上册，河北教育出版社 1999 年版，第 549 页。

此所列，主人生实行，不主训诂考订，与乾、嘉以来风尚绝异"。① 而乾、嘉以来的声音、训诂之学，只能收小学之益，而不能传孔门之大道，致使"大道"以多歧而亡，"学术"以小辨而惑。康有为不仅对乾、嘉考据之学持否定态度，而对清初顾炎武的博雅之学，也与之判然划界，他说："国朝读书之博，风俗之坏，亭林为功之首，亦罪之魁也。"②

梁启超说："盖先生之学，以历史为根柢。其外貌似急进派，其精神实渐进派也。"③ 康有为在《长兴学记》中教人读书曰："历朝经世之学，知《廿四史》外，《通鉴》著治乱之统，《通考》详沿革之故，及夫国朝掌故，外夷政俗，皆宜考焉。宋、明义理之学，自朱子书外，陆王心学为别派，四朝《学案》为荟萃。至于诸子学术，异教学派，亦当审焉。"④ 钱穆曾指出："此处所举，首史籍，次理学，又次诸子，而乾、嘉以来一切考据训诂必治之书不得与，此亦当时讲学态度之绝异于乾、嘉者也。"⑤ 康有为首重史学，其次是理学与诸子学，目的是通过"博稽而通其变，务致之用"，把学问做成经世之学，而乾、嘉以来一切考据训诂必治之书于救亡图存的现实无补，因而是悉举而摧陷廓清之。乾、嘉学术最大的弊端在于它远离现实政治，而经世之学则"令今可行，务通变宜民"。⑥

---

① 钱穆：《中国近三百年学术史》，刘梦溪主编：《中国现代学术经典·钱宾四卷》上册，河北教育出版社 1999 年版，第 550 页。
② 钱穆：《中国近三百年学术史》，刘梦溪主编：《中国现代学术经典·钱宾四卷》上册，河北教育出版社 1999 年版，第 549 页。
③ 梁启超：《南海康先生传》，张品兴主编：《梁启超全集》第 1 册，北京出版社 1999 年版，第 497 页。
④ 钱穆：《中国近三百年学术史》，刘梦溪主编：《中国现代学术经典·钱宾四卷》上册，河北教育出版社 1999 年版，第 551 页。
⑤ 钱穆：《中国近三百年学术史》，刘梦溪主编：《中国现代学术经典·钱宾四卷》上册，河北教育出版社 1999 年版，第 552 页。
⑥ 钱穆：《中国近三百年学术史》，刘梦溪主编：《中国现代学术经典·钱宾四卷》上册，河北教育出版社 1999 年版，第 550 页。

康有为要变法维新，为什么要借用今文经学，特别看重《公羊》《春秋繁露》呢？朱一新（1852—1900 年）指出："汉学家琐碎鲜心得，高明者亦悟其非，而又炫于时尚，宋儒义理之学，深所讳言。于是求之汉儒，惟董生之言最精；求之《六经》，惟《春秋》改制之说最易附会。且西汉今文之学久绝，近儒虽多缀辑，而零篇坠简，无以自张其军。独《公羊》全书幸存，《春秋繁露》、《白虎通》诸书，又多与何注相出入，甚学派甚古，其陈义甚高，足以压倒东汉以下儒者，遂幡然变计为此。"① 朱氏道出康有为依托今文经学鼓起资产阶级维新思潮以参与社会政治变革运动的学术选择，其实这也是晚清关心国家命运的士人的共同选择。

对康有为的学风，其弟子梁启超有褒有贬，由于他亲炙康学，认识比较深刻而公允，他说："有为弟子有陈千秋、梁启超者，并夙治考证学，陈尤精治，闻有为说，则尽弃其学而学焉；《伪经考》之著，二人者多所参与，亦时时病其师之武断，然卒莫能夺也。实则此书大体皆精当，其可议处乃在小节目，乃至谓《史记》、《楚辞》经刘歆羼入者数十条，出土之钟鼎彝器，皆刘歆私铸埋藏以欺后世；此实为事理之万不可通者，而有为必力持之。实则其主张之要点，并不必借重于此等枝词强辩而始成立；而有为以好博好异之故，往往不惜抹杀证据或曲解证据，以犯科学家之大忌，此其所短也。有为之为人也，万事纯任主观，自信力极强，而持之极毅；其对于客观的事实，或竟蔑视，或必欲强之以从我，其在事业上也有然，其在学问上也亦有然；其所以自成家数崛起一时者以此，其所以不能立健实之基础者亦以此，读《新学伪经考》而可见也。"② 梁氏又说："启超治《伪经考》，时复不慊于其师之武

---

① 朱一新：《无邪堂答问》卷一，光绪二十一年广雅书局刻本，第 24—25 页。
② 梁启超：《清代学术概论》，刘梦溪主编：《中国现代学术经典·梁启超卷》，河北教育出版社 1996 年版，第 188—189 页。

断，后遂置不复道；其师好引纬书，以神秘性说孔子，启超亦不谓然。"①

又说："启超自三十以后，已绝口不谈'伪经'，亦不甚谈'改制'；而其师康有为大倡设孔教会定国教祀天配孔诸议，国中附和不乏，启超不谓然，屡起而驳之；……中国思想之痼疾，确在'好依傍'与'名实混淆'。若援佛入儒也，若好造伪书也，皆原本于此等精神。以清儒论，颜元几于墨矣，而必自谓出孔子；戴震全属西洋思想，而必自谓出孔子；康有为之大同，空前创获，而必自谓出孔子。及至孔子之改制，何为必托古，诸子何为皆托古，则亦依傍混淆也已。此病根不拔，则思想终无独立自由之望；启超盖于此三致意焉。然持论既屡与其师不合，康梁学派遂分。"②

以上引梁启超对其老师康有为学风的评论，侧重点在批评。康氏的《新学伪经考》问世后，当即遭到同时代的朱一新的批驳，之后有钱穆著《中国近三百年学术史》，在《康长素》专章中设《康氏之新考据》，对康氏学风驳正甚精审详尽。钱氏所论影响当今学术界对康氏学风的看法，所谓"主观武断，强辨古文经之伪"③；所谓"尊崇公羊学，在群书校释上穿凿附会"④ 云云。笔者窃以为其今文经学没有这种学风就不成其为今文学派了，这也是今文经学自诞生时起从娘胎里带出来的文化性格。今文经学的鼻祖公羊学大师董仲舒即具有这种禀性。

公羊学最能代表汉代今文学派的特点，而董仲舒的春秋说正集中地反映了这种学风。董仲舒阐发《春秋》附会微言大义，说孔子作《春秋》褒贬当世，并为后王立法，既体现了天意，又包含着带有普遍意

①　梁启超：《清代学术概论》，刘梦溪主编：《中国现代学术经典·梁启超卷》，河北教育出版社 1996 年版，第 193 页。
②　梁启超：《清代学术概论》，刘梦溪主编：《中国现代学术经典·梁启超卷》，河北教育出版社 1996 年版，第 195、197—198 页。
③　孙钦善：《中国古文献学史》下册，中华书局 1994 年版，第 1161 页。
④　孙钦善：《中国古文献学史》下册，中华书局 1994 年版，第 1178 页。

义的历史经验。由此编造出"三世说""三统说""六科""十指"之
类的神学目的论。他宣扬阴阳灾异、主观附会，随意立说，到东汉何休
走得更远。但今文经学在汉武帝时兴起发迹，是适应当时社会大规模变
革的需要，"通经致用"与附会立说是今文经学学风的两个相互联系的
方面。了解董仲舒的公羊学，看到董氏之学与康氏之学的联系，读一读
康氏的《春秋董氏学》这部重要的著作，原来康有为"因董子以通
《公羊》，因《公羊》以通《春秋》，因《春秋》以通六经，而窥孔子
之道本"。① 我们不必站在考据家的立场对康有为作出不符合历史实际
的价值判断。董仲舒与康有为就他们的社会背景来说，二人都处在社会
大变革时期，不同的是董仲舒处在封建社会上升时期（盛汉时期）的
社会大变；而康有为则处在封建社会即将崩溃解体时期的社会大变，但
社会巨变而推动思想文化变革转型却是相同的。董与康都是他们那个时
代的"先时之人物也。如鸡之鸣，先于群动；如长庚之出，先于群星，
故人多不闻之不见之"，"而每熔取事物以佐其主义，常有六经皆我注
脚、群山皆其仆从之概"。②

　　总之，我们今天议论康有为的新学思想和学风，不能只看到他
"附会立说"的一面，更要看到他"通经致用"的一面。还是康氏门生
梁启超说得肯切："故短先生者，谓其武断，谓其执拗，谓其专制，或
非无因耶。然人有短长，而短即在于长之中，长即在于短之内。先生所
以不畏疑难，刚健果决，以旋撼世界者，皆此自信力为之也。""于学
术亦然，于治事亦然。"③ 康有为在经学上的贡献，确实"把西汉迄清

---

① 康有为：《春秋董氏学自序》，刘梦溪主编：《中国现代学术经典·康有为卷》，河北教
　育出版社 1996 年版，第 109 页。
② 梁启超：《南海康先生传》，张品兴主编：《梁启超全集》第 1 册，北京出版社 1999 年
　版，第 497 页。
③ 梁启超：《南海康先生传》，张品兴主编：《梁启超全集》第 1 册，北京出版社 1999 年
　版，第 497 页。

今古文之争算一个总帐"。① 不管这笔总账算得是否有根有据、言而有证，论皆凿凿。但"使当时的思想界也跟着发生激烈的摇动"，"他打倒历代相传神圣不可侵犯的古经，尤其使人心不能不激变。清末更无人可以和他比较了"。②

---

① 梁启超：《古书真伪及其年代》，张品兴主编：《梁启超全集》第 9 册，北京出版社 1999年版，第 5028 页。
② 梁启超：《古书真伪及其年代》，张品兴主编：《梁启超全集》第 9 册，北京出版社 1999年版，第 5028 页。

第十一章

清末新学家两个卓越的学者梁启超与谭嗣同

第一节　不惮以今日之我与昔日之我挑战的梁启超

一、梁启超的学习生活

梁启超（1873—1929 年），广东新会人，字卓如，号任公，又号饮冰室主人，笔名有哀时客、少年中国之少年、中国之新民等。梁姓自北宋始由秦地同州迁入广东。梁启超祖上居茶坑村，十世皆务农，至祖父梁维清，方有志向，捐为附贡生。启超幼时，于诸孙中最得祖父喜爱，日则教读，夜则随寝。父梁宝瑛亦习举子业，不得售，遂教授于乡里。启超兄弟少时，皆由其父亲教。而初识字之启蒙老师，则为其母。其家教慈而严，不以寻常人教之。

启超幼年以神童闻名乡里。4、5 岁开始读书，即习"四书""五经"，接受中国传统文化教育。他好学上进，8 岁学为文，9 岁便能缀千言。11 岁考秀才名列前茅，卓越才华令广东学政叶大焯为之叹服。12 岁入广州学海堂，师从宿儒耆学陈梅坪，博览群书。17 岁便以第 8 名登举子，可谓少年得志，自然有几分傲气。所以当听到同窗好友陈千秋夸老秀才康有为"南海康先生的学识你我无法企及"时，心中有几分不服，便想见一见这南海康先生是何许人也。

经陈千秋引见，梁启超与康有为在云衢书屋会面。梁启超一开始自恃对时下所推崇的训诂词章之学颇有所知，因而一见面便夸夸其谈，不料康有为将这些数百年奉为正统的旧学统统视为无用，一一加以驳诘，旁征博引，摧陷廓清。这对年少的梁启超无疑是冷水浇背，当头棒喝。这次会面自上午8时到下午8时，整整持续了12个小时。梁启超感觉好像以前立足之基被掘空，茫茫然不知所从。回到住所，梁启超又惊又喜，且怨且艾，且疑且惧，与陈千秋同宿一室，探讨辩诘，竟至通宵达旦。

第二天一早，梁启超再度赴云衢书屋拜见康有为。这次与前一日大不相同，梁启超是来请教康有为如何治学，已有意入康门为弟子。康有为乃教以陆、王心学，并及史学、西学之梗概。从此梁启超告别旧学，始知世间学问原来是另外一回事，并正式拜在康门之下，成为万木草堂中深得乃师真谛的高足，开始走上维新之路。

戊戌维新时期，二十几岁的梁启超，即以"笔端常带情感"的宣传文字著称，是舆论界之"骄子"。他的《变法通议》等文章的发表，令人信服地论证了变法的必要性和必然性，并从政治、经济、教育、军事等方面展开对封建制的批判，使资产阶级民权思想广泛传播。梁启超由是声誉鹊起，与康有为齐名，被人合称为"康梁"。

维新变法失败后，梁启超流亡日本，开始长达14年的流亡生活。赴日之初，他热衷于学习日文，广泛浏览日本的"洋学"书籍，受到明治文化的冲击，"思想为之一变"。[1] 居日期间，仍热心政治活动，组织保皇会，成立政闻社，从事立宪活动，反对流血革命，为此数次离开日本，赴檀香山、新加坡、澳洲、美洲等地进行宣传。而其用心最多且成效最大者，实为办刊撰文，对国人进行思想启蒙。他也曾一度与孙中山合作，创办《清议报》《新民丛报》《新小说》等刊物，开始脱离康

---

[1]　夏晓虹：《梁启超先生小传》，刘梦溪主编：《中国现代学术经典·梁启超卷》，河北教育出版社1996年版，第2页。

有为今文经学窠臼，更多地宣传西学，进行资产阶级启蒙教育。"五四"时期他主张科学与民主，1920年则又支持张东荪同马克思主义者论战。晚年在清华大学讲学。梁启超一生勤于著述，卷帙浩繁，涉及面广，对史学、文学、政治学、哲学、法学、经济学、社会学、教育学、新闻学等方面都有开拓性的研究，是典型的百科全书式的学术大师。"饮冰一集，万本万遍，传诵国人"。①

1900年后，梁启超在日本以《清议报》《新民丛报》为阵地，对资产阶级的思想、文化、理论流派进行全面的介绍宣传，笔锋所及，汪洋恣肆，"在他那新兴气锐的言论之前，差不多所有的旧思想、旧风习，都好像狂风中的败叶，完全失掉了它的精彩"。② 郭沫若的这一回忆，充分肯定了梁启超在中国近代学习思想史上的历史地位，如他自称的那样，他确实是中国近代"一个标榜自由思想而与封建的残余作战"的启蒙思想家。

民国成立后，梁启超曾出游欧洲各国，增强了他"以中国文化救世界的信心"。③ 1920年回国后，虽仍不免就时事发表意见，却谨守社会名流身份，采取独立超脱姿态，倡导国民运动，抨击时弊恶行，大部分精力与时间则用于讲学与著述。晚年，除兼课于南开大学、东南大学、北京大学等校之外，主要执教于清华学校，为该校国学研究院著名的四大导师之一。学术研究以中国传统文化最用力，著有《清代学术概论》《中国近三百年学术史》《中国韵文里头所表现的情感》《中国历史研究法》及其《补编》等力作。临去世前三个月，仍奋力执笔，编订《辛稼轩先生年谱》，真正实践了他"战士死于沙场，学者死于讲

① 丁文江、赵丰田：《梁启超年谱长编》，上海人民出版社1983年版，第1209页。
② 郭沫若：《沫若文集》第6册，人民文学出版社1958年版，第112页。
③ 夏晓虹：《梁启超先生小传》，刘梦溪主编：《中国现代学术经典·梁启超卷》，河北教育出版社1996年版，第3页。

座"① 之言。

梁启超一生笔耕不辍，著作等身，字数总计在 1000 万言以上。林志钧所编《饮冰室合集》40 册、张品兴主编《梁启超全集》10 册，可谓卷帙浩繁，仍搜罗未全。梁氏性格喜新善变，其政治主张多变曾为人诟病，但他能随时进步，确实值得肯定。"学问上亦不肯固步自封，每喜推陈出新，以是开后人治学诸多门径。其为人热情坦诚，文字亦平易畅达，虽作专门研究，仍时刻不忘文化普及工作。"②

二、重视教育、改革科举制度

梁启超在中国学习思想史上的突出贡献体现在教育思想上。他同康有为一样非常重视教育的作用。他认为，一国的强弱都是以教育为转移，变法维新主要以教育来实现。他把兴学校、育人才作为变法的根本。他说："今日中国之大患，苦于人才之不足，而人才不足由学校不兴也。"③ 他还在《学校总论》一文中进一步阐述这种观点，举例说："吾闻之《春秋》三世之义，据乱世以力胜，升平世智、力互相胜，太平世以智胜。草昧伊始，蹄迹交于中国，鸟兽之害未消，营窟悬巢，乃克相保，力之强也。顾人虽文弱，无羽毛之饰，爪牙之卫，而卒能槛絷兕、虎，驾役驼、象，智之强也。"④ 就是说犀牛与虎虽凶，人能捕获，驼、象虽大，人能驾役，都是由于"智之强"。他还说："数千年来，蒙古之种，回回之裔，以掳掠为功，以屠杀为乐，屡躏各国，几一寰宇，力之强也。近百年间，欧罗巴之众，高加索之族，藉制器以灭国，

---

① 夏晓虹：《梁启超先生小传》，刘梦溪主编：《中国现代学术经典·梁启超卷》，河北教育出版社 1996 年版，第 4 页。
② 夏晓虹：《梁启超先生小传》，刘梦溪主编：《中国现代学术经典·梁启超卷》，河北教育出版社 1996 年版，第 5 页。
③ 毛礼锐：《中国教育通史》第 4 卷，山东教育出版社 1988 年版，第 274 页。
④ 梁启超：《变法通议》，张品兴主编：《梁启超全集》第 1 册，北京出版社 1999 年版，第 17 页。

借通商以辟地，于是全球十九，归其统辖，智之强也。"① 这是说欧美各国富强，也是由于"智之强"。由此得出结论，"世界之连，由乱而进于平；胜败之原，由力而趋于智。故言自强于今日，以开民智为第一义"。② 那么，怎样才能开民智呢？他的回答是"开于学""立于教"，就是兴建学校，办好教育。

梁启超看到了教育在"开民智，育人才"中的作用，这对国家的富强是有直接关系的。他的这种认识是卓越而深刻的，但需要指出的是他对教育作用的理解有些夸大了，特别是过分地迷信智慧的力量，把人的文化水平的作用提高到不适当的地位。他说："天地之间独一无二之大势力，何在乎？曰智慧而已矣，学术而已矣。"③ 在半殖民地半封建社会的中国，不可能以教育的手段改变社会的性质。所以，把这一思想作为维新变法之本，依靠教育去"救亡图存"，显然是行不通的。

同时，梁启超主张废八股、变科举。他对科举制的腐朽性作了深刻的揭露。他在《戊戌政变记》中说："八股取士，为中国锢蔽文明之一大根源，行之千年，使学者坠聪塞明，不识古今，不知五洲，其蔽皆由于此。"他在《论科举》一文中，极力主张改变科举，说："欲兴学校，养人才，以强中国，惟变科举为第一义，大变则大效，小变则小效。"④ 深刻地阐明了改变科举的决心和态度。在《公车上书请变通科举折》中，他列举了八股取士的危害。他说："科举之试，以诗文楷法取士，学非所用、用非所学故也。"⑤ 因此而选取的人，于"内政、外交、治

① 梁启超：《变法通议》，张品兴主编：《梁启超全集》第1册，北京出版社1999年版，第17页。
② 梁启超：《变法通议》，张品兴主编：《梁启超全集》第1册，北京出版社1999年版，第17页。
③ 梁启超：《梁启超文集》，北京燕山出版社1997年版，第215页。
④ 梁启超：《变法通议》，张品兴主编：《梁启超全集》第1册，北京出版社1999年版，第24页。
⑤ 梁启超：《变法通议》，张品兴主编：《梁启超全集》第1册，北京出版社1999年版，第162页。

兵、理财无一能举者"，甚至官至公卿高位，"多有不识汉唐为何朝，贞观为何号者；至于中国之舆地不知，外国之名形不识，更不足责也。其能稍通古今者，郡邑或不得一人；其能通达中外博达政教之故及有专门之学者，益更寡矣。以彼人才至愚极陋如此，而当官任政如彼，而以当泰西十六之强国万亿之新学新艺，其为所凌弱宰割拱手受缚，乃其固然也"。①

梁启超还在《论科举》一文中，提出改革科举的上、中、下三策。所谓"上策"："远法三代，近采泰西，合科举于学校，自京师以讫州县，以次立大学、小学，聚天下之才，教而后用之，入小学者比诸生，入大学者比举人，大学学成比进士，选其尤异者，出洋学习比庶吉士，其余归内外、户刑工商各部，任用比部曹，庶吉士出洋三年，学成而归者，授职比编检，学生业有定课，考有定格，在学四年而大试之，以教习为试官，不限额，不糊名。凡自明以来，取士之具，取士之法，千年积弊，一旦廓清而辞辟之，则天下之士，靡然向风，八年之后，人才盈廷矣。"所谓"中策"："若积习既久，未即遽除，取士之具，未能尽变，科举学校，未能遂合，则莫如用汉唐之法，多设诸科，与今日帖括一科并行，昔圣祖高宗，两开博学鸿词，网罗俊良，激励后进，故国朝人才，以康乾两世为最盛，此即吾向者多途胜于一途之说也。"所谓"下策"："一仍今日取士之法，而略变其取士之具。"② 因此，上策者，三代之制也。中策者，汉唐之法也。下策者，宋元之遗也。由上策者强，由中策者安，由下策者存。照此实行，国家必将强大起来。

梁启超这些主张，对改革科举制度，提出了许多有益的建议。在维新派的推动下，清朝统治者不得不废除了明朝以来的八股取士制度。不

---

① 梁启超：《变法通议》，张品兴主编：《梁启超全集》第 1 册，北京出版社 1999 年版，第 162 页。

② 梁启超：《变法通议》，张品兴主编：《梁启超全集》第 1 册，北京出版社 1999 年版，第 25 页。

久，科举取士制度也全部废止了。这方面，不单单是梁启超个人的行为，但他在废八股，改革科举制度中做出的贡献，是值得我们记取的，这也是他在中国近代学习思想史上写下的光辉一页。

三、主张学习思想中西学交融会通

洋务派在19世纪60年代至90年代前期，相继创办了一批"西文""西艺"学堂。所谓"西文"学堂，一般是指专门培养外交人才、翻译人才的外国语学校；所谓"西艺"学堂，是指专门培养技术人才的科技学堂与军事学堂，两者是为配合洋务运动与外交事务的实际需要而设立的。这些近代学堂的学生，除了学习西方的科学技术，还要学习封建的伦理道德，这体现了洋务派鼓吹的"中体西用"的精神。洋务派试图在保存封建生产关系和上层建筑（中体）的条件下，仅仅通过引进西方先进生产力（西用）来达到富国强兵的目的。早期维新思想家如郑观应等人已认识到"中学为体，西学为用"的荒谬性，而梁启超学习思想的主旨就是要在一定程度上实行"西国之政本大法"以推进西方的先进生产力在中国的移植，但其改良思想妥协性的一面，加上他认为借传统中学的形式更有利于在教育中向学生灌输资产阶级思想，决定了他中西并重的学习思想。

梁启超认为不管是洋务派创办的新式学堂培养的人才，还是科举制度下产生的士人都有割裂中西学或只重一方的倾向。洋务学堂虽然强调学习伦理纲常，但其强烈的实用性倾向，决定了洋务学堂对中学的忽视。"故此中人士，阁束六经，吐弃群籍，于中国旧学，既一切不问，而叩以西人富强之本，制作之精，亦罕有能言之而效者。昔尝戏言：古人所患者，离乎夷狄，而未合乎中国；今之所患者，离乎中国，而未合乎夷狄。"[1] 结果，西学不精，中学也知之甚少。科举出身的知识分

---

[1] 梁启超：《变法通议》，张品兴主编：《梁启超全集》第1册，北京出版社1999年版，第20页。

子，于中学只知"八股而已，试帖而已，律赋而已，楷法而已"，"于西学辄无所闻知"。① 这种状况带来的恶果是"今日非西学不兴之为患，而中学将亡之为患"。②

梁启超认为在学习中必须中西学并重。"舍西学而言中学者，其中学必为无用；舍中学而言西学者，其西学必为无本。"③ 中西学"二者相需，缺一不可"，只有将两者融成"一国之学"，方能培养出"兼能中西"的人才。

怎样在学习中将中西学交融会通呢？梁启超认为：须"以《六经》、诸子为经，而以西人公理公法之书辅之，以求治天下之道；以历史掌故为纬，而以希腊罗马古史辅之，以求古人治天下之法；以接切当今时势为用，而以各国近政近事辅之，以求治今日之天下所当有事"。如此，便可"条理万端，烛照数计，成竹在胸，遇事不挠。此学若成，则真今日救时之良才也"。④ 经过如此糅合，《六经》、诸子所宣讲的将是西方的民权、民约说，中国历史也就变成了资产阶级思想的发展史。梁启超的用心不可谓不良苦也，但他没有认识到，只凭中国传统典籍中的一些只言片语去附会资产阶级民主思想，无疑是让学生透过封建思想的毛玻璃去看清资产阶级的民主思想。

梁启超在具体的学习实践中，似乎更明智一些，他只是要求学生不仅要潜学攻读西学书籍，还应广学中国传统典籍。他在 1897 年拟定的《湖南时务学堂学约》中，主张学生中、西学间日为课，如果能这样，则"度数年之力，中国要籍一切大义，皆可了达，而旁证远引于西方诸学，亦可以知崖略矣。夫如是则读书者，无望洋之叹，无歧路之迷，而中学或可以不绝，今与二三子从事焉，若可行也，则将演为学校报以

---

① 梁启超：《饮冰室合集》文集之一，中华书局 1980 年版，第 126 页。
② 梁启超：《饮冰室合集》文集之一，中华书局 1980 年版，第 126 页。
③ 梁启超：《饮冰室合集》文集之一，中华书局 1980 年版，第 129 页。
④ 梁启超：《饮冰室合集》文集之一，中华书局 1980 年版，第 25 页。

质诸天下"。①

梁启超对中、西学取舍的观点、方法至今仍有可借鉴之处，如他认为读书时须辩明"古人之制度……何者可行之于今日，何者不可行之于今日；西人之制度，何者可行于中国，何者不可行于中国，何者宜缓，何者宜急"。② 在这里，他并没有把中、西学强扯到一起的意思，这种一分为二的观点，显得比较公允、实际。这是其学习思想史中的又一闪光点。

第二节 晚清学习思想有一彗星——谭嗣同

谭嗣同（1865—1898 年），字复生，号壮飞，湖南浏阳县人。其父继洵，官至湖北巡抚。嗣同幼年丧母，为父妾所虐待，备极孤孽之苦，因此自小养成"操心危，虑患深"的性格，"而德慧术智日增长焉"。③由于较早"遍遭纲伦之厄"④，对封建礼教极痛恨，而"私怀墨子摩顶放踵之志矣"。⑤ "少倜傥有大志，淹通群籍，能文章，好任侠，善剑术。"⑥ 早年从欧阳中鹄受封建正统教育，但对读经、举业的兴趣不浓厚，这可能与蒙师欧阳中鹄的影响有关。欧阳氏执教憎恶热衷于功名利禄的世风，常以王夫之、文天祥等具有高尚气节的历史人物激发谭嗣同的爱国之志。

---

① 梁启超：《变法通议》，张品兴主编：《梁启超全集》第 1 册，北京出版社 1999 年版，第 108 页。
② 梁启超：《饮冰室合集》文集之一，中华书局 1980 年版，第 63 页。
③ 梁启超：《戊戌政变记》，张品兴主编：《梁启超全集》第 1 册，北京出版社 1999 年版，第 231 页。
④ 谭嗣同：《仁学》，蔡尚思、方行编：《谭嗣同全集》下册，中华书局 1981 年版，第 289 页。
⑤ 谭嗣同：《仁学》，蔡尚思、方行编：《谭嗣同全集》下册，中华书局 1981 年版，第 290 页。
⑥ 梁启超：《戊戌政变记》，张品兴主编：《梁启超全集》第 1 册，北京出版社 1999 年版，第 231 页。

　　谭嗣同曾游西北、东南各省，体察风土民情，物色豪杰同志。1892年，他在上海读西方自然科学及历史地理政教之类书籍。甲午战争后，在深重的民族危机面前，他感到不能再"守文因旧"，"苟且图存"，要挽回国运，必须大胆地"冲决封建统治者用以束缚"国人的"网罗"①，而为学也必须冲决"俗学若考据、若词章之网罗"②，他摒弃一切，专精致思，倡导新学，在家乡浏阳首设学会，为湖南全省新学之起点。

　　谭嗣同"集同志，讲求磨砺"的"新学"特色，就是"兼西学""裨实用"为新政、变法培养人才。而当时传统旧学培养出来的人多无真才实学，孤陋守旧，外国人已经打进来，他们却对西方列强一无所知，只会大言空谈，"犹复不知此时为何时，所当为者为何事。溺于考据词章而怙以虚骄，初不辨为某洲某国，概目之曰洋人。动辄夜郎自大，而欲恃其一时之意气，尽驱彼于海外，而闭关绝市，竟若经数十年贤士大夫无术以处之者，彼一出而旦夕可定"。③ 这等陋儒是科举制度培养出来的，因此，谭嗣同提倡新学，批判的目标之一就是科举制。

　　甲午战争是谭嗣同学习思想变化的转折点，他说："三十之年，适在甲午，地球全势忽变，嗣同学术更大变。""三十以后，新学洒然一变，前后判若两人。"④ 1896 年 8 月，谭父为其纳资捐得五品衔候补知府。嗣同到南京候缺，结识南京金陵刻经处的杨文会，"闻佛法，其学又一变"。⑤ 开始撰写《仁学》，次年倡设金陵测量学会，并刻印了

①　谭嗣同：《仁学》，蔡尚思、方行编：《谭嗣同全集》下册，中华书局 1981 年版，第 290 页。
②　谭嗣同：《仁学》，蔡尚思、方行编：《谭嗣同全集》下册，中华书局 1981 年版，第 290 页。
③　谭嗣同：《上欧阳中鹄书》，蔡尚思、方行编《谭嗣同全集》上册，中华书局 1981 年版，第 156 页。
④　谭嗣同《与唐绂丞书》，蔡尚思、方行编《谭嗣同全集》上册，中华书局 1981 年版，第 259 页。
⑤　梁启超：《清代学术概论》，刘梦溪主编：《中国现代学术经典·梁启超卷》，河北教育出版社 1996 年版，第 199 页。

《东海褰冥氏三十以前旧学四种》，表示与旧学告别。这年春天完成了《仁学》2卷50篇，并又在湖南开办时务学堂，编辑出版《湘学新报》《湘学报》，协助湖南巡抚陈宝箴筹办内河轮船、开矿、修筑铁路等新政。谭嗣同在湖南办报纸、办学堂，对湖南的维新变法运动起了巨大的推动作用，他利用报纸与学堂对封建顽固势力展开了针锋相对的斗争。

梁启超说："嗣同幼好为骈体文，缘是以窥'今文学'；其诗有'汪（中）魏（源）龚（自珍）王（闿运）始是才'之语，可见其向往所自；又好王夫之之学，喜谈名理。自交梁启超后，其学一变；自从杨文会闻佛法，其学又一变。尝自哀其少作诗文刻之，题曰《东海褰冥氏三十以前旧学》，示此后不复事此矣。其所谓'新学'之著作，则有《仁学》，亦题曰《台湾人所著书》；盖中多讥切清廷，假台人抒愤也。书成，自藏其稿，而写一副本畀其友梁启超；启超在日本印布之，始传于世。"①

谭嗣同于1895年夏到1896年夏，自武昌三次赴上海，两度北游京师，就在这时结识梁启超。梁启超说："时南海先生方倡强学会于北京及上海，天下志士，走集应和之。（指谭嗣同）君乃自湖南溯江下上海，游京师，将以谒先生（康有为），而先生适归广东，不获见。余方在京师强学会任记纂之役，始与君相见，语以南海讲学之宗旨，经世之条理，则感动大喜跃，自称私淑弟子，自是学识更日益进。时和议初定，人人怀国耻，士气稍振起。君则激昂慷慨，大声疾呼。海内有志之士，睹其丰采，闻其言论，知其为非常人矣。以父命就官为候补知府，需次金陵者一年，闭户养心读书，冥探孔佛之精奥，会通群哲之心法，衍绎南海之宗旨，成《仁学》一书。又时时至上海与同志商量学术，

① 梁启超：《清代学术概论》，刘梦溪主编：《中国现代学术经典·梁启超卷》，河北教育出版社1996年版，第199页。

讨论天下事，未尝与俗吏一相接。君常自谓'作吏一年，无异入山'。"①

　　梁启超说的"自交梁启超后，其学一变"的时间当在1895年。这年4、5月，康、梁在京参加会试，"公车上书"，办《中外纪闻》，成立强学会。所谓"一变"，即接受康有为的学说——资产阶级变法维新思想，也就是"用今文学家'太平'、'大同'之义，以为'世法'之极轨，而通之于佛教"。② 谭嗣同与杨文会交契的时间在1896年7月—1897年春，所谓闻佛法，即接受杨文会信奉的佛教之"唯识""华严"二家的学说。1896年秋，谭嗣同在南京金陵刻经处奉杨氏为第二学佛导师，为他的新学增添了新的因素。他在锐意从事维新变法的过程中，"未有不震动奋厉而雄强刚猛者也"。③ 谭嗣同在甲午战后，先后结识梁启超、夏曾佑、黄遵宪、严复及徐致靖等人，在把握到康有为的学说和政见之后，即自称其私淑弟子，成维新变动运动中最勇猛、最坚决者，最后以死来维护自己的理想与事业，这是康、梁等人所不及的。

　　关于谭嗣同为学思想一变再变的内容及轨迹，梁启超在《戊戌政变记·谭嗣同传》中也有清晰的叙述："少年曾为考据笺注金石刻镂诗古文辞之学，亦好谈中国古兵法；三十岁以后，悉弃去，究心泰西天算格致（科学）政治历史之学，皆有心得，又究心教宗。当君之与余初相见也，极推崇耶氏兼爱之教，而不知有佛，不知有孔子；既而闻南海先生所发明《易》《春秋》之义，穷大同太平之条理，体乾元统天之精意，则大服；又闻《华严》性海之说，而悟世界无量，现身无量，无人无我，无去无住，无垢无净，舍救人外，更无他事之理；闻相宗识浪

---

① 梁启超：《戊戌政变记》，张品兴主编：《梁启超全集》第1册，北京出版社1999年版，第231—232页。
② 梁启超：《清代学术概论》，刘梦溪主编：《中国现代学术经典·梁启超卷》，河北教育出版社1996年版，第200页。
③ 谭嗣同：《仁学》，蔡尚思、方行编：《谭嗣同全集》下册，中华书局1981年版，第321页。

之说，而悟众生根器无量，故说法无量，种种差别，与圆性无碍之理，则益大服。自是豁然贯通，能汇万法为一，能衍一法为万，无所挂碍，而任事之勇猛亦益加。作官金陵之一年，日夜冥搜孔佛之书。金陵有居士杨文会者，博览教乘，熟于佛故，以流通经典为己任。君时时与之游，因得遍窥三藏，所得日益精深。其学术宗旨，大端见于《仁学》一书，又散见于与友人论学书中。"① 根据梁启超的叙述，谭氏学习思想的轨迹为：学习传统文化，以儒家为主，重心在汉学考据，兼习诗文，既而学习西方文化，即西方近代的天文、数学等自然科学与人文社会科学，深受西方基督教文化的影响，为之一变。甲午战争之后，接受康有为的今文经学思想，托古改制，并参加康有为倡导的维新变法运动，又为一变。这一变由"不知有孔子"转而接受孔子之仁学，融汇中西为一炉，后又在杨文会处吸纳佛教革新思想，从"不知有佛"而知佛学之精微，以补孔学之不足。梁启超说谭氏习佛之后"其学又变"，笔者看未必，他只不过是在中学与西学的融合中，中学中的儒学之外又增加了佛学成分，把西、孔、佛贯通而已。从总体上来看，谭嗣同的学术架构在 30 岁时即已形成。30 岁是他做学问的大限。

梁启超说："其学术宗旨，大端见于《仁学》一书，又散见于与友人论学书中。"② 又说："《仁学》之作，欲将科学哲学宗教冶为一炉，而更使适于人生之用，真可谓极大胆极辽远之一种计画。此计画，吾不敢谓终无成立之望，然以现在全世界学术进步之大势观之，则似为期尚早，况在嗣同当时之中国耶？"③ 这种看法比较符合实际。该书分《自序》《仁学界说》和正文三部分：《自序》揭示著书宗旨，对"仁"作

① 梁启超：《戊戌政变记》，张品兴主编：《梁启超全集》第 1 册，北京出版社 1999 年版，第 233 页。
② 梁启超：《戊戌政变记》，张品兴主编：《梁启超全集》第 1 册，北京出版社 1999 年版，第 233 页。
③ 梁启超：《清代学术概论》，刘梦溪主编：《中国现代学术经典·梁启超卷》，河北教育出版社 1996 年版，第 200 页。

释义性说明；《仁学界说》二十七条进一步对"仁"进行界说；正文共有 50 篇分为上下两卷，上卷 30 篇，谈哲学问题，下卷 20 篇，谈社会政治问题。全书以"以太""仁"为两个基本概念，以"唯心""唯识"为认识论的核心，全面表述了谭嗣同的哲学观、历史观以及针对清末的社会现实进行变革的政治、经济、文化思想、社会风俗诸方面的见解。然而谭嗣同处在国将不国，民族危机、灾难极为深重的时期，作为一代爱国精英，他只能为挽救国运而"激昂慷慨、大声疾呼"，不可能"闭户关心读书，冥探孔佛之精奥"，他"以日新为宗旨"，而无沉潜以求精深之时日。梁启超说他与谭嗣同"每十日不相见，则议论学识必有增长"，这说明其接受新事物的敏锐，虽然"于学无所不窥"，但也缺少一个由博反约的消化融贯过程。这样其"驳杂幼稚之论甚多，固无庸讳"。① 严格地说，谭嗣同的思想、学说尚未形成严密统一的体系。从社会革命的意义来评论其思想，确实"其尽脱旧思想之束缚，戛戛独造，则前清一代，未有其比也"。②

谭嗣同的学说庞杂为其特点，他糅合了儒家与佛学、中学与西学、科学与宗教等学说。他的所谓学问已经超出了中国传统文化学术的范围，而西方的自然科学技术知识和政法理论已占很大比重，据其《笔炽》所记录有关他的学习心得和读书札记，其中学习儒家经典约占四分之一，其他均为阅读杂书札记。他对人说："鄙人深愿诸君都讲究学问，则我国亦必赖以不亡。所谓学问者，政治、法律、农、矿、工、商、医、兵、声、光、化、电、图、算皆是也。"③

谭嗣同所著《仁学》开章第一篇就描绘了一个由无数的星团星林

① 梁启超：《清代学术概论》，刘梦溪主编：《中国现代学术经典·梁启超卷》，河北教育出版社 1996 年版，第 200 页。
② 梁启超：《清代学术概论》，刘梦溪主编：《中国现代学术经典·梁启超卷》，河北教育出版社 1996 年版，第 200 页。
③ 谭嗣同：《论学者不当骄人》，蔡尚思、方行编：《谭嗣同全集》下册，中华书局 1981 年版，第 403 页。

星云星气所组成的浩渺无涯的三千大千世界，这是杂糅儒学、西学和佛学而成的。《仁学》中采用了近代西方自然科学家用来解释传播声光热电的媒质"以太"概念，把它看作是天地万物的物质始原，天地万物以至人类都来源于"以太"。当谭嗣同解释"以太之用"时，又把儒之"仁"，墨家之"兼爱"，佛教之"性海""慈悲"，耶稣之"灵魂"诸学说作"以太"所用的范畴。他特别强调："夫仁、以太之用，而天地万物由之以生，由之以通。"① 把"以太"归结为"仁"，又把"以太"为天地万物之源归结为"仁"为天地万物之源，这样，仁不仅为"用"，又为"体"，是体用双兼的，不仅如此，又把"以太""仁"归结为佛学的"唯心""唯识"。这样，谭嗣同的认识论便陷入了佛教式的主观唯心主义。

由于谭嗣同相信佛教"三界惟心，万法惟识"之说，而贱视和排斥实践，明确表示自己"吾贵知，不贵行也"。② 把"知"看作是"灵魂之事"，把"行"看作是"体魄之事"，认为"灵魂，智慧之属也；体魄，业识之属也"。因而主张用灵魂（心）不用体魄，"转业识而成智慧"，把佛教唯识宗"转识成智"的特殊修行方式作为领悟"天地万物自然而固然之真理"之妙法。他把《大学》里讲的格物、致知、诚意、正心以及修齐治平的修养过程，孔子创建儒学的过程，都说成是佛教唯识宗的"转识成智"的过程。因而谭嗣同强调"心力"的作用，所谓"心力"就是人的主观精神力量。他认为"心力"为"以太"的本质，天地万物的主宰，"无不可为"，"虽天地之大，可以由心成之，毁之，改造之"。他认为中国"大劫行至"，唯有"心力"可以"挽劫"，而"心力"的实体是"悲慈""平等""无畏"等精神，中国人要靠这些精神"感天而劫运可挽也"。可见，谭嗣同在民族灾难深重的

① 谭嗣同：《仁学》，蔡尚思、方行编：《谭嗣同全集》下册，中华书局 1981 年版，第 297 页。
② 谭嗣同：《仁学》，蔡尚思、方行编：《谭嗣同全集》下册，中华书局 1981 年版，第 369 页。

19 世纪末，虔诚地企盼从佛教学说中寻找一种勇猛精进的力量以挽救国家危亡之局。

《仁学》最有价值的地方在于它提出了"日新变化"的发展观、历史观，认为：天地以日新，生物无一瞬不新，肯定事物变化的永恒性，天地万物只有在不断更新运动中才有生命力。谭嗣同反对以"恒静"来对待社会的守旧不变的保守僵化观念，认为社会要前进，必须"革故鼎新"。因此，"日新变化""革故鼎新"便成为其变法图强的哲学基础。他的变化观无疑是吸收了西方哲学与中国传统哲学中的唯物辩证因素，以变化、鼎新的观念来对待"道器"问题。他继承和发展了王夫之的"道不离器"的观点，强调"器既变，道安得不变"。谭嗣同变革观的局限性在于他又否定事物有相对的稳定性，他将生与灭等同起来，认为天地万物的变化只有量变而无质变，而人的认识真理，解决矛盾，只靠佛教式的"唯心"的"心力"便可以做到。

也正是在"革故鼎新"的变化观、道器观的支配下，谭嗣同猛烈地抨击封建制度及其意识形态。他在《仁学·自序》中大声疾呼要冲决封建制度编织的种种网罗："初当冲决利禄之网罗，次冲决俗学若考据、若词章之网罗，次冲决全球群学之网罗，次冲决君主之网罗，次冲决伦常之网罗，次冲决天之网罗，次冲决全球群教之网罗，终将冲决佛法之网罗。"[①] 谭嗣同批判锋芒首先对准封建君主专制制度，他说："二千年来之政，秦政也，皆大盗也。""二千年来君臣一伦，尤为黑暗否塞，无复人理，沿及今兹，方愈剧矣。"[②] 指出"君主废，则贵贱平；公理明，则贫富均"，并以"民择君"的"共举论"来否定"君权神授"的愚民欺骗之说教。他认为先有民而后有君，倡导"民本君末"的民权论，否定君权至上观，以民权革故君权，不能把天下为君主囊橐

---

① 谭嗣同：《仁学》，蔡尚思、方行编：《谭嗣同全集》下册，中华书局 1981 年版，第 290 页。
② 谭嗣同：《仁学》，蔡尚思、方行编：《谭嗣同全集》下册，中华书局 1981 年版，第 337 页。

中之私产。

毋庸讳言，谭嗣同为了"鼓吹排满革命"，在他的反对君主专制的理论中也夹杂着一种狭隘的民族主义，他认为以"天下为君主囊橐中之私产"的"辽、金、元之罪"，"逞其凶残淫杀之威，以攫取中原之子女玉帛"，"犹以为未餍"①，却自谓"此食毛践土者之分然也"。② 为了反对君主专制制度，谭氏公然倡"造反有理"之论说："故华人慎毋言华盛顿、拿破仑矣，志士仁人求为陈涉、杨玄感，以供圣人之驱除，死无憾焉。若其机无可乘，则莫若为任侠（搞暗杀恐怖活动），亦足以伸民气，倡勇敢之风，是亦拨乱之具也。"③ 梁启超说："此等言论，著诸竹帛，距后此'同盟会'、'光复会'等之起，盖十五六年矣"。④

封建纲常名教是为君主专制制度服务而被儒家炮制出来的，因此，"冲决伦常之网罗"，便成为变法图强的第二要务。谭嗣同说："君臣之祸亟，而父子、夫妇之伦遂各以名势相制为当然矣。此皆三纲之名之为害也。名之所在，不惟关其口，使不敢昌言，乃并锢其心，使不敢涉想。愚黔首之术，故莫以繁其名为尚焉。……中国动以伦常自矜异，而疾视外人；而为之君者，乃真无复伦常，天下转相习不知怪，独何欤？……独夫民贼，固甚乐三纲之名，一切刑律制度皆依此为率，取便己故也。"⑤ 谭嗣同明目张胆以诋名教。在封建社会诋毁名教是要杀头、坐牢的，嵇康、李贽都因反对名教而送了命，而谭氏比之嵇、李尤为悍勇。

谭嗣同对儒家学说，一是袭用孔子"仁"学而注入西方平等观念，

① 谭嗣同：《仁学》，蔡尚思、方行编：《谭嗣同全集》下册，中华书局1981年版，第341页。
② 谭嗣同：《仁学》，蔡尚思、方行编：《谭嗣同全集》下册，中华书局1981年版，第342页。
③ 谭嗣同：《仁学》，蔡尚思、方行编：《谭嗣同全集》下册，中华书局1981年版，第344页。
④ 梁启超：《清代学术概论》，刘梦溪主编：《中国现代学术经典·梁启超卷》，河北教育出版社1996年版，第202页。
⑤ 谭嗣同：《仁学》，蔡尚思、方行编：《谭嗣同全集》下册，中华书局1981年版，第348—349页。

二是排荀学，三是批宋儒之"灭欲"论。笔者仅就排荀与非宋在此略加说明之。谭嗣同把荀学与专制主义联系起来，把自秦以后二千年的专制皇权称之为"大盗"。他说："二千年来之政，秦政也，皆大盗也；二千年来之学，荀学也，皆乡愿也。惟大盗利用乡愿；惟乡愿工媚大盗。"① 谭嗣同说的"乡愿"是指维护封建专制的意识形态以及守旧的顽固派人物。梁启超说，谭氏说的这番话是维新变法的基本观念，"当时谭（嗣同）、梁（启超）、夏（曾佑）一派之论调"。又说："启超谓孔门之学，后衍为孟子荀卿两派，荀传小康，孟传大同。汉代经师，不问为今文家古文家，皆出荀卿，（注中说）二千年间，宗派屡变，壹皆盘旋荀学肘下；孟学绝而孔学亦衰。于是专以绌荀申孟为标帜，引《孟子》中诛责'民贼'、'独夫'，'善战服上刑'，'授田制产'诸义，谓为大同精意所寄，日倡道之。又好《墨子》，诵说其'兼爱'、'非攻'诸论。启超屡游京师，渐交当世士大夫，而其讲学最契之友，曰夏曾佑、谭嗣同。曾佑方治龚（自珍）刘（逢禄）今文学，每发一义，辄相视莫逆；……嗣同方治王夫之之学，喜谈名理，谈经济，及交启超，亦盛言大同，运动尤烈。而启超之学，受夏、谭影响亦至巨。"② 维新派掀起的"排荀"运动，其目的在于张扬以孟子为代表的民本主义，批判君权专制主义，倡导"革命排满共和之论"。谭嗣同亦反对宋明道学家"存天理，灭人欲"的谬论，他在《仁学》中说："世俗小儒，以天理为善，以人欲为恶，不知无人欲，尚安得有天理！"③

　　1898 年初，谭嗣同创办南学会，成为湖南省开办学会的起点，并在其所办的学会中起的维新变法的作用最大。他利用该会联合南方诸省

① 谭嗣同：《仁学》，蔡尚思、方行编：《谭嗣同全集》下册，中华书局 1981 年版，第 337 页。
② 梁启超：《清代学术概论》，刘梦溪主编：《中国现代学术经典·梁启超卷》，河北教育出版社 1996 年版，第 193—194 页。
③ 谭嗣同：《仁学》，蔡尚思、方行编：《谭嗣同全集》下册，中华书局 1981 年版，第 301 页。

志士，寻求救亡图存之法。湖南巡抚陈宝箴有时也将某些政事交给南学会处议，南学会为陈湖南推行新政起到一定的智囊作用。是年6月，光绪下定国诏，"百日维新"拉开序幕。侍读学士徐致靖上疏保荐谭嗣同、康有为、黄遵宪、张元济、梁启超等，即有上谕，着督抚送部引见。光绪帝于8月召见谭嗣同，奏对称旨，当即超擢四品卿衔军机章京，与杨锐、林旭、刘光第同参新政，时称"军机四卿"。

徐致靖在上保荐谭嗣同疏中说："江苏候补知府谭嗣同，天才卓荦，学识绝伦，忠于爱国，勇于任事，不避艰难，不畏谤疑，内可以为论思之官，外可以备折冲之选。"① 徐《疏》道出谭嗣同文化性格的基本特征，谭的这种文化性格与湖湘文化的关系极为密切，或者说，谭的"忠于爱国，勇于任事，不避艰难，不畏谤疑"的文化性格是湖湘文化养育出来的。钱基博先生在《近百年湖南学风·导言》中说：湖南"民性多流于倔强。以故风气锢塞，常不为中原人文所沾被。抑亦风气自创，能别于中原人物以独立。人杰地灵，大儒迭起，前不见古人，后不见来者，宏识孤怀，涵今茹古，罔不有独立自由之思想，有坚强不磨之志节"。② 钱氏列举在晚清近百年的湖南士人如汤鹏、魏源、胡林翼、曾国藩、左宗棠、郭嵩焘、章士钊中，谭嗣同最刚烈、最鲜明地体现出湖南人文化性格中那种卓励敢死、勇于任事、坚强不屈的奋斗精神，那种独立不惧、问学殊途的创新精神。谭嗣同在湖南办报纸、创学会时，与同道者"平日互相劝勉者，全在'杀身灭族'四字"。③ 他在长沙得知被保举召见时，致书住在浏阳的夫人李闰说："夫人益当自勉，视荣

① 《徐致靖保荐人才折》，《知新报》光绪二十四年（1898年）七月二十一日。
② 钱基博：《近百年湖南学风》，刘梦溪主编：《中国现代学术经典·钱基博卷》，河北教育出版社1996年版，第568页。
③ 谭嗣同：《上欧阳中鹄》，蔡尚思、方行编：《谭嗣同全集》下册，中华书局1981年版，第474页。

华如梦幻，视死辱为常事。"① 到北京后，又致函夫人云："朝廷毅然变法，国事大有可为。我因此益加奋勉，不欲自暇自逸。"② 为了挽救民族危亡，谭嗣同早已将生死置之度外。慈禧及其顽固派党羽于 9 月 21 日发动政变，慈禧再度"训政"，囚禁光绪帝于中南海瀛台，并秘密下令拿捕维新志士。

梁启超当时正在谭嗣同寓所，抄捕康有为之报忽至，谭对梁说："吾已无事可办，惟待死期耳！虽然，天下事知其不可为之。"③ 当晚梁启超避难于日本使馆。第二天，谭嗣同来到日本使馆，劝梁启超出走日本，并携所著书及诗文辞稿本数册及家书一箧托付给梁，说："不有行者，无以图将来；不有死者，无以酬圣主。今南海之生死未可卜，程婴杵臼，月照西乡，吾与足下分任之。"④ 遂相与一抱而别。日本人也劝谭避难日本，不听。再三强之，谭曰："各国变法，无不从流血而成，今日中国未闻有因变法而流血者，此国之所以不昌也。有之，请自嗣同始！"⑤ 接着，谭嗣同被捕入狱，在狱中意气自若，捡煤屑题诗于壁上云："望门投宿思张俭，忍死须臾待杜根。我自横刀向天笑，去留肝胆两昆仑。"⑥

9 月 28 日，谭嗣同与林旭、刘光第、杨深秀、杨锐、康广仁 6 人被杀害于菜市口。就义之日，观者万人，谭嗣同慷慨神气不少变。钱基博评之曰："顾嗣同之致命遂志，养之有素，其立身自有本末。而谈者藉

① 谭嗣同：《致李闰》，蔡尚思、方行编：《谭嗣同全集》下册，中华书局 1981 年版，第530 页。
② 谭嗣同：《致李闰》，蔡尚思、方行编：《谭嗣同全集》下册，中华书局 1981 年版，第531 页。
③ 梁启超：《附录·谭嗣同传》，蔡尚思、方行编：《谭嗣同全集》下册，中华书局 1981 年版，第 546 页。
④ 梁启超：《附录·谭嗣同传》，蔡尚思、方行编：《谭嗣同全集》下册，中华书局 1981 年版，第 546 页。
⑤ 梁启超：《附录·谭嗣同传》，蔡尚思、方行编：《谭嗣同全集》下册，中华书局 1981 年版，第 546 页。
⑥ 梁启超：《附录·谭嗣同传》，蔡尚思、方行编：《谭嗣同全集》下册，中华书局 1981 年版，第 546 页。

为康有为之盛德形容，蔡锷之举兵讨袁，操之有本，在英雄别有襟抱。而论者漫谓梁启超之发踪指示，皮相目论，恶足与语天下士也哉！"① 梁启超亦坦然承认，谭嗣同"其思想为吾人所不能达，其言论为吾人所不敢言"。② 对谭嗣同充满崇敬之情。谭嗣同从应召入京到入狱前仅36 天，而他死时年仅 33 周岁。

---

① 钱基博：《近百年湖南学风》，刘梦溪主编：《中国现代学术经典·钱基博卷》，河北教育出版社 1996 年版，第 649 页。
② 梁启超：《〈清议报〉一白册祝辞并论报馆之责任及本馆之经历》，张品兴主编：《梁启超全集》第 1 册，北京出版社 1999 年版，第 478 页。

第 十 二 章
清末民初学兼中西的严复、王国维

第一节　在近代译述西学无其比者——严复

一、严复的学习生活

严复（1854—1921 年），字又陵，号几道，福建侯官人。其父是一名普通中医，他 14 岁时父亲不幸去世，家庭无力供他上学，严复只好去投考刚刚成立的福州船政学堂。当时一般读书人，都要走科举正途，从秀才、举人、进士、翰林，平步而至公卿。只有家道比较贫困的人家，才送子弟上这种海军学堂，因为海军学堂的学生伙食费全免。5 年毕业后，不仅可以在清政府中得到一份混饭吃的差使，还可参照外国请来的职员，给较优厚的薪水。

14 岁那年，严复以第一名的身份考入福州船政学堂，学习英文和驾船技术。严复在船政学堂学习了 5 年，所学课程有英文、算术、几何、代数、电磁学、光学、声学、化学、天文学、航海学等，都是由西方传入的新学问。这与当时一般所受的传统教育完全不同。

船政学堂毕业后，严复在军舰上实习和工作了 5 年，于 1877 年作为中国第二批留学生被派往英国留学。在英国的两年多光阴，严复都在学校里悉心读书，并观察英国社会。他议论纵横："因西洋光学、声学尚在电学之前，初作指南针，即光学悟出。又云光速而声迟，如雷、电一物，先睹电光而后闻雷声。西士用齿轮急转，不能辨其能（为）齿轮；引电气射之，悬幔其前以辨影，则齿轮宛然，可悟光之速。西士论光与声，射处皆成点。声有高下，光有缓急，则点亦分轻重。凡所映之光影，皆积点而成者也。传声器之法，即从此悟出。又凡声与光皆因动以致其用，其动处必成文。……又论地球赤道为热度，其南北皆为温度。西士测海，赤道以北皆东北风，赤道以南皆东南风。洋人未有轮船时，皆从南北纬度以斜取风力，因名之'通商风'。其何故也？由地球从西转，与天空之气相迎而成东风；赤道以北迎北方之气，赤道以南迎南方之气，故其风皆有常度。"① 由此可见，此时的严复已对西方近代科学具有相当的理解和研究。

在研究西方近代科学的同时，严复还相当关心西方的社会及中国的社会状况。他接触到了许多西方资产阶级思想家的著作，如亚当·斯密、孟德斯鸠、卢梭、达尔文、赫胥黎等人的著作。严复在后来著述中常常提到这些人的名字，并亲自翻译了他们的一些著作。

1879 年严复学成归国，先是回母校任教，次年即就任天津北洋水师学堂总教习，后升任会办、总办诸职，长期从事教育事业。甲午战争爆发后，他有感于民族危机，连续发表《论世变之亟》《原强》《救亡决论》《辟韩》等论文，畅言其学习思想和维新变法。

严复在维新运动中的最大功绩，也是使他最负盛名的是翻译出版英国著名生物学家赫胥黎的《天演论》，他以进化论"物竞天择，适者生存"的思想，促进了中国人民的觉醒。戊戌变法失败后，严复更加专心翻译介绍西方资本主义社会政治学说的工作，继《天演论》之后，又译出：英国亚当·斯密的《原富》，英国斯宾塞的《群学肄言》，英国约翰·穆勒的《群己权界论》《穆勒名学》，英国甄克思的《社会通诠》，法国孟德斯鸠的《法意》，英国耶芳斯的《名学浅说》。以上共八

---

① 马勇：《严复学术思想评传》，北京图书馆出版社 2001 年版，第 36—37 页。

部，被通称"严译八大名著"。这八大名著，从达尔文进化论、英国古典政治经济学、法国资产阶级政治理论到逻辑学，差不多把西方资产阶级的一整套理论都介绍了过来，严复也因此而成为中国近代的著名启蒙思想家。

辛亥革命之后，严复的思想趋于保守，甚至倒退，他赞成帝制，反对民主，厌倦科学，晚年竟成为一个时代的落伍者。1921 年病逝于福州。遗著和译作辑有《侯官严氏丛刊》《严几道诗文钞》《严译名著丛刊》和《严复集》。

二、介绍进化论思想

进化论知识传入中国由来已久，但系统地阐述进化论原理，并在整个思想学术界产生轰动效应，当推严复翻译并添加了许多按语的《天演论》。1898 年该书出版以后，多次再版，人们争相抢阅，从此"物竞天择""适者生存""优胜劣败"等新名词，很快成了社会上流行的口头禅。

《天演论》原名为《进化论与伦理学》，是英国学者赫胥黎宣传达尔文主义的通俗著作，严复只译它的前半部分，并加了许多按语和注释，有的按语之长甚至超过了原文。凡是对中国人能起"警世"作用的西方科学文化，严复无不拿过来，借洋人著作容纳、阐发自己的思想，以达到使读者在民族危亡关头"怵焉知变"的目的。吴汝纶指出："严子一文之，而其书乃骎骎与晚周诸子相上下，然则文顾不重耶？抑严子之译是书，不惟自传其文而已，盖谓赫胥黎氏以人持天，以人治之日新，卫其种族之说，其义富，其辞危，使读焉者怵焉知变，于国论殆有助乎？是旨也，予又惑焉。凡为书必与其时之学者相入，而后其效明。今学者方以时文、公牍、说部为学，而严子乃欲进之以可久之词，与晚周诸子相上下之书，吾惧其舛驰而不想入也。虽然，严子之意，盖将有待也，待而得其人，则吾民之智沦矣，是又赫胥黎氏以人治归天演之一义也欤!"① 为此严复在翻译《天演论》时，首先把"物竞天择，适者生存"的生物进化规律引向人类社会，对赫胥黎的原著进行了重要的改造。

赫胥黎原著在宣传捍卫达尔文主义的同时认为人类社会不同于自然界，动植物没有道德规范，人类则有高于动物的先天"本性"，即"善相感通"的同情心，能够互亲互爱，互助互敬。故人类不像动植物那样被动地接受自然进化，应与自然做斗争，奋力图强，通过人的互助互爱，向高形态的社会进化，所以赫胥黎将进化论与伦理学对立起来，认为二者是互不相连的。严复不同意赫胥黎的这一观点，认为自然界是普遍进化的，人类社会是自然界的一个组成部分，自然界普遍进化的规律同样适用于人类社会，"天演"是任何事物都不可避免的普遍规律，"夫种下者多子而子夭，种贵者少子而子寿，此天演公例，自草木虫鱼，以至人类，所随地可察者"。②

严复在当时的历史条件下，将生物进化规律引向人类社会，目的是向人们指出："物竞天择，适者生存"，这是自然界与人类社会的共同发展规律，中国并不特殊和例外，若再不奋起，仍麻木不仁，就会亡国灭种，被人类社会所淘汰。从而在近代中国起了振聋发聩，催人惊醒奋进的作用。

实则赫胥黎的观点与严复所说的恰恰相反。赫胥黎在《进化论与伦理学》一书中，强调自然界宇宙的威力大于人工能力，并通过举例论证说，"在自然状态中发生作用的宇宙威力"③，完全能战胜"园艺家的技艺给它的至高权威造成的暂时阻碍"④。而严复翻译这段时，却

---

① 吴汝纶：《吴序》，严复译著：《影响中国近代史的名著·天演论》，华夏出版社 2002 年版，第 3 页。
② 严复：《导言十五》，严复译著：《影响中国近代史的名著·天演论》，华夏出版社 2002 年版，第 76 页。
③ 赫胥黎：《进化论与伦理学》，科学出版社 1971 年版，第 7 页。
④ 赫胥黎：《进化论与伦理学》，科学出版社 1971 年版，第 9 页。

从"天人势不相能"出发，在按语中大谈"人为"的能动作用，说"人巧足夺天功"，从而把赫胥黎的观点曲解为"与天争胜"。按照严复的这一思想，"物竞天择，适者生存""弱肉强食"，固然是自然界和人类社会的普遍规律，但是另一方面，作为弱者并不应只是听天由命，引颈待戮，而是应该认识这个规律，赶快起来进行奋斗，"与天争胜"，奋发图强，那么命运就还操在自己手里。

经过严复的这番改造，《天演论》所介绍的"物竞天择，适者生存"及"与天争胜"的观点，便成为维新派救亡图存的理论根据，成为激励中国人民同帝国主义侵略进行斗争的思想武器。在此之前，康有为虽然也接触过进化论学说，承认它为"新理"，却尚不知进化论创自谁手，始于何年。他在读了《天演论》之后，眼界为之大开，自称此前"眼中未见此等人"，因而称赞严复为"中国西学第一者也"。[1] 辛亥革命时期的黄兴、邹容等革命志士也大都深受《天演论》的影响，《民报》发表文章称赞其使"物竞天择之理，厘然当于人心，而中国民气为之一变"。[2] 蔡元培则誉为"五十年来介绍西学哲学的，要推侯官严复为第一"。[3] 可见严译《天演论》影响之大，在马克思主义传入中国之前，严复所介绍的进化论学说一直在中国学习思想界占据着支配地位。

三、提倡西学

教育上提倡西学是严复学习思想的精髓所在。严复站在民族危亡的关口，思索和探求着振兴国家、变革救亡的道路。他大力批判旧学抨击科举，认为旧学用以怡情遣兴则可，而用来救贫济弱则不可。因为治旧

---

① 中国史学会编：《中国近代史资料丛刊·戊戌变法》第 2 册，上海人民出版社 1961 年版，第 525 页。
② 胡汉民：《述侯官严氏最近之政见》，《民报》第 2 号，1905 年。
③ 商务印书馆编辑部编：《论严复与严译名著》，商务印书馆 1982 年版，第 41 页。

学者只是"救死不赡，宏愿长赊。所托愈高，去实滋远。徒多伪道，何裨民生也哉!"① 同时，他对八股科举培养选拔人才也进行了一针见血的批判，认为其具有三大害处："锢智慧""坏心术""滋游手"。另外，严复对张之洞等洋务派提出的"中学为体，西学为用"的理论也进行了批判。他说："中西学之为异也，如其种人之面目然，不可强谓似也。故中学有中学之体用，西学有西学之体用。分之则并立，合之则两亡。"②

严复批判旧学抨击科举，反对"中学为体，西学为用"的观点，其目的是在提倡西学，以求变革救亡。他强调："驱夷之论，既为天下所废而不可行，则不容不通知外国事。欲通知外国事，自不容不以西学为要图。此理不明，丧心而已。救亡之道在此，自强之谋亦在此。"③ 严复身体力行，大量译介西方著作，并强调在提倡学校教育方面，从中学堂到高等学堂都应以西学为主。他说："中国所本无者，西学也，则西学为当务之急明矣。"④

首先，重视自然科学。严复一向主张把西学作为主要的学习内容，他所说的西学就是在《论世变之亟》一文中所说的："于学术则黜伪而崇真，于刑政则屈私以为公。""黜伪崇真"就是崇尚科学和科学方法，"屈私为公"就是提倡资产阶级民主。严复学贯中西，他不仅崇尚研究社会科学，还特别崇尚自然科学，他把自然科学称为"格致"，几乎在他所有的著作中都谈到"格致"的重要性，并大力宣传学习自然科学。严复在当时视"学而优则仕"为天经地义的情况下，能够注重科学，尤其重视自然科学的学习，是难能可贵的。

其次，重视西文学习。他说："欲通知外国事，则舍西学洋文不

---

① 《严复集》第1册，中华书局1986年版，第44页。
② 《严复集》第3册，中华书局1986年版，第559页。
③ 《严复集》第3册，中华书局1986年版，第565页。
④ 《严复集》第3册，中华书局1986年版，第565页。

可，舍格致亦不可。盖非西学洋文，则无以为耳目，而舍格致之事，将仅得其皮毛。"① 为了宣传学习外语，严复特地编了《英文汉诂》一书，用汉语解说英文文法，供初学英文者之用。此书影响甚大，在国内竟再版了二十余次。同时，为了使学生更快地掌握外语，学习更多的西语，他主张中学堂十分之七的时间教授外语，高等学堂全部课程都用外语教授。在当时的历史条件下，严复如此重视外语学习，十分可贵。

最后，重视科学方法。严复认为西方科技发展如此之快是因为强调重视科学精神、科学方法以及社会对科技的重视。因此，严复主张中西方思维方式进行比较思辨，同时大力提倡介绍科学和科学的治学方法、教育方法。他指出，与中国理学家格物以穷致心中之理不同，西方治学方法高明之处在于即物实测与实验科学。在他看来，西方重实验归纳的科学方法不仅可以训练人的感觉器官，养成良好的动手观察能力，而且更有益于"智虑""心思"的理性培养。毫无疑问，这种实验求真的科学方法论与中国传统拟一虚理进行主观演绎的治学方法论决然迥异，是新思想启蒙和新教育建构的基本工具。他真诚地希望学者们能够时时注意"因果求证"的科学教育，养成科学的思维方式。通过对中西思维方式、学习方法的对比和取舍，显示出严复注重实验归纳的思维方式。这便是其学习思想之一端。

总之，面对国家危亡，严复出于拳拳爱国之心和强烈的忧患意识，勇敢地提倡西学并介绍西方的进化论思想，正是从思想观念上唤醒国人，帮助他们从愚昧朦胧中挣开精神枷锁，其结果必然导致动摇封建专制赖以生存的思想基础。严复传播"西学"的时代意义并不在它自身理论是否完美无缺，而在于它在客观上符合中国人民救亡图存的强烈愿望，顺应了历史进步潮流，曾经并将继续给人以启示思索。这正是严复学习思想的精到之处。

---

① 《严复集》第 1 册，中华书局 1986 年版，第 44 页。

第二节 中国 20 世纪的文化巨人王国维

一、王国维的学习经历

王国维（1877—1927 年），字伯隅，号观堂，浙江海宁人。自幼受到中国传统文化影响，1893 年、1897 年两次到省城杭州应乡试未中，此后遂无意于科举。1898 年来到上海，在汪康年办的《时务报》馆工作，开一生事业之端。同时以业余时间在罗振玉主办的东文书社学习。戊戌变法失败，王国维一面在东文书社当职员，一面继续学习文史哲乃至数理化。1900 年，由罗振玉资助去日本东京物理学校读书。两年后因病回上海，为罗振玉主办的《农学报》和《教育世界》杂志翻译文章和写稿。后来实际主编《教育世界》，先后任通州和苏州师范学堂教习，讲授心理学、伦理学、国文等课。这段时间王国维对康德、叔本华、尼采等西方哲学家的思想进行了深入的研究，发表了《红楼梦评论》《叔本华和尼采》等一系列文章，并于 1905 年结集成《静安文集》出版。此时王国维的研究兴趣转到文学方面，在研究哲学外，兼从事填词，刊行《人间词甲稿》《乙稿》。1910 年写成著名的文学评论著作《人间词话》。在此前后，也开始戏曲史的研究。

王国维的学问一生多有变化，其中变化最大的就是在日本的几年。1916 年 2 月 17 日，王国维在日记中对京都 4 年多生活作了一个总结："此 4 年中生活，在一生中最为简单，惟学问变化滋甚。"[1] 这一学问的变化先是与早年沉溺其中而感到"可信者不可爱，可爱者不可信"的西方哲学告别；继由填词、撰词话而"有志于戏曲"，写成溯源追流的划时代巨著《宋元戏曲史》；而后则转向中国经史二学，从事由于新发

---

[1] 袁英光、刘寅生：《王国维年谱长编》，天津人民出版社 1996 年版，第 140 页。

现而来的新学问——殷墟甲骨文、西域汉简、敦煌遗书和边疆地理的研究。

1923 年，受逊帝溥仪征召，任南书房行走。1925 年，任清华学校国学研究院研究导师，讲授《尚书》《古史新证》等。两年后，留下"五十之年，只欠一死；经此世变，义无再辱！"的遗书，于 6 月 2 日自沉于颐和园昆明湖。

王国维学识博大精深，著述宏丰，通日语、英语等多国文字，先后从事哲学、文学、戏曲史、甲骨文、古器物、殷周史、汉晋木简、汉魏碑刻、汉唐史、敦煌文献以及西北地理、蒙古史和元史等多种学科的研究，写出《人间词话》《宋元戏曲史》《殷周制度论》等一大批迄今为人称道不已的著作，在诸多领域中作出了开创性和划时代的贡献。他一生著述六十多种，手批手校之书共一百九十多种，其研究成果之丰硕，为同时代学者所不多见，是我国近代史上一位以通人之资成专家之业的思想家、大学者。

二、"学无中西"

王国维治学的一个很重要的思想和方法，就是"学无中西"，二者可以互相比较，"互相推动"，这是其学习思想的精华所在。

王国维坚决反对闭关自守、排斥先进东西的因循守旧观念。他认为，"学无新旧也，无中西也"。[①] 为何说学无中西呢？他解释说，学问之事，本无中西。因为科学追求的是真理，而真理并不因为中西而异，因此中学西学是可以互相统一的。况且，就中国当时的状况而言，实无学之患，而非中学西学偏重之患。他深刻地指出："今即不论西洋哲学自己之价值，而欲完全知此土之哲学，势不可不研究彼土之哲学，异日

---

① 王国维：《〈国学丛刊〉序》，《王国维文集》第 4 卷，中国文史出版社 1997 年版，第 365 页。

发明广大我国之学术者，必在兼通世界学术之人，而不在一孔之陋儒。"① 这体现了一种开放的学术心态。

王国维不仅强调引进和学习西学的重要意义，而且还注意到了中学西学之间的沟通交流问题。他认为，一味拒斥西方的学术理念和教育思想，固然会阻碍中国传统的教育学术的进步发展，但如果完全忽视传统文化，那么西学因缺乏必要的契合点和移植的土壤而难以立足、生根、发展，即外来的东西"则西洋之思想之不能输入我中国，亦自然之势也。况中国之民，固实际的而非理论的，即令一时输入，非与我中国固有之思想相比，决不能保其势力。观乎三藏之书已束于高阁，而宋之说犹习于学官，前事之不忘，来者可知矣"。② 这些观点，应该说是颇具辩证意义的，在中国近代学习思想史上占有一定的地位。

三、"亟兴高等之教育"

这是王国维学习思想的又一闪光点。王国维认为，初等、中等、高等教育三者应该并行。若从个人学习的顺序来讲，应由低到高，这也是教育之常理。若根据当时的国情，最缺乏和最急需的是高等教育。因为，兴办小学、中学教育，要有合格的教师。当时教员之缺乏，可谓极矣！初等学校多为"蒙塾"，教员多是旧时的秀才、举子。靠这些满脑子旧思想、旧学问的"蒙师"，是断不能"兴普遍教育的"。新增设的师范学堂，即使教育比较发达的浙江，毕业学生也是"学术卤莽，教授拙劣，断不足胜教员之任，况人数亦属无几"。③ 为培养合格的小学教师，就必须先办好中等教育。但中等教育也同样存在师资的问题，又需要办好高等教育。所以，必先办好高等教育，才能使初等、中等教育

---

① 《王国维文学美学论著集》，北岳文艺出版社 1987 年版，第 56 页。
② 梁启超：《饮冰室合集·文集之一》，中华书局 1989 年版，第 125 页。
③ 《王国维文选》，上海远东出版社 1997 年版，第 135 页。

"立其根柢"。否则，中等及初等教育均无下手之处。他提出，从全国中学生中选拔"智力之优胜"，并具有一定基础知识和外语水平者，经一二年严格训练，授以专门知识，则定会时间省，质量好，解决"人才之取乏如彼，而国家待用之亟"的矛盾。这在当时不失为一种适时兴学育才的良策。

"亟兴高等之教育"，也是为了解决"留学太滥"和高等教育的师资问题。20世纪初，中国"游学"成风。王国维冷静地看到这股留学风，一方面打破了闭关自守的局面，另一方面也带来了一些问题。他指出，留学生大半学的是"速成政法"和"速成师范"，甚至"以不谙外国语之人，涉数千里之外，学到粗浅之学"①，实在不是经济的事，所以，留学需要"变计"。他主张，一般学科不派留学生，用留学经费来办自己的大学。留学生限于从分科大学毕业生中选拔，赴外国深造，以备他日大学教授之选。他认为这是办好我国高等教育的永久之策和自立之路。在我们还不具备充分的高等教育的师资时，就应该大胆起用"外人"，聘请外国专家，作为权宜之计。以后，这些外籍教师可以逐渐由我们自己的留学生及学力与之相仿者代之。那么，若干年后大学里除了外语学科，就可以不用或少用"外人"，实现自力更生了。无疑，王国维的这一思想是深谋远虑、富有远见的。

在中西文化交融背景下产生的王国维的近代学习思想，放眼世界、结合中西、切合国情、多有创新。他的不少观点都表现出一种超越时代的先进性，不仅具有一定的历史意义，而且也具有相当的现实价值，值得我们汲取。

---

① 王国维：《静安文集续编》，上海古籍书店影印本1983年版，第106页。

第 十 三 章
早期维新派冯桂芬、王韬、郑观应

　　冯桂芬、王韬和郑观应是早期维新派著名的代表人物，他们在林则徐、魏源等经世派之后，同地主阶级改良派、洋务派和资产阶级维新派的思想有一定的联系。作为中国近代学习思想史上的过渡性、转折性阶段，早期维新派有自己的特点，可以说它上承经世派，下启洋务派、维新派的学习思想。冯、王、郑三人都主张向西方学习，然而他们的学习思想又各有其特点，所以把他们置于一章之中加以论述之。

第一节　冯桂芬与《校邠庐抗议》

　　冯桂芬（1809—1874 年），字林一，号景亭，江苏吴县人。1840 年一甲二名进士，授翰林院编修。太平天国时期，他曾协助李鸿章镇压太平天国革命。先后在江宁、上海、苏州诸书院讲学。也曾任顺天乡试副主考官，广西乡试主考官。1860 年辞官，移居上海，成为李鸿章的幕僚，直至谢世。冯桂芬"少工骈体文，中年后乃肆力古文辞。于书无所不窥，尤留意天文、地舆、兵刑、盐铁、河漕诸政"，"自未仕时已名重大江南北"。① 其著作主要有《校邠庐抗议》《显志堂集》《说文解字段注考证》《西算新法直解》等，其中能集中反映他的政治主张、思想观点的是《校邠庐抗议》，该书上卷 22 篇，下卷 20 篇，附录 12 篇。该书涉及政治、经济、军事、科举、教育、外交等，内容广泛。书中属于先进水平的思想内容非常突出，具体表现是：冯氏认为西方已经超过中国，并承认中国落后，提出了"采西学""制洋器"提倡西学的学习思想。

一、向西方学习，制洋器以自强

冯桂芬对魏源提出的"以夷攻夷""以夷款夷"的观点不以为然，而对其"师夷长技以制夷"的主张倍加赞赏。他在《制洋器仪》中说："魏氏源论驭夷，其曰'以夷攻夷，以夷款夷'。无论语言文字之不通，往来聘问之不习，忽欲以疏间亲，万不可行；且是欲以战国视诸夷，而不知其情事大不侔也。魏氏所见夷书、新闻纸不少，不宜为此说。盖其生平学术喜自居于纵横家者流，故有此蔽。愚则以为不能自强，徒逞谲诡，适足取败而已。独'师夷长技以制夷'一语为得之。"② 他对依靠洋人办军事，雇洋人、买洋船不以为然，而主张"自造、自修、自用"，自力更生创办军事工业。对西方"始则师而法之，继则比而齐之，终则驾而上之，自强之道，实在乎是"。③ 冯桂芬不仅提出了发展军事工业的主张，而且通过评议清朝的赋税财用、漕运盐政、水利农事、户口管理、贫民收养等内政，探讨中西经济强弱悬殊的原因，提出在中国发展工商业的主张。同时他还主张全面引进西学，培养经世致用的人才。冯桂芬深感中国人"人无弃材不如夷"，他提了一个极为重要

---

① 《清史稿》第 44 册，中华书局 1977 年版，第 13438 页。
② 冯桂芬：《醒狮丛书·校邠庐抗议》，中州古籍出版社 1998 年版，第 198 页。
③ 冯桂芬：《醒狮丛书·校邠庐抗议》，中州古籍出版社 1998 年版，第 199 页。

的观点："夫学问者，经济所从出也。"① 这里的"经济"主要是指西方的科学技术，凡一切有益于国计民生的科学技术都应在学习之列。科技可以创造财富，掌握科技的人才能够富国安邦。他说："今顾觍然屈于四国（指俄、英、法、美）之下者，则非天时、地利、物产之不如也，人实不如耳。……夫所谓不知，实不如也，忌嫉之无益，文饰之不能，勉强之无庸。向时中国积习长技，俱无所施，道在实知其不如之所在。彼何以小而强，我何以大而弱，必求所以知之，仍亦存乎人而已矣。以今论之，约有数端：人无弃材不如夷，地无遗利不如夷，君民不隔不如夷，名实必符不如夷。四者道在反求，惟皇上振刷纪纲，一转移间耳，此无待于夷者也。至于军旅之事，船坚炮利不如夷，有进无退不如夷，而人才健壮未必不如夷。"②

冯桂芬提出中国诸多不如西方列强处，其中"君民不隔不如夷"的认识，触及到了政治层面，这在当时的知识分子中，也是极少见的。他称赞西方的君民不隔，推崇"米利坚（美利坚）以总统领治国，传贤不传子"③ 的政治制度，已不同于以往任何封建士大夫，使他成为资产阶级改革派的先驱。

冯桂芬在对西方科技文明的认识上，十分注重学习西方的数学（他称之"算学"）与语言。他在《采西学议》中注算学一词时说："一切西学皆从算学出，西人十岁外无人不学算。今欲采西学，自不可不学算，或师西人，或师内地人之知算者俱可。"④ 冯桂芬对"彼（西方）知我而我不知彼"的现状极为不满，而要改变这种现状必须学习西方的语言。他在《上海设立同文馆议》中说："今通商为时政之一，既不能不与洋人交，则必通其志，达其欲，周知其虚实情伪，而后能收

① 冯桂芬：《醒狮丛书·校邠庐抗议》，中州古籍出版社 1998 年版，第 211 页。
② 冯桂芬：《醒狮丛书·校邠庐抗议》，中州古籍出版社 1998 年版，第 197—198 页。
③ 熊月之：《中国近代民主思想史》，上海人民出版社 1996 年版，第 91 页。
④ 冯桂芬：《醒狮丛书·校邠庐抗议》，中州古籍出版社 1998 年版，第 210 页。

称物平施之效。互市二十年来，彼酋类多能习我语言文字之人，其尤者能读我经史，于朝章国政，吏治民情，言之历历；而我官员绅士中绝无其人，宋聋、郑昭固已相形见绌。且一有交涉，不得不寄耳目于所谓通事者，而其人遂为洋务之大害。"① 又说："夫通习西语西文，例所不能禁，亦势所不可少，与其使市井无赖独能之，不若使读书明理之人共能之。"② 所以他建议，在上海、广州推广同文馆之法，"招八旗学生，聘西人教习诸国语言文字，与汉教习相辅而行。此举最为善法，行之既久，能之者必多，必有端人正士、奇尤异敏之资出于其中，然后得西人之要领而驭之，绥靖边陲之原本，实在于是"。③

二、抨击科举制度

冯桂芬说八股取士"意在败坏天下之人才，非欲造就天下之人才"，"抑之以点名搜索防弊之法，以折其廉耻；扬之以鹿鸣琼林优异之典，以生其歆羡"。④ "廪其匠倍莲，勿令他适。夫国家重科目，中于人心久矣，聪明智巧之士，穷老尽气，销磨于时文试帖楷书无用之事，又优劣得失无定数，而莫肯徙业者，以上之重之也。"⑤ 他指出士子们束发就学，埋头于四书五经，不问世事，于国于民都无用处。因此，他主张变革科举制度。在考试内容上，他提出改变科举考试只在四书五经内命题的局限，加试策论，引导士人关心国家的命运，培养能够治国安邦、抵御侵略的志士能人。并提出在科举考试中加试数学（算学），改变将科学技术视为"奇技淫巧"的陈腐观念，提出在科举考试中设定"艺能科"，给科技人员比较高的社会地位，凡"工成，与夷制无辨者，

① 冯桂芬：《醒狮丛书·校邠庐抗议》，中州古籍出版社 1998 年版，第 290 页。
② 冯桂芬：《醒狮丛书·校邠庐抗议》，中州古籍出版社 1998 年版，第 251 页。
③ 冯桂芬：《醒狮丛书·校邠庐抗议》，中州古籍出版社 1998 年版，第 251 页。
④ 冯桂芬：《醒狮丛书·校邠庐抗议》，中州古籍出版社 1998 年版，第 177 页。
⑤ 冯桂芬：《醒狮丛书·校邠庐抗议》，中州古籍出版社 1998 年版，第 199 页。

赏给举人，一体会试；出夷制之上者，赏给进士，一体殿试"。① 这种将科技搬进选官殿堂，让优秀的科技人员成为国家官员，参与国家管理，虽然在冯桂芬的时代，只能是大胆而有远见的设想，但这对科举选官制的冲击却是有着巨大的进步意义。

科举制改革与学校教育改革是教育制度改革中的两个相联系的方面，也就是说，要改革科举考试内容，必须建立新式学校。冯桂芬建议洋务派官吏："今欲采西学，宜于广东、上海设一翻译公所，选近郡15岁以下颖悟儿童，倍其廪饩，住院肄业，聘西人课以诸国语言文字，又聘内地名师课以经史等学，兼习算学。闻英华书院、墨海书院藏书甚多，又俄夷道光二十七年所进书千余种存方略馆，宜发院择其有理者译之。由是而历算之术，而格致之理，而制器尚象之法，兼综条贯，轮船火器之外，正非一端。"② "三年为期，学习有成，调京考试，量予录用。"③ 这类"翻译公所""广方言馆"是一种与当时完全不同的、培养人才的西式学堂。李鸿章、郭嵩焘采纳了他的建议。

冯桂芬早年师从林则徐，是林则徐的高足，他继承了林则徐、魏源"师夷""制夷"的思想，与林、魏属同一思想体系。他在《制洋器议》中说："昔吴受乘车战陈之法于晋，而争长于晋；赵武灵为胡服而胜胡。近世俄夷有比达王者，微服佣于英局三年，尽得其技巧，国遂勃兴。安南、暹罗等国，近来皆能仿造西洋船炮。前年西夷突入日本国都，求通市，许之；未几，日本亦驾火轮船十数遍历西洋，报聘各国，多所要约，诸国知其意，亦许之。日本蕞尔国耳，尚知发愤为雄，独我大国将纳污含垢以终古哉?"④ 其在《善驭夷议》中曾把"夷务"看作是国家"第一要政"，但冯桂芬并没有停止在继承先辈的思想上，而是

---

① 冯桂芬：《醒狮丛书·校邠庐抗议》，中州古籍出版社1998年版，第199页。
② 冯桂芬：《醒狮丛书·校邠庐抗议》，中州古籍出版社1998年版，第210页。
③ 冯桂芬：《醒狮丛书·校邠庐抗议》，中州古籍出版社1998年版，第251页。
④ 冯桂芬：《醒狮丛书·校邠庐抗议》，中州古籍出版社1998年版，第199页。

在继承中有所发展，特别强调自立自主的重要性。他的视野比前辈更宽更广，对中国和世界的认识比前者更为清晰深刻。因此，《校邠庐抗议》对封建统治所产生的冲击远非《海国图志》所能比拟。

冯桂芬与洋务派的关系更为直接、亲密些。他长期在李鸿章幕府里当高参，同曾国藩、左宗棠也有一定的联系，可以说冯桂芬是洋务运动的智囊和重要参与者，李鸿章的洋务活动也无不渗透着冯桂芬的思想和主张。有一次同治皇帝问起冯桂芬的"才识""品行"若何，李鸿章回答："该员好学深思，博通今古，喜为经世之学，综其所长，于盐政漕务尤为洞悉源流，惟持务求刻核，不无偏倚，洋务机要研究亦深。……前督臣李星沅、陆建瀛抚臣许乃钊徐有壬历经延请入幕，并襄办盐务及协济筹饷诸局。以本籍绅士与闻公事未免易招物议，现主讲苏州书院，专于闭门授徒，虽年近六旬，精力稍衰，究其品行实为醇正，而识略宏通，学有本原，在江苏绅士固不多得，即近时词臣似亦罕有。"① 他也被张之洞推为"中体西用"论的启蒙先贤。李鸿章是晚清洋务派的领袖人物之一，而张之洞则是力主"中体西用"的洋务派代表人物。二人尊崇冯桂芬，足见冯桂芬的思想与洋务派极为契合。冯桂芬与魏源不同，他是官僚兼学者，前后为官 10 年，官至三品，在晚清的知识官僚中，也可算是官运亨通者。他受儒家文化熏陶极深，重在"师夷""制夷"方面，始终停留在物质技术层面上，而对儒家的纲常教化、等级制度、伦理道德仍无比的推崇。

表现在"体用"关系上，冯桂芬对中学西学的立场尤为鲜明。他说："以中国之伦常名教为原本，辅以诸国富强之术，不更善之善者哉？"② 这就是"中学为体，西学为用"思想形成前的先声，但他还不能摆脱中国传统文化中"华夷"思想的束缚。另外，他对科举制的抨

---

① 《李鸿章全集·奏稿卷九》第 1 册，时代文艺出版社 1998 年版，第 418 页。
② 冯桂芬：《醒狮丛书·校邠庐抗议》，中州古籍出版社 1998 年版，第 211 页。

击远达不到后来康有为、梁启超诸人的深度，他只想改革科举考试的内容，而不是想废除之。

第二节 王韬的学习思想

王韬（1828—1897年），原名利宾，江苏吴县人。早年曾热衷于科举，屡试不第。1849年赴上海，在英人麦都思所办的墨海书馆工作，协助翻译宗教和科学书籍，帮助编辑中文杂志《六合丛谈》，广泛接触西学，并于1854年受洗入教。太平天国运动和第二次鸦片战争时期，曾上书朝廷，提出"御戎""和戎""平贼"等策。1862年因风传他化名向太平军将领上书献计献策，遭清廷通缉，在英国驻上海领事的庇护下逃往香港，此后改名韬。他在香港协助英国传教士理雅各翻译中国经书，后随其前往英国，继续译书，并趁机游历了法、俄等国。1874年，在香港办《循环日报》，鼓吹变法自强，并与洋务派官僚丁日昌等人有了交往。1884年，通过丁日昌的关系，得到李鸿章的默许，回到上海。次年，担任格致书院山长，直至病逝。

王韬早年继承了魏源的思想，并受冯桂芬的思想影响很深。他与冯桂芬是同乡，二人过从密切，他阅读过冯的全部著作。在逃往香港之前，也曾把自己的部分著作如《与周弢甫征君》等寄给冯求教。后来，他又为冯桂芬的《校邠庐抗议》作跋。此外，他还结识当时推崇西学的容闳、马建忠、郑观应等。

王韬洋务思想产生于19世纪七八十年代，他避居香港时期。他置身于英国殖民统治下的香港，能够较多地接受西方资本主义的影响。而其思想成熟于他主办《循环日报》期间。这时，他已游历了西方一些国家，由睁眼看世界变为躬身验世界，耳闻目睹，受到西方资本主义更为深刻的影响。同时，外国资本主义侵略势力由东南沿海深入到内地，清王朝在太平军的打击下摇摇欲坠，阶级矛盾与民族危机日益严重，这也深深触动了王韬。这期间他以《循环日报》为阵地，发表了一系列鼓吹变法自强的文章。

王韬认为要变法必须学习西方。他说："至今日而欲办天下事，必自欧洲始。以欧洲诸大国为富强之纲领、制作之枢纽，舍此，无以师其长而成一变之道。中西同有舟，而彼则以轮船；中西同有车，而彼则以火车；中西同有驿递，而彼则以电音；中西同有火器，而彼之枪炮独精；中西同有备御，而彼之炮台、水雷独擅其胜；中西同有陆军水师，而彼之兵法独长。其他则彼之所考察，为我之所未知；彼之所讲求，为我之所不及，如是者直不可以偻指数。设我中国至此时而不一变，安能埒于欧洲诸大国，而与之比权量力也哉？"① 他以"变通"观点批判了封建顽固派不谙外情，固守成法贪闱虚骄的错误。但在如何学习西方的问题上，他又坚决反对盲目崇拜西方、一切照搬照抄的做法，主张结合自己的情况，与我相辅而行。他在《弢园文录外编》卷10《上当路论时务书》中指出，对于西方，应该进行全面而深入的了解，不仅要了解西方各国的现状，还要懂得其历史，不仅要知其富强，还要知其何以致富强。学习西方，不仅要了解其长处，还应看到其短处。

王韬以中国传统思想中的"道器"说为变法自强的理论基础。他说："至今日而谈洋务，岂易言哉？至此几于噤口卷舌，而绝不敢复措其手足。盖洋务之要，首在借法自强。非由练兵士，整边防，讲火器，制舟舰，以竭其长，终不能与泰西诸国并驾而齐驱。顾此其外焉者也，所谓末也。至内焉者，仍当由我中国之政治，所谓本也。其大者，亦惟是肃官常，端士习，厚风俗，正人心而已。两者并行，故已纲举而目张。而无如今日所谓末者，徒袭其皮毛；所谓本者，绝未见其有所整

---

① 王韬：《近代文献丛刊·弢园文录外编》，上海书店出版社2002年版，第11页。

顿。故昔时患在不变，而今时又患在徒变。"① 他以本末论中西文化之关系，与洋务派的"体用"论即"中学为体，西学为用"思想并无二致。这足以表明王韬思想属于地主阶级开明派的体系，但是王韬与洋务派官僚还不尽相同，他批评洋务派官僚学习西法"徒袭皮毛"。他认为洋务派虽然在天津、上海、福州、广州等地设局造枪炮船舰，但仅能在洋人后面亦步亦趋，仿效成规，并未真正掌握西方的科学技术。"学习西法二十余年来，徒袭其皮毛而已。夫我中国地大物博，所有诸矿亘古未开，精华所蕴，历久必泄，煤铁之饶，取之无穷。诚使以之铸造火器，一出于新法，用以防边御敌，安见不能师其所长而夺其所恃哉？而奈之何至今日而尚有所待也！"② 他认为只有不依赖于外国，走自己独立发展工业的道路，创造性地掌握西方的科学技术，才能与列强并驾齐驱。

在学校教育方面，王韬有自己的改革主张，他认为学生除学习经史、掌故、词章等"文学"外，还应学习舆图、格致、天算、律例等"艺学"。王韬指出教育与科学的弊端是"所习非所用，所用非所长"，"学校之虚文宜变也。今所设教谕训导，小邑一人，大邑两人，虚糜廪粟，并无所事。且其人，类皆阘冗无能，龙钟寡耻，不足为士之表率。书院山长只取名誉，以所荐之荣辱为去留，而每月所课，不过奉行故事而已。是朝廷有养士之名，而无养士之实也。是反不若汉时所立国子监，天下士子犹得读书于其中也"。③ 他主张废除八股时文。王韬在教育方面的主张没有超越封建王朝所允许的范围，亦没有涉及体制的根本变革。

王韬的学习思想是直接建立在他广博的西方科学知识的基础之上。

---

① 王韬：《近代文献丛刊·弢园文录外编》，上海书店出版社 2002 年版，第 27 页。
② 王韬：《近代文献丛刊·弢园文录外编》，上海书店出版社 2002 年版，第 230 页。
③ 王韬：《近代文献丛刊·弢园文录外编》，上海书店出版社 2002 年版，第 12 页。

他在 1853—1858 年间，与艾约瑟、伟烈亚力等人合作翻译了《重学浅说》《西国天学源流》《光学图说》《西学原始考》等科普和科学史著作，在介绍、吸收西方科学方面作出了重要贡献。《西学原始考》叙述了西方科学从公元前两千多年到近代科技方面的重大发现、发明及科学人物，"有力证明了'西学中源说'的荒谬，为中国知识分子学习和接受西方科学扫除了心理障碍"。①

"西学中源"本发端于传教士利玛窦等人，他们为了迎合中国士大夫脾胃，曾把西方科技说成是中国古已有之，后经梅文鼎、王锡阐等人多方论证，又经康熙钦定之后，更成为后来科学家不疑的信条。② 1889年，李鸿章在为格致书院所出的考题中认为，"西学格致，始于希腊阿庐力士托尔德，至英人贝根出，尽变前说，其学始精。逮达文、施本思二家之书行，其学益备"。③ 并要求学子们广泛讨论其源流。"在中国人认识西方科学技术的过程中，王韬功不可没。"④ 因此，王韬"在晚清士大夫认识西方科学的历史沿革，综合性地穷原究委中，堪称第一人"。⑤ 而他自己也在介绍西学源流中，不断发展其观点，由主张"西学中源"转向批判"西学中源"。谭嗣同在《报贝元徵》中曾指出："说者谓周衰，畴人子弟相率而西，故西人得窃中国之余绪而精之，反以陵驾中国之上。此犹粗浅之论，……同生于负载之中，性无不同，即性无不善。彼既无中国之圣人，故不乏才士也。积千百年才士之思与力，其创制显庸，卒能及夫中国之圣人，非性善而能然欤？"⑥

①　戴建平：《王韬科学形象初探》，《江西社会科学》1999 年第 11 期。
②　陈卫平：《从"会通以求超胜"到"西学东源说"——论明末至清中叶的科学家对中西学关系的认识》，《自然辩证法》1989 年第 2 期。
③　楼宇烈、张西平主编：《中外哲学交流史》，湖南教育出版社 1998 年版，第 421 页。
④　屈宝坤：《晚晴社会对科学技术的几点认识的演变》，《自然科学史研究》1991 年第 3 期。
⑤　屈宝坤：《晚晴社会对科学技术的几点认识的演变》，《自然科学史研究》1991 年第 3 期。
⑥　谭嗣同：《报贝元徵》，蔡尚思、方行编：《谭嗣同全集》上册，中华书局 1981 年版，第202 页。

1885 年，王韬受聘于格致书院山长一职，开始了长达 10 年的有关科学教育的生涯。他主张"书院即以格致名，则所命之题、自当课以西学为主，而旁及时务洋务"。① 从考课内容开始，他在格致书院开始了一系列改革措施：一方面在报端发表文章，尖锐抨击旧式教育制度，鼓吹科技对国家富强及个人成长的重要意义；另一方面，他积极规划，筹措经费，终于在格致书院开办了一个比较正规的自然科学学习班，进行初等自然科学教育，使上海格致书院成为中国近代第一所研习自然科学的新型书院。

王韬是一个充满个性的复杂人物，他不仅是中国近代资产阶级启蒙思想家，改良主义者，又是中国新闻事业的开拓者，更为出格的是他竟与太平天国运动的领袖们有交往，为他们出谋划策。时代风云际会，交织在他的身上，使他成为中国近代史上的风云人物。

第三节　郑观应的学习思想

郑观应（1842—1922 年），字正翔，号陶斋，别号杞忧生，广东香山人。曾当英商宝顺、太古洋行买办。后参加李鸿章洋务集团，经办过轮船招商局、天津电报局、开平矿务局、上海机器织布局等企业。从 19 世纪六七十年代起，他著书立说，倡言变法自强，其著作有《救时揭要》《易言》《盛世危言》等。特别是在《盛世危言》及《后编》中，他除了阐述自己对当时政治、经济问题的见解外，还明确提出了学习西方，变法图强的构想，事实上这是对自鸦片战争以来主张学习西方、富强救国思潮的全面总结。

郑观应被史家称为"戊戌变法前承前启后的资产阶级改革派思想

---

① 王尔敏：《上海格致书院志略》，香港中文大学出版社 1980 年版，第 54—55 页。

家"，实际上是士人型"绅商"，即学者与商人的结合。商与绅的内在气质，往往超过买办职业所能施予的"洋奴"影响。青年时代的郑观应，一面操着为士大夫不屑一顾的买办职业，一面以士大夫的眼光注视着中国局势的发展，从不同的角度来提出问题和思考问题，形成与西方近代资本主义思想更为接近的见解和主张。郑观应在上海交游极广，诸如与傅兰雅、李提摩太、王韬、容闳、伍廷芳、何启、孙中山等思想家、宗教家、政治家、教育家、法学家过从甚密，对其思想亦多有影响。这些人有的本来就是"西人"，有的则是受西方文化影响极深的"西化"了的人。

郑观应指出鸦片战争之后的中国已面临"数千年未有之变局"，他鼓吹学习"西法"，效法欧、美，走变法自强之路，但他与王韬一样，借用传统的"道器论"，提出向西方学习的基本原则是：主以中学，辅以西学。"且夫国于天地，必有与立，究其盛衰兴废，固各有所以致此之由。学校者，人才所由出；人才者，国势所由强。故泰西之强强于学，非强于人也。然则欲与之争强，非徒在枪炮战舰也，强在学中国之学，而又学其所学也。今之学其学者，不过粗通文字语言，为一己谋衣食，彼自有其精微广大之处，何尝稍涉藩篱？故善学者必先明本末，更明大本末，而后可言西学。分而言之，如格致、制造等学，其本也（各国最重格致之学，英国格致会颇多，收益甚大，讲求格致新法者约十万人），语言文字，其末也。合而言之，则中学其本也，西学其末也。主以中学，辅以西学。知其缓急，审其变通，操纵刚柔，洞达政体。教学之效，其在兹乎！"[1] 但他"并没有超越冯桂芬、张之洞的'中体西用'论，特别是在甲午之战以后，其'变法'思想已远远落后于时代的需要"。[2] 就是在这种保持封建制度和封建伦理道德规范的前

---

[1]　郑观应：《影响中国近代史的名著·盛世危言》，华夏出版社2002年版，第112页。
[2]　杨全顺：《洋务派与"中体西用"》，《广西社会科学》2006年第1期。

提下，向西方学习枪炮战舰、科学技术、商务制造、语言文字等"富强之术"，不仅为洋务派官僚所认同，也为清朝廷中的光绪皇帝、军机大臣兼总理衙门大臣翁同龢、吏部尚书孙家鼐、巡抚邓华熙所赞许、看重。光绪帝并命总理衙门印刷两千部《盛世危言》散发给大臣们阅看，自己也"不时披览"。

在郑观应学习思想中闪耀光芒者，是他在政治上主张实行君主立宪、设立议院。这是他超出把船坚炮利作为富强手段的洋务派官僚的地方，这是代表新兴民族资产阶级第一次提出政治改革要求，这是他在《盛世危言》自序中提出其思想的纲领性表述。他认为西方资本主义国家的强大并非全在"器物（科技）"，还在于他们实行议会民主制。早在1880年出版的《易言》36篇本中，就收入《论议政》一文，宣扬西方资产阶级议会制度，主张中国"下仿泰西之良法"设立下议院。《盛世危言》5卷本面世，郑氏将新作《议院》一文置于首卷。甲午战后，《盛世危言》14卷本付印，郑氏又增写了一篇《议院》。他把西方各国资产阶级议会制度加以比较，充分肯定英、德式的"君民共主"（君主立宪制），而不取美、法式。他主张在中国实行西方议会选举制度，说："夫国之盛衰系乎人才，人才之贤否视乎选举。议院为国人所设，议员即为国人所举。举自一人，贤否或有阿私；举自众人，贤否难逃公论。且选举虽曰从众，而举主非入本籍至十年以后，及年届三十，并有财产身家，善读书负名望者，亦不得出名保举议员，其杜弊之严又如此。考泰西定例，议员之论刊布无隐，朝议一事，夕登日报，俾众咸知，论是则交誉之，论非则群毁之。本斯民直道之公，为一国取贤之准，人才辈出，国之兴也勃焉。诚能本中国乡举里选之制，参泰西投匦公举之法，以遴议员之才望；复于各省多设报馆，以昭议院之是非，则天下英奇之士，才智之民，皆得竭其忠诚，申其抱负。君不至独任其劳，民不至偏居于逸，君民相洽，情谊交孚。天下有公是非，亦即有公赏罚，而四海之大，万民之众，同甘共苦，先忧后乐，上下一心，君民一体，尚何敌国外患之敢相陵侮哉?"① 与郑观应同时代的对西方国家较为了解的精英人物，已多有宣扬西方资产阶级议会制度，例如王韬、马建中、薛福成等都看到"议院立而下情可达""君惠亦得以下逮"的优越性。但王韬等人旨在进行启蒙式的宣传，而郑观应则当作一项政治改革主张提出来，必然导向对封建专制制度的否定。

郑观应学习思想中比较有价值的还有主张改革科举制，废除八股文。他认为科举制以八股文的优劣作为选士的标准，造成所学非所用，脱离社会现实的不良风气。八股文禁锢思想、消磨志气、摧残学子身心健康，八股取士造成不少人成为无益于国无益于民的废物。他说："时文不废，则实学不兴；西学不重，则奇才不出。必以重时文者而移之于重西学，俾人人所知趋向，鼓舞而振兴之，数年之后，有不人才济济者，吾不信也。况向时发逆、回、苗，皆乌合之众，非比日本、泰西训练节制之师。"②

在中国近代学习思想史上的过渡性、转折性阶段，冯桂芬、王韬、郑观应三人提出了学习西方的不同主张，在各自的文化、学术、政治活动中创造性地起到了沟通中西文化的作用，为中国近代社会的发展作出了不可磨灭的贡献，我们应当给予充分的肯定。

---

① 郑观应:《影响中国近代史的名著·盛世危言》，华夏出版社 2002 年版，第 23—24 页。
② 郑观应:《影响中国近代史的名著·盛世危言》，华夏出版社 2002 年版，第 113 页。

第十四章

早期马克思主义者——陈独秀与李大钊

第一节　陈独秀——20 世纪初期中国旧思想、旧文化、旧传统的勇敢的掘墓人

　　陈独秀（1879—1942 年），字仲甫，安徽怀宁人。他少时随祖父读书，即表现出反传统的叛逆性格特征。1897 年 8 月到南京参加江南乡试，虽然未中，却使他由"选学妖孽转变为康梁派"。1901 年 10 月，陈独秀赴日本留学，受到留日学生创办的《译书汇编》《国民报》等宣传西方资产阶级政治学说的报刊的影响，又由"改良"转向"革命"，由"康党"转向"乱党"。1902 年 3 月回国，到安徽后，与何春台、柏文蔚等青年于安庆创设藏书楼，组织"励志学社"，传播新知、开启民智、宣传爱国、鼓吹革命，编辑《小学万国地理新编》于上海商务印书馆出版。1903 年 8 月与章士钊在上海创办《国民日报》，以唤醒国民为己任。后因清政府的查禁，销路与财路两绝，4 个月即停办。陈独秀转回安庆办起《安徽俗话报》，宣传民族思想，鼓吹反清革命。1914年，章士钊在日本东京办《甲寅》月刊，陈独秀参与《甲寅》编辑，使其成为当时新文化运动精英人物成长的摇篮。陈独秀正是因为与章士钊合办《甲寅》月刊的机会认识了李大钊、高一涵、胡适等，为他在1915 年 9 月独树一帜，领导新文化运动，将思想界的精英人物团结在

《新青年》周围做了准备。

《新青年》自 1915 年 9 月 15 日创刊，至 1926 年 7 月停办，大致可分为三个阶段。

从 1915 年创刊至 1918 年为第一阶段。在上海创刊时为《青年杂志》，自第二卷始更名为《新青年》。陈独秀在创刊号上发表了发刊词《敬告青年》一文。对"新青年"提出六点希望：（一）自主的而非奴隶的；（二）进步的而非保守的；（三）进取的而非退隐的；（四）世界的而非锁国的；（五）实利的而非虚文的；（六）科学的而非想象的。《敬告青年》号召"国人而欲脱蒙昧时代，羞为浅化之民也，则急起直追，当以科学与人权（民主）并重"。① 这种纲领性的话语："科学与民主"，揭开了新文化运动的序幕。

从 1919 年至 1921 年中国共产党成立，为《新青年》第二阶段。因陈独秀应蔡元培之邀出任北京大学文科学长，《新青年》编辑部迁往北京。在这里集中了一批新文化运动的拥护者，如李大钊、钱玄同、高一涵、胡适、沈尹默、鲁迅、周作人等均参加《新青年》的编辑工作。1919 年 1 月 15 日，陈独秀负责主编的《新青年》6 卷 1 号出版，发表了他的《本志罪案之答辩书》一文，坚决表示要拥护"德赛"（即"科学"与"民主"）二先生，就要"破坏礼教、破坏礼法、破坏贞操、破坏旧伦理（忠、孝、节）、破坏旧艺术（中国戏）、破坏旧宗教（鬼神）、破坏旧文学、破坏旧政治（特权、人治）"。"我们现在认定，只有这两位先生，一切政府的压迫、社会的攻击笑骂，就是断头流血都不推辞。"《辩书》作为战斗檄文，向封建传统势力进行挑战，为即将到来的五四运动做了思想、舆论方面的准备。毫无疑问，陈独秀及其主编的《新青年》对五四运动的爆发有直接的关系，所以后来毛泽东说，陈独秀是五四运动时期的总司令，整个运动实际上是他领导的。

---

① 陈独秀：《警告青年》，《青年杂志》创刊号。

　　《新青年》在 6 卷 5 号上出了"马克思主义研究专号",介绍了《共产党宣言》《政治经济学批判》,刊载了 8 篇关于马克思主义的文章。1920 年 5 月,陈独秀在上海发起成立"马克思主义研究会",发起组织中国共产党。

　　从 1921 年中国共产党成立,由陈独秀担任临时中央局书记,决定把《新青年》杂志作为中国共产党公开的机关刊物,至 1926 年停刊,是《新青年》第三阶段。《新青年》进入了一个新的发展时期。陈独秀主编《新青年》时期,利用这个文化阵地宣传科学与民主,批判以儒家为主体的传统旧文化,提倡文学革命,宣传马克思主义,作出了重大的、不可磨灭的贡献,是中国新学习思想的开创者。

　　《新青年》的创刊标志着五四新文化运动的兴起,宣传科学与民主,提出打倒"孔家店"的口号,在中国思想文化界树立了一面反封建主义的旗帜。五四运动后,《新青年》逐步转向介绍、宣传马克思主义,在广大革命知识分子中产生了广泛的影响,充分反映了五四时代反封建的文化思想运动和马克思主义传入中国及其变为思想运动的主流的过程。《新青年》培育了整整一代青年,中国共产党的早期领袖人物如毛泽东、周恩来、恽代英、蔡和森等都受过它的深刻启迪和重要影响。毛泽东说:"《新青年》是有名的新文化运动的杂志,由陈独秀主编。我在师范学校学习的时候,就开始读这本杂志了。我非常钦佩胡适和陈独秀的文章。他们代替了已经被我抛弃的梁启超和康有为,一时成了我的楷模。""在这个时候,我的思想是自由主义、民主改良主义、空想社会主义等思想的大杂烩。我憧憬'19 世纪的民主'、乌托邦主义和旧式的自由主义,但是我反对军阀和反对帝国主义是明确无疑的。"[1] 陈独秀是中国共产党早期领导层的领路人。我们从学习思想史的视角看陈独秀的地位与成就,主要有以下几个方面。

---

① 〔美〕埃德加·斯诺:《西行漫记》,解放军文艺出版社 2011 年版,第 110 页。

一、破坏旧的学习思想、旧的学习传统，实现学习由传统到现代的转型

陈独秀的学习思想是以反孔排儒为革命内容的。因为在五四时期，虽然封建专制制度被打倒了，但现实生活中所谓的中国的"旧传统""旧文化"依然顽强地存在着，它集中体现在孔圣人、儒家学说及其卫道者的身上，也就是说，孔子及儒家学说是中国旧传统和旧学习思想的文化载体，所以，要反传统，建设新文化必须反孔批儒，"打倒孔家店"。

当时封建余孽和封建幽灵仍在四处猖獗地活动，固守尊孔读经的学习传统已成为阻挠实行民主共和制与提倡科学精神的最大障碍。陈独秀的批孔与当时的政治及思想文化背景有着直接的联系。当时袁世凯病亡，被袁世凯强行解散的国会恢复，部分议员主张删除被写入宪法草案中的尊孔读经条文，取消内务部的拜跪礼节，由此引起封建顽固派的强烈反对。先是教育总长范源濂提倡"读经尊孔"；而后是孔教会头目陈焕章等上书国会参、众两院，请定孔教为国教；继之，以张勋为代表的13省督军省长联合致电总统黎元洪，要求定孔教为国教，并写入宪法。1916年9月20日，康有为在《时报》上发表致总统、总理书。要求：以孔子为大教，编入宪法，复祀孔子拜跪明令，保守府县学宫及祭田，皆置奉祀官。11月12日，国会参、众两院中赞成立孔教为国教的一百多名议员在北京成立国教维持会，通电吁请各省督军支持，这种以尊孔读经为核心内容的"国教请愿运动"，反映出封建文化复辟势力的猖獗。

正是这种愈益突出的尊孔声浪，促使陈独秀及其同人认识到他们专注于西方思想学说的译介、疏离于社会文化现实的悬浮性，开始认真思考尚处在思想深处影响并支配国人的中国传统思想文化，使他们认识到只有毫不妥协地与旧的传统势力彻底决裂并全力铲除之，才能为民主共和制和民主、科学精神的确立扫清障碍。陈独秀说："无论政治学术道

德文章，西洋的法子和中国的法子，绝对是两样，断断不可调和牵就的。若是决计革新，一切都应该采用西洋的新法子，不必拿什么国粹，什么国情的鬼话来捣乱，因为新旧两种法子，好像水火冰炭，断然不能相容；要想两样并行，必至弄得非牛非马，一样不成。"①

陈独秀面对这股尊孔读经复辟旧的学习传统的思潮，敢于直接交锋，决不妥协，他在《新青年》上发表了《驳康有为致总统总理书》《宪法与孔教》《孔子之道与现代生活》《再论孔教问题》《旧思想与国体问题》等文章，几乎是对当时思想文化领域中具有代表性的尊孔言论都进行驳难。陈独秀虽然激烈地批判儒家"三纲五常"的封建礼教，赞称吴虞提出的"打倒孔家店"的口号，但对待作为学者和教育家的孔子，仍表示相当之尊敬，并没有犯"绝对化的毛病"，一概骂倒。

二、以科学与民主启开封建蒙昧，创立新思想、新学统

陈独秀以批孔排儒为核心内容的反传统文化思想，是与倡导科学、民主精神相辅相成的，一方面是破旧，一方面是立新，或者破旧是为了立新。他主编的《新青年》杂志，同时致力于这两方面的工作。他说："要拥护那德先生，便不得不反对孔教"，"要拥护那赛先生，便不得不反对旧艺术、旧宗教"。②

关于科学与民主的关系及其启蒙作用，陈独秀在《敬告青年》一文中指出："科学之兴。其功不在人权说下，若舟车之有两轮焉。""国人而欲脱蒙昧时代，羞为浅化之民也，则急起直追，当以科学与人权并重。"③ 因为唯有科学能使人间之思想行为"其效将使人间之思想云为，一遵理性，而迷信斩焉，而无知妄作之风息焉"。④ 科学是综合客观现

---

① 任建树等编：《陈独秀著作选》第 1 卷，上海人民出版社 1984 年版，第 386 页。
② 陈独秀：《本志罪案之答辩书》，《新青年》6 卷 1 号。
③ 陈独秀：《敬告青年》，《青年杂志》创刊号。
④ 陈独秀：《敬告青年》，《青年杂志》创刊号。

象，诉诸理性作为检验事务存废的标准，一事之兴，一物之息，无不以科学定从违。1920 年 4 月，陈独秀对科学的含义作了解释，他认为："科学有广狭二义：狭义是指自然科学而言，广义是指社会科学而言。社会科学是拿研究自然科学的方法，用在一切社会人事的学问上，像社会学、伦理学、历史学、法律学、经济学等，凡用自然科学方法来研究、说明的都算是科学，这乃是科学最大的效用。我们中国人向来不认识自然科学以外的学问，也有科学的威权；向来不认识自然科学以外的学问，也要受科学的洗礼；向来不认识西洋除自然科学外没有别种应该输入我们东洋的文化；向来不认识中国底学问有应受科学洗礼的必要。我们要改去从前的错误，不但应该提倡自然科学，并且研究、说明一切学问（国故也包含在内），都应该严守科学方法，才免得昏天黑地乌烟瘴气的妄想、胡说。"①

　　陈独秀的科学观，作为"输入西洋式""国家之基础"的主要内容之一，反映了《新青年》的一个主导思想。由于欧洲 19 世纪自然科学的迅速发展所造成的物质文明，使陈独秀可以毫无顾忌地把科学作为他提倡思想启蒙以推动社会变革的主要思想武器，因而他所注重的并非自然科学本身，而是科学之于社会改造之功效，科学之于人生观之指导意义。这正是《新青年》所面临的批孔反传统文化强化了他对"科学"意识形态化的寻求。陈独秀在《再论孔教问题》中说："余之信仰：人类将来真实之信解行证，必以科学为正轨，一切宗教，皆在废弃之列，……盖宇宙间之法则有二：一曰自然法，一曰人为法。自然法者，普遍的、永久的、必然的也，科学属之；人为法者，部分的、一切的、当然的也，宗教、道德、法律皆属之。人类将来之进化，应随今日方始萌芽之科学，日渐发达。改正一切人为法则，使与自然法则有同等之效力，然后宇宙人生，真正契合。此非吾人最大最终之目的乎？或谓宇宙

---

① 陈独秀：《新文化运动是什么？》，《新青年》7 卷 5 号。

人生之秘密，非科学所可解，决疑释忧？厥惟宗教。余则以为，科学之进步，前途尚远，……真能决疑，厥惟科学。故余主张以科学代宗教，开拓吾人真实之信仰，虽缓终达。"① 陈独秀用科学信仰取代中国传统的孔学儒家之信仰，认为科学能解决人生全部问题。这种科学观在陈独秀进入北京大学以后有进一步发展，在 1923 年的"科玄论战"中也表露得很清楚，表现出科学主义倾向，他基本上站在丁文江、胡适等科学派一边反对张君劢、梁启超等玄学派。他对唯物史观的科学化的理解，对形而上学的拒斥，"构成了中国人接受马克思主义哲学的一种无法剔除的解释学背景"。②

关于"人权"（民主），陈独秀指出："自人权平等之说兴，奴隶之名，非血气所能忍受。世称近世欧洲历史为'解放历史'。破坏君权，求政治之解放也；否认教权，求宗教之解放也；均产说兴，求经济之解放也；女子参政运动，求男权之解放也。解放云者，脱离夫奴隶之羁绊，以完其自主自由之人格之谓也。"③ 这里所讲的人权的重点在个人。作为个人，陈独秀强调要获得政治、经济上的权利，要获得人格独立、个性解放，做一个自主自由的人。要做到这一点，必须推翻君主专制统治，建立自由平等的资产阶级共和国，这是陈独秀 1915 年提出的个性解放主张。这里隐含着一个"共和国的情结"。到 1919 年《新青年》6 卷 1 号发表《本志罪案之答辩书》，陈独秀的"人权"口号发展为"民主"的口号。④

陈独秀及其《新青年》的同人们，在将西方近代以来的思想文化移植嫁接于中国的共和政体之上的"民主"观，很明显带简单化、绝

① 陈独秀：《再论孔教问题》，《新青年》2 卷 5 号。
② 何中华：《科玄论战与 20 世纪中国哲学走向》，《文史哲》1998 年第 2 期。
③ 陈独秀：《敬告青年》，《青年杂志》创刊号。
④ 刘景泉：《中国现代文化选择的重大转折——论五四新文化运动的文化特色》，《中共党史研究》2002 年第 2 期。

对化的"幼稚"认识，他们执意将中国现代社会与中国传统社会截然对立起来，否定了建设新文化还要对传统文化进行批判性的继承，无法完全抛弃或割断与传统文化的联系。这种态度与认识来源于他们的"共和国情结"。"在他们看来：一边是以孔学为代表的中国传统思想文化与他们所反对的帝制及其遗留下的旧政治、旧道德、旧生活已浑然一体，难以分割开来，而且民初以来大有复活之势；另一边则是他们极力维护的共和政体，以及这一政体所需要的新的意识形态支撑，在这方面本土思想文化资源又极其匮乏而必须借助于西方——二者之间绝难相存两全。"① 陈独秀坚决主张"存其一必废其一"②，即存西学而废传统。陈独秀在西方资产阶级革命史里找到"民主""共和"的"样板"是与法国大革命直接联系的卢梭的政治思想学说。中国的清末民初，维新派与革命派都曾试图发掘本土思想文化资源进行思想启蒙，结果均失败，说明本土思想文化资源已不足以支撑并推动现实思想文化变革。陈独秀则彻底地背弃这一变革思路，而转向西方，这是他超越清末民初思想文化格局的历史根由，并且由于民族危亡问题，而使他直接干预现实政治。

陈独秀及《新青年》的同人们高举科学与民主两面大旗的新文化运动与民族独立自强运动即中国的现代化运动有一种内在联系。民族危亡问题贯穿于19世纪中叶至20世纪中叶的中国近现代史，陈独秀是历史中人，他不可能超脱于这一历史情境。他在《答顾克刚》中说："本志主旨，固不在批评时政，青年修养，亦不在讨论政治，然有关国命存亡之大政，安忍默不一言？政治思想学说，亦重要思想学说之一！"③政治与学术、文化与思想不能截然分开，向西方学习科学、民主思想的

① 陈方竞、刘中树：《对〈新青年〉发动批孔及文学革命的再认识》，《吉林大学社会科学学报》2002年第3期。
② 陈独秀：《复辟与尊孔》，《新青年》3卷6号。
③ 陈独秀：《答顾克刚》，《新青年》3卷5号。

目的在于谋民族之独立自强。所以他的学习思想中有一个鲜明的特色，就是致用于现实，改造社会。因此，他说："博学而不能致用，漠视实际上生活上之冷血动物，乃中国旧式之书生，非 20 世纪新青年也。"①

陈独秀在发动批孔运动的同时，又倡导文学革命，在《新青年》2卷6号上发表《文学革命论》，这与胡适在《新青年》2卷5号上的《文学改良刍议》提倡白话文的旨趣并不相同。他是以思想启蒙为出发点，目的是为了清算传统文学与固有政治及思想文化的纠缠不清的关系，将文学革命纳入以批孔为主导思想文化变革主潮流之中，所以，"提倡文学革命，并将此纳入他倡导的思想启蒙之中进而干预现实政治的意图已十分明显"。②

三、传播马克思主义，使学习思想由传统向现代转型，找到了理论指导和一条革命的途径

《新青年》6卷5号上出《马克思主义研究专号》，发表李大钊的重要论文《我的马克思主义观》，引起了胡适的不满。胡适在《每周评论》第31期上发表了《多研究些问题，少谈些主义》一文，这样就引发了一场"问题与主义"之争。《新青年》自7卷1号起，由陈独秀一人来编。他站在李大钊一边，主张宣传马克思主义，表示中国必须走俄国革命的道路。在《新青年》7卷5号上，陈独秀编辑出版了"五一劳动节专号"，发表《上海厚生纱厂湖南女工问题》，论述了资本主义社会的危机，主张中国应采用社会主义制度，而不能走欧美日本人的（资本主义）道路。

陈独秀一人主编《新青年》时期，其编辑的主导思想由开始宣传

① 陈独秀：《答顾克刚》，《新青年》3卷5号。
② 陈方竞、刘中树：《对〈新青年〉发动批孔及文学革命的再认识》，《吉林大学社会科学学报》2002年第3期。

科学与民主发展为宣传马克思主义，成为"中国无产阶级革命的罗针"。1945 年 4 月毛泽东在中共七大预备会议上的讲话中说：陈独秀是"五四"运动的总司令，就是说，他是"五四"新文化运动和思想解放运动的领袖，并指出他对传播马克思主义和创建中国共产党起了和普列汉诺夫在俄国革命中相类似的作用。①

第二节　李大钊——中国早期马克思主义学习观的奠基者

李大钊（1889—1927 年），字守常，河北乐亭人。青年时代的李大钊"即矢志努力于民族解放之事业"。1905 年他考入永平府中学，勤奋读书，关心国事。1907 年，"感于国势之危迫，急思深研政理，求得挽救民族，振奋国家之良策"。② 而赴天津投考北洋法政专门学校。在那里，他较为广泛地接触到了当时所谓的新学，对社会生活也有了较多的了解，表现了对国家政治的关心。

1911 年辛亥革命推翻了清政府，结束了两千多年的封建帝制，民主共和国的观念从此深入人心。但是这个革命是很不彻底的，它"只把一个皇帝赶跑，中国仍旧在帝国主义和封建主义的压迫之下，反帝反封建的革命任务并没有完成"。③ 李大钊看到了新的共和国的"隐忧"，表现了他对祖国命运的深切关怀。他发表文章，以愤怒和沉痛的心情揭露了北洋军阀盗窃国权、侵蚀共和的罪恶行为。尖锐指出，"辛亥革命的结果，并没有给人民带来幸福和自由：'共和自共和，幸福何有于吾

---

① 廖盖隆：《陈独秀的评价问题》，王学勤：《陈独秀与中国共产党·序》，东南大学出版社 1991 年版。
② 朱成甲：《李大钊"深研政理"的爱国思想》，《中国党政干部论坛》2011 年第 5 期。
③ 《毛泽东选集》第 2 卷，人民出版社 1991 年版，第 564 页。

民也！'"①

1913 年，李大钊在朋友的资助下，毅然东渡日本留学，考入东京早稻田大学政治本科。在日本留学期间，他所发表的文章进一步发挥了其爱国主义和革命民主主义思想，并且以实际行动予以证明：他曾在东京发起组织"神州学会"，进行秘密的反袁活动；1915 年日本向袁世凯提出灭亡中国的"二十一条"后，激起了全国人民的无比愤怒。李大钊得悉这个消息后，立刻奋起反对，编印《国耻纪念录》，散发《警告全国父老书》，发表《国民之薪胆》等文章，揭露"二十一条"的侵略实质，号召国民奋起自救，誓死反对日本帝国主义的侵略；同时他还开始接受马克思主义学说。"所有这些，突出地表现了爱国主义者和革命民主主义者的本色。"②

1916 年回国之后，李大钊立即投身于新文化运动。"五四"运动之后，他成为一个马克思主义者。从辛亥革命失败到"五四"运动时期，是李大钊思想转变的重要时期，而转变的历史契机就是俄国十月革命。1916 年 9 月，李大钊在《新青年》上发表《青春》一文，表明了他开始参加以《新青年》为文化阵地的战斗，很快成为一名出色的文化闯将。1918 年，李大钊被聘为北京大学图书馆主任、经济学教授，并加入了《新青年》编辑部。就在这年的 7—11 月，李大钊相继发表了《法俄革命之比较观》《庶民的胜利》《布尔什维主义的胜利》等著名文章，表明他受十月革命影响而思想发生了骤变。由此开始，他划清了无产阶级革命与资产阶级革命的界限，并把注意力由知识分子转向了工农大众。1919 年 5 月发表了《我的马克思主义观》一文，标志着李大钊已经完全转变成一个马克思主义者。他在青年学生中大力宣传马克思主义，开展革命和教育活动，引导青年从根本上改造社会。正因为有了

① 《李大钊选集》，人民出版社 1959 年版，《李大钊同志生平事略》，第 1 页。
② 《李大钊选集》，人民出版社 1959 年版，《李大钊同志生平事略》，第 2 页。

这样的思想基础和影响，当巴黎和会中国外交失败的消息传来，李大钊与陈独秀等点燃了广大青年的爱国热情，因而成为五四运动的领袖人物之一。1920 年 3 月，李大钊在北京大学发起马克思主义学说研究会，1921 年中国共产党成立之后，李大钊是主要创始人之一。1927 年，他从容就义，为马克思主义和共产主义理想献出了自己的生命。李大钊是我国共产主义运动的先驱者，他系统地研习了马克思主义理论，确立了他在中国第一个马克思主义者的地位。从中国近代学习思想史评价李大钊，他是中国早期马克思主义学习观的奠基者。

一、以马克思主义为批判武器，推倒"尊孔读经"的封建学习思想

在早期的新文化运动中，李大钊是陈独秀的亲密战友，在反对封建专制、尊孔复古，倡导民主和科学，主张思想解放，学习西方的先进思想诸方面，二人唱和一致。因而，李大钊与陈独秀的批孔反儒的现实背景是相同的，但在态度上，陈充满激情，态度决绝，而李则带有理性色彩，批判的深度与广度都比陈好也更为系统些。

首先，李大钊反击"尊孔复辟"逆流。他从历史着眼，分析孔子儒学与封建政治相结合造成了专制与愚昧，从而使封建制度长期统治。他说：自秦朝建立封建专制制度到汉代，"汉兴，更承其绪，专崇儒术，定于一尊。为利一姓之私，不恤举一群智勇辩力之渊源，斲丧于无形。由是中国无学术也，有之则李斯之学也；中国无政治也，有之则嬴秦之政也。学以造乡愿，政以畜大盗，大盗与乡愿交为狼狈，深为盘结，而民命且不堪矣。"① 因此要反对封建专制主义，建立民主制度，必须使人民从孔孟之道的桎梏下解放出来，恢复个性自由，才能发展自己的聪明才智和创造精神。从"圣贤"伪造的纲常名教中解脱出来，有了思想自由、个性解放、人格独立，是学习思想由传统到现代转型的

---

① 《李大钊选集》，人民出版社 1959 年版，第 44 页。

关键所在。

李大钊认为要从根本上"打破孔子主义",具体做起来有两个方面工作:一是从意识形态上破除偶像崇拜,宣传科学真理。他指出:"孔子为数千年前之残骸枯骨。"① 只因为他的学说确是为专制君主所利用资以为护符也。"历代君主,莫不尊之祀之,奉为先师,崇为至圣。而孔子云者,遂非复个人之名称,而为保护君主政治之偶像矣。"② 孔子被神化而成偶像,而成帝王之"护符",其功效在愚民。打倒偶像的实质是自我解放,"青年之自觉,一在冲决过去历史之网罗,破坏陈腐学说之囹圄,勿令僵尸枯骨,束缚现在活泼泼地之我"。③ 他号召青年人崇拜真理,崇拜科学;二是革除"尊孔读经"的复古主义的教育观与学习观。中国自汉代"独尊儒术"之后,孔子被尊为圣人,儒家经典被确立为官学法定教材,经学成为学习思想的主流。隋唐实行科举取士,明清又增八股文取士,都是以儒家孔孟之道和四书五经为科举取士的标准。清末民初,废除科举读经,而辛亥革命失败,袁世凯当政之后,在教育领域又掀起一股要求尊孔读经的复辟逆流。李大钊坚决反对尊孔读经,提倡民主、自由的"国民教育"。他于 1916 年底至 1917 年初,连续发表了《宪法与思想自由》《孔子与宪法》《自然的伦理观与孔子》等论文,对袁世凯的复辟帝制与教育上的尊孔读经进行抨击。

李大钊在《孔子与宪法》一文中指出尊孔读经与宪法精神不符。他说:"孔子者,数千年前之残骸枯骨也。宪法者,现代国民之血气精神也。以数千年前之残骸枯骨,入于现代国民之气血精神所结晶之宪法,则其宪法将为陈腐死人之宪法,非我辈生人之宪法也;荒陵古墓中之宪法,非光天化日中之宪法也;护持偶象权威之宪法,非保障生民利

① 《李大钊选集》,人民出版社 1959 年版,第 79 页。
② 《李大钊选集》,人民出版社 1959 年版,第 80 页。
③ 《李大钊选集》,人民出版社 1959 年版,第 75 页。

益之宪法也。"① 这样的宪法"非为解放人权之宪法"而成为"束制彝民"之宪法。同样，提倡读经也与教育变革之时代精神相悖。李大钊指出："一代圣贤的经训格言，断断不是万世不变的法则。什么圣道，什么王法，什么纲常，什么名教，都可以随着生活的变动、社会的要求，而有所变革，且是必然的变革。"② 现代社会文化的主流是科学与民主，而尊孔与读经与时代精神不符，读书必须读那些启民智、养民德的有科学与民主精神的西方著作，特别是马克思主义的经典著作。

其次，以唯物史观阐释儒家思想得以在中国封建社会长期存在而成为传统文化的主流，是由封建经济决定的。李大钊思想转向马克思主义后，于1919年底至1920年初，先后写了《物质变动与道德变动》《由经济上解释中国近代思想变动的原因》等文章，从历史唯物主义出发，指出作为上层建筑的文化、教育是一定的经济基础上的产物，他深刻地分析了儒家学说的本质及其在中国封建社会长期赖以生存的社会基础和进入现代社会由于经济基础的变革被摧毁的历史必然性。他分析产生孔子思想的原因，主要是由于"中国以农业立国，在东洋诸农业本位国中，占很重要的位置，所以大家族制度在中国特别发达"。③ 而孔子思想及儒家学说是建立在自然农业经济与家族法制社会基础上的产物，孔子的学说所以能支配中国人心有二千余年的原因，不是孔子学说本身具有绝大的权威，永久不变的真理，配作中国人的"万世师表"，而是因为"他是中国大家族制度上的表层构造"，"他是适应中国二千余年来未曾变动的农业经济组织反映出来的产物"。④

李大钊坚持唯物史观，对孔子作两点论，区分为"历史的孔子"与"实在的孔子"。他认为"实在的孔子"，"于其生存时代之社会，确

① 《李大钊选集》，人民出版社1959年版，第77页。
② 《李大钊选集》，人民出版社1959年版，第272页。
③ 《李大钊选集》，人民出版社1959年版，第296页。
④ 《李大钊选集》，人民出版社1959年版，第297页。

足为其社会之中枢，确足为其时代之圣哲，其说亦确足以代表其社会其时代之道德"。① 孔子的思想反映了他那个时代的精神，是他那个时代的圣哲、伟人。对这个"实在的孔子"，我们必须"敬之""尊崇之"，他是我们中华民族文化之骄傲，正像西方人因有了苏格拉底而骄傲一样。可是那历史的孔子，自从实在的孔子死去的那一天，便已活现于吾人的想象中伴随着中国历史的发展而在不断地演变着。汉唐时代人们想象中的孔子，与宋明时代人们想象中的孔子已经不同了；宋元时代人们想象中的孔子，与现代人们想象中的孔子，又不同了。人们在不断地神化他，利用他，他的身上必然带有时代的烙印。从总体看，孔子终究是生活在专制时代的思想家，"孔子生于专制之社会，专制之时代，自不能不就当时之政治制度而立说，故其说确足以代表专制社会之道德，亦确足为专制君主所利用资以为护符也"。② 历史规定着孔子本身的这种局限性，不仅在他活着时就存在有负面影响，他死后随着时代的发展变迁，历代统治者都按照自己的需要不断地包装孔子，用鲁迅的话来说，就是往他身上抹白粉，强化了孔子学说中维护君主政治"护符"的一面，使孔子及其学说愈变愈成"专制政治之灵魂"。这样，"实在的孔子"就在漫长的历史过程中，演变成不同历史阶段的"历史的孔子"。显然，"实在的孔子"是生活在春秋末期，"孔子本身"距离现代已有2500多年，而"历史的孔子"则是"保护君主政治之偶像"。我们"之掊击孔子，非掊击孔子之本身"。③ 抨击孔子的目的在于"谋新生活之便利，新道德之进展。"④ 此外，李大钊还指出，孔子思想不完全等于儒家思想，儒家思想文化并不完全等于传统文化，这些观点都闪耀着历史唯物主义的光辉。李大钊对孔子及儒家的批判、评价成为其现代

---

① 《李大钊选集》，人民出版社 1959 年版，第 79 页。
② 《李大钊选集》，人民出版社 1959 年版，第 80 页。
③ 《李大钊选集》，人民出版社 1959 年版，第 80 页。
④ 《李大钊选集》，人民出版社 1959 年版，第 80 页。

学习思想的理论基石。

孔子是中国传统教育、传统学习思想之祖,中国的教育、学习思想由传统向现代转型不能绕过孔子,也不能全盘否定孔子。李大钊的"历史的孔子"与"实在的孔子"对我们全面评价、认识孔子具有重要意义,两个孔子论确立了马克思主义对中国传统文化、教育、学习思想批判地继承的原则,可以看作是毛泽东的"吸取其民主性精华,剔除其封建性糟粕"的不祧之祖和理论滥觞。要实现中国文化的现代化,批孔是非常必要的。李大钊及陈独秀等《新青年》同人在"五四"时期对孔子及其学说的揭露与批判,指出其与封建专制主义的关系,在伦理道德方面对中国人的毒害,至今仍有现实意义。其缺点是矫枉过正。到"文革"时期"矫枉必须过正"论走向极端,成为中国现代史上的一场文化大祸害。时至今日,学术界谈论"五四"新文化运动,仍有人为"矫枉必须过正"论开脱,振振有词地说"偏激在当时被看作一种斗争策略"。笔者认为"偏激","过正"都不符合马克思主义历史唯物主义的要求。

二、确立理论联系实际的马克思主义现代学习思想的基本原则

传统教育与传统学习思想最大的弊端在于脱离实际,特别是明清推行的科举制度,把学生禁锢在"四书""五经"的书本上,扼杀学习者的个性和才能、智慧,使人匍匐拜倒于往圣前贤的纲常名教之前,而变成封建统治者驯服的奴隶。原始孔子儒家在"学"与"习"的关系方面,强调"习",即强调社会实践的重要性;汉代经学独盛,经师强调"学"以求仕干禄而弱化"习"(实践),终生在一经或二经里建筑"黄金屋"。宋以后的学人在知行关系上像黑格尔的辩证法是头脚颠倒的,重视书本,轻视实践,特别是陆王心学的知行观,它的理论基础是主观唯心主义,谬种流传至清末民初也未得到彻底清算。

至"五四"时期,李大钊注重理论联系实际,倡导青年学生走与工农相结合的道路。为此,他曾坚决反对国民教育以孔孟之道为教育宗旨,

以读"四书""五经"为教育内容，认为这些东西施于今日之社会为不适应生存。李大钊认为读书、学习理论不是装点门面，不能蹲在书斋里做学究式的研究，而应该到实际斗争中去学习，去研究，注重理论与实践相结合，注重学以致用。特别是学习马克思主义不能"纸上谈兵"，而要"向实际的方面去作"。① 中国革命需要的是"在群众生活斗争里实际发生作用的活的马克思主义"。② 理论与实践的统一是马克思主义的哲学原则。马克思在《〈黑格尔法哲学批判〉导言》中就从马克思主义哲学的本质和功能的高度阐发了这一原则的内涵："哲学把无产阶级当作自己的物质武器，同样，无产阶级也把哲学当作自己的精神武器。"③

经过"五四"运动的实际斗争，李大钊更加深刻地认识到"民众的势力，是现代社会上一切构造的唯一基础"。④ 也看到青年知识分子的最大弱点是理论脱离实际，要克服这一弱点，非与工农大众打成一片不可。这样，一方面可以"把现代的新文明，从根底输到社会里面，非把知识阶级与劳工阶级打成一气不可"。⑤ 另一方面可以使知识分子在实践中获得感性认识，改造思想，受到生动的阶级教育。理论联系实际进一步发展成把马克思列宁主义理论与中国的实际相结合，成为毛泽东思想的重要组成部分。知识分子走与工农相结合的道路也为毛泽东所继承和发展，而成为延安时期与新中国成立后中国共产党知识分子政策的一个重要方针。

三、宣传马克思主义，为现代学习思想奠定了理论基础

李大钊是"五四"时期利用大学讲坛传播马克思主义的第一人。

---

① 《李大钊选集》，人民出版社 1959 年版，第 230 页。
② 《毛泽东选集》第 3 卷，人民出版社 1991 年版，第 858 页。
③ 《马克思恩格斯选集》第 1 卷，人民出版社 1972 年版，第 15 页。
④ 《李大钊文集》下册，人民出版社 1984 年版，第 239 页。
⑤ 《李大钊选集》，人民出版社 1959 年版，第 146 页。

他在北京大学任教期间开设"唯物史观研究""史学思想史""社会主义与社会运动""现代政治""工人的国际运动与社会主义的将来"等课程，讲授马克思主义理论。他不仅在北大而且还到女子高等师范、朝阳大学、中国大学、上海大学、上海复旦大学等高校讲授马克思主义。李大钊对青年学生说："使中国将来能够产出几位真正能够了解马克思学说的，真正能够在中国放点光彩的，这实在是我最大的希望。"① 他在北大发起成立马克思学说研究会与社会主义研究会，引导青年学生学习马克思主义社会主义学说，成为全国进步青年的良师和革命引路人。正是在他的帮助和影响下，毛泽东、周恩来、邓中夏、高君宇等一批初步具有共产主义思想的青年，"迅速地朝着马克思主义的方向发展"。② 李大钊成为中国马克思主义的杰出代表和无产阶级革命家。

在这里值得重视的是李大钊对中国马克思主义历史哲学的巨大贡献。1920 年 7 月，李大钊开始在北京大学政治学系和史学系讲授"唯物史观"和"史学思想史"。流传下来保存在《李大钊文集》中的有《史观》《鲍丹的历史思想》《孟德斯鸠的历史思想》《韦柯及其历史思想》《马克思的历史哲学与理恺尔的历史哲学》等 11 篇文章，其中若干篇曾在《新青年》、北京大学《社会科学季刊》上发表过。这些文章通过波丹、孟德斯鸠、维科、孔多塞、李凯尔特等人的历史思想，系统地介绍了西方几百年来历史哲学的发展历程，不仅勾画出近现代西方史学思想的大致脉络，而且阐明了马克思主义唯物史观的基本原则。这在早期马克思主义者中是无与伦比的贡献。把他与其批判孔子及儒学中所体现的历史哲学联系起来，更可以看出李大钊对历史唯物主义的运用。特别是在马克思主义刚刚传入中国的情况下，能够以马克思主义的科学态度来分析对待西方哲学中的历史学派的各种思想和流派，这是难能可

---

① 《李大钊选集》，人民出版社 1959 年版，第 371 页。
② 《毛泽东自述》，人民出版社 1993 年版，第 41 页。

贵的。李大钊在对待西方各种历史哲学的批判中贯穿马克思主义历史原则与求实态度，为我们提供了一个历史学习思想的原则，特别是《马克思的历史哲学与理恺尔的历史哲学》一文，阐明马克思的唯物史观是以作为社会基础的经济关系为中心来研究其上层建筑的理念的形态而察其变迁，以发现社会变迁中的因果法则为目的。

李大钊正是运用马克思的历史哲学的这些观点来研究、批判、评价孔子的，将孔子区分为"实在的孔子"与"历史的孔子"。李大钊对孔子的评论告诉我们，对待历史人物不能撇开历史的进程，把其（孔子）固定为独立的东西，并假定有一种抽象的、孤立的人的个体。在马克思哲学的视域里，没有在历史之外的某种永恒如此的东西，一切都在历史的隧道里变化着，无论是自然，还是人本身都是如此。一切必须置于历史的发展中来加以考察，才能确定其历史的合理性与局限性，从而决定其未来的命运。在五四运动"打倒孔家店"的声浪中，李大钊像马克思所说的那样，"仅仅知道一门唯一的科学，即历史科学"。① 对待孔子及其生活世界的一系列因素也都必须置于"历史"之维度中来判断才能确定其价值。

李大钊对马克思历史哲学的阐释和在批孔中的运用，告诉我们：受历史制约的各种现象、问题之产生、解决与问题之转换，都不能脱离历史框架来分析；那种超历史，追求永恒不变的绝对真理的做法，正是马克思主义哲学要摒弃的。

---

① 《马克思恩格斯选集》第 1 卷，人民出版社 1972 年版，第 21 页。

第十五章
推行思想自由、兼容并包的蔡元培

第一节　从翰林院到同盟会：由封建士大夫
到现代知识分子的转折

蔡元培（1868—1940 年），字鹤卿，号孑民，出生于浙江绍兴府山阴县（今浙江省绍兴市），是我国近代史上著名的教育家。

蔡元培 5 岁时聘请塾师教读。10 岁父亲病逝，家境困窘，无力聘请塾师，附读他处。12—15 岁，受业于同县秀才王懋修，并得到叔父举人蔡铭恩的指导。一直到 1883 年考取秀才，他接受的都是传统教育，以四书五经为攻读的主要典籍，学作八股文，旁涉《史记》《汉书》《困学纪闻》《文史通义》《说文通训定声》等史学、小学名著。1884—1885 年在当地充任塾师。1886—1888 年为同乡徐氏"古越藏书楼"校书兼陪读，得以遍览徐家藏书，学业大进。

蔡元培在科举道路上可以说是一帆风顺。1889 年，参加浙江乡试，中举人。次年赴京会试，中贡士。1892 年，再入京补应殿试，中二甲第三十四名进士，授翰林院庶吉士。1894 年，应散馆考试，升为翰林院编修。至此，蔡元培在科举道路上已攀到顶巅。

蔡元培在科举道路上顺利攀登的时期，国家却灾难频仍，已到崩溃的边缘，中国社会的政治局势正在发生着巨大的变化。1895 年，中国与日本发生甲午战争，中国战败，引起社会各阶层的强烈震动。这年10月，蔡元培以翰林院编修身份列名奏请朝廷，切勿向日求和，割地赔款。

甲午战后，先进的中国人猛然惊醒，纷纷重新探求救亡图存的道路，康有为、梁启超等发动"公车上书"，提出维新变法的主张，并得到光绪皇帝的支持，形成一个颇有声势的革新政治的运动。与此同时，孙中山主张以革命手段，推翻清政府。蔡元培痛恨清廷腐败，同情维新变法。早在1893年他游历江、浙、粤等地时，就获读康有为的《新学伪经考》。甲午战后，他开始阅读西方学者著作的中译本，于新学及国外事物多所留意，并阅读了一批自然科学书籍。1898年，他与王式通等组成东文学社，开始学习日文。这年秋天，戊戌变法失败，蔡元培一方面认为维新派"由于不先培养新人才，而欲以少数人弋取政权，排斥顽旧，不能不情见势绌"。① 因而产生了教育救国的理念；另一方面，他已清醒地看到满清政府屠杀维新派人士，顽固地维持专制皇权统治，已"无可希望"。他对自己服务的"大本"发生了动摇，便毅然弃官携眷出京，返抵绍兴，任绍兴中西学堂监督，从此开始了他由一位旧式的士大夫向新型的现代知识分子转变的历程，也开始了他教育救国的历程。

从翰林院到绍兴中西学堂，是蔡元培人生里程上的重大转折。他于1900年应聘于这所新式学校为监督（校长）。这时他由崇拜宋儒的浙东学术框架中跳出来，而看重新学家们"即中即西，不中不西"的学问。他在办学方面设外文课，器重有新思想的教员，因而遭到守旧派校董的忌排而任职不到一年便辞职。1901年9月赴上海，任南洋公学特班总教习。1902年4月，与叶瀚、蒋观云、黄宗仰等发起成立中国教育会，被推为会长。11月，组织爱国学社，任学社总理。秋冬，与蒋观云等

---

① 黄世晖：《蔡孑民先生传略》，商务印书馆1943年版，第2页。

发起创办爱国女学，与吴稚晖、章太炎等宣传排满革命，提倡民权，参加拒法、拒俄运动，同时为反清的《苏报》撰稿。1903 年 12 月，与王小徐、汪允宗等在上海创办《俄事警闻》报，受到无政府主义思潮的影响，介绍俄国虚无党历史，反对俄国侵略东三省，宣传废财产、废婚姻等无政府主张。1904 年 2 月《俄事警闻》改为《警钟》日报，任主编。秋，由何海樵介绍参加杨笃生领导的军国民教育会暗杀团。11 月，在上海创立光复会，任会长，以排满革命为宗旨。1905 年 10 月，加入中国同盟会，被孙中山委任为上海分会会长。1906 年秋，为出国留学入京等候派遣，事不成，应聘至译学馆任教习。

从 1900 年应聘为绍兴中西学堂至 1906 年准备赴德留学，这 7 年时间，论者称之为蔡元培"由办新学而转向革命"的阶段。在这个阶段中，他不断清理自己的旧文化思想，通过办教育来融贯中西，确立了推翻清廷的民主主义革命思想和反对帝国主义侵略的民族主义思想。1903 年，他在《苏报》上发表《释"仇满"》一文，把满清政府划到民主革命的范围内，明确表示反对满族上层建立的政权，而不反对作为中华民族大家庭的满族。而他创办的《俄事警闻》为"拒俄"与"抵制日货"的爱国运动制造舆论，揭起反对外国侵略的旗帜。他将这种反对封建主义、帝国主义的革命思想付诸行动，积极参加孙中山领导的同盟会，又加入暗杀团，与杨笃生、苏凤初、钟观光等秘密赁屋，试制炸弹，用暗杀清吏的手段开展革命活动，为建立一个新的民主共和国而奋斗。

蔡元培在出国留学之前，经历过中法战争、中日甲午战争并与法国签订《中法新约》、与日本签订《马关条约》，也经历过八国联军入侵北京并强迫清政府与之签订《辛丑条约》。这些帝国主义侵略中国发动的战争从坏的方面看，对中国的领土和主权进行着巨大的破坏，但从另一方面看，正像马克思在评论英帝国侵略印度所起的"革命性"作用一样。这种侵略过程，为西方思想文化在中国的传播提供了一个重要的契机，也就为反对中国的儒家旧传统与旧制度的中国近代化提供了新的观念和思想体系。而甲午战争的惨败，成为先驱思想家在探索救国之道的里程中由对"器物的觉悟"上升到"制度的觉悟"的重大关键。蔡元培正是在甲午战败的震撼下，认识到要运用西方的工具和观念来砸碎封建专制主义的清朝统治这一枷锁，从根本上摆脱中国传统的禁锢，并最终达到反对帝国主义侵略的目的。受到"西方的冲击"是蔡元培从翰林院投向民间教育、接纳孙中山的革命主张的不容忽视的背景和因素。借助于西方的思想体系为中国革命的目的服务，是蔡元培走出国门、留学西欧的指导思想。

第二节　从中国到西欧：由传统旧学走向西方新学，迈出建构中国近代文化教育的第一步

1907 年 6 月，蔡元培赴德国留学，先在柏林学习德语，编译书籍，作入学前的准备。1908 年秋，进入莱比锡大学听课和研究，至 1911 年 10 月，获悉国内爆发武昌起义，12 月回国参加革命活动。在莱比锡大学 3 年期间，他选修哲学、文学、美学、人类学、文明史等课程，特别关注教育学及心理学领域的前沿理论，更为重要的是蔡元培接触到一批世界著名的学者，其中有：心理学哲学史教授冯德、哲学教授福凯尔、文明史专家蓝普来西、美术史学者司马罗。蔡元培常参加孔好古教授主持的中国文史研究所练习班的研修，有机会进入蓝普来西主持的文明史与世界史研究所学习比较文明史。他对莱比锡民族学博物馆长符来讲的民族学也感兴趣，最能吸引他的是冯德教授所授心理学实验课，他连续选修三个学期。

蔡元培在莱比锡大学时，"环境上常受音乐、美术的熏陶，不知不觉的渐集中心力于美学方面。尤因冯德讲哲学史时，提出康德原书，详

细研读，益见美学关系的重要"。① 重视美学研究，为他回国后毕生倡导美育，提出以美育代宗教，为提高国民素质奠定了理论基础。但是西方文化中对蔡元培影响最深的是自由、民主、科学意识，这些是他通过研习西方文化史与文明史培育出来的，他十分注意从历史发展的连续性上考察西方文明的精神，通过对东方与西方文明比较研究，寻找解决文明中存在的问题。

蔡元培留德3年，最大的收获是通过中西文化的比较研究，逐步形成了兼融中西的观念。他"一方面接受了固有的文化遗产，一方面又吸收了19世纪的民主主义、自由主义的新思想"。② 蔡元培在文化思想上"兼容中西"的基本点是把西方的科学与民主观念同中国传统文化相结合，产生一种适应于中国国情的新文化，作为启发民智、振兴国家的指导思想。从中国到德国也是蔡元培从传统旧学走向西方新学的重要里程。他在清末的中西文化冲突、古今文化交替、新旧文化嬗变的关键时刻，突破洋务派的"中体西用"文化框架，而"集两大文化于一身"，以民主主义的思想自由原则为总纲，开始建构"兼容并包"的新文化理论。

从鸦片战争开始，中国传统文化受西方文化的激烈冲击，知识界在对异质文化的接纳、认同中走过一段曲折的道路。到蔡元培出国留学时，一批具有资产阶级改良思想的知识分子，要求学习西方而提倡新学，"改良"与"新学"在中国广为流传，但其局限与流弊也显而易见。当时"固有之旧思想，既深根固蒂，而外之新思想，又来源浅觳，汲而易竭"。③ "改良"之失败与新学之"支绌灭裂"，在梁启超看来表现为两个方面：一是在中国传播西方文化思想，"盖西洋留学生殆全体

---

① 高平叔编：《蔡元培全集》第7卷，中华书局1984年版，第302页。
② 蔡建国：《蔡元培先生纪念集》，中华书局1984年版，第102页。
③ 梁启超：《清代学术概论》，刘梦溪主编：《中国现代学术经典·梁启超卷》，河北教育出版社1996年版，第205页。

未尝参加于此运动"。① 二是受"中体西用"的局限，学习内容停留在器物层面。对前者，他说："晚清西洋思想之运动，最大不幸者一事焉。盖西洋留学生殆全体未尝参加于此运动；运动之原动力及其中坚，乃在不通西洋语言文字之人。坐此为能力所限，而稗贩、破碎、笼统、肤浅、错误诸弊，皆不能免；故运动垂二十年，卒不能得一健实之基础，旋起旋落，为社会所轻。"② 对于后者，梁启超说："甲午丧师，举国震动；年少气盛之士，疾首扼腕言'维新变法'，而置吏若李鸿章、张之洞辈，亦稍稍和之。而其流行语，则有所谓'中学为体西学为用'者；张之洞最乐道之，而举国以为至言。盖当时之人，绝不承认欧美人除能制造能测量能驾驶能操练之外，更有其他学问，而在译出西书中求之，亦确无他种学问可见。"③

梁启超说的向西方学习中的两种局限或弊端，蔡元培均已清醒地意识到而克服之。他在出国以前不仅跨越了李、张洋务派，也超越了康、梁维新派而成为坚定的资产阶级民主主义革命家。梁启超说的晚清西洋思想之运动之弊病在蔡元培身上不存在，他正为向西方学习，培植"运动之原动力及其中坚"④，克服"来源浅觳、汲而易竭"的弊端而留学德国的，所谓"不入虎穴、焉得虎子"是也。蔡元培在出国前早已意识到新学家、康党失败在于囿于国内"冥思枯索"而对于西学缺乏深入系统的研究。梁启超说的"盖西洋留学生殆全体未尝参加于""晚清西洋思想之运动"可能是事实，但"就此点论，则畴昔之西洋留

---

① 梁启超：《清代学术概论》，刘梦溪主编：《中国现代学术经典·梁启超卷》，河北教育出版社 1996 年版，第 206 页。

② 梁启超：《清代学术概论》，刘梦溪主编：《中国现代学术经典·梁启超卷》，河北教育出版社 1996 年版，第 206 页。

③ 梁启超：《清代学术概论》，刘梦溪主编：《中国现代学术经典·梁启超卷》，河北教育出版社 1996 年版，第 205 页。

④ 梁启超：《清代学术概论》，刘梦溪主编：《中国现代学术经典·梁启超卷》，河北教育出版社 1996 年版，第 206 页。

学生，深有负于国家也"① 则不符合历史实际，起码不能概括严复、蔡元培、胡适等人。

关于洋务派的"体用论"，"绝不承认欧美人除能制造能测量能驾驶能操练之外，更有其他学问"②，其实质是原封不动地保持传统文化中的纲常名教，仅学习西方的"洋枪洋炮"的制造，停留在器物之学的文化层面上。这已被维新变法派有所突破，康、梁诸人在政体上主张君主立宪，已经由"言技"到"言政"，进入制度文化层面；革命派则主张学习西方的资产阶级近代思想文化，彻底革除中国封建专制主义体制，创建一个民主共和国，从而已由维新派的局部制度变革进入到文化层面的变革。

而辛亥革命前后，文化变革最杰出的代表人物是蔡元培。他留学莱比锡大学，学习的不是单纯的器物之学与制度之学，与洋务派、维新派相比，他完全跳出传统文化的束缚，从本源入手学习西方文化。他学习的重点放在人文社会科学方面，内容涉及哲学、史学、文学、美学、心理学、伦理学、民族学等。德国的教育及欧洲自文艺复兴以来的文明史拓宽了蔡元培观察和认识欧洲文化的视野。这期间，他翻译德国泡尔生的《伦理学原理》，并自著《中国伦理学史》。两书作为他留学德国的学习成果，前者可视为"采撷西洋文化的优美"，后者可认为"凝结中国固有文化精英"，为他日后"融合哲学、美学、科学于人生，使先生的事业，不但继往，而且开来"。③

蔡元培在德国莱比锡大学以民主主义的思想自由原则"融贯中西"，举起了中国近代思想界的旗帜，成为旧民主主义革命时期先进文

① 梁启超：《清代学术概论》，刘梦溪主编：《中国现代学术经典·梁启超卷》，河北教育出版社 1996 年版，第 206 页。
② 梁启超：《清代学术概论》，刘梦溪主编：《中国现代学术经典·梁启超卷》，河北教育出版社 1996 年版，第 205 页。
③ 蔡建国：《蔡元培先生纪念集》，中华书局 1984 年版，第 83 页。

化的代表。蔡元培"素有志教育之学",在莱比锡大学,他从康德、黑格尔、哈特曼等德国古典哲学入手,兼及西方伦理学,在广泛深入的层面上探求德国近代教育及教育学的理论,而西方美育、心理学的学习又为他把握西方近代教育的精髓提供了一个全新的视角,为他后来成为中国近代大学教育的先驱和楷模准备下最丰厚的条件。他置身于莱比锡大学的学术氛围,使他对德国大学的教学和科研有亲身体验,他认识到德国大学首先是学术自由,大学"为研究科学之实验场,而且为教授普及专门知识高等科学之黉舍,……能使研究教授,融合而为一,……为教授者,必为大学问家"。① 他亲眼看到德国大学重视培养学生的独立自主能力和发展个性,他也对德国大学的评议会制度所体现出的民主管理精神极为欣赏。总之,德国大学的种种理念为他回国后入主北京大学,提出"思想自由,兼容并包"方针准备好了思想与理论基础。

蔡元培于 1912 年回国后,出任中华民国教育总长、北京大学校长和中央研究院院长,又曾多次出洋留学或考察,不断地学习吸收西方文化。1913 年 9 月,自上海赴法国,居巴黎近郊,学习法语,从事译著。1914 年与李石曾组织旅法界西南维持会。1915 年编译《哲学大纲》出版,与李石曾等组织勤工俭学会。1916 年与李石曾、吴玉章、欧乐等中法人士发起组织华法教育会,后任中方会长,参与开办华工学校,创刊《旅欧杂志》并任主编。

蔡元培于 1920 年 11 月至 1921 年 9 月赴欧美考察,1921 年 1 月至 8 月,"在法国、瑞士、德国、奥地利、匈牙利、荷兰、英国、美国进行考察、访问。3 月 8 日,与李圣章在巴黎访晤居里夫人。3 月 16 日,在柏林访晤爱因斯坦;21 日,访晤哲学家倭铿。4 月 22 日,参观梵蒂冈教皇宫。5 月,法国里昂大学授以文学博士荣誉学位。6 月,美国纽约大学授以法学博士荣誉学位。8 月 6 日,受北京政府教育部委任,赴檀

---

① 巴留岑:《德意志大学之特色》,《教育杂志》1910 年第 11 期。

香山出席太平洋教育会议。9 月 18 日，返抵北京"。①

　　蔡元培这次出国考察的对象主要是欧美的一些著名大学，如法国巴黎大学，德国柏林大学，英国牛津大学、剑桥大学、伦敦大学，美国哈佛大学、加州大学伯克利分校、斯坦福大学、哥伦比亚大学等，他与众多的世界一流学者、校长进行接触和交谈，走访欧美各国的教育行政官员，了解各国学术研究机构的情况。更为难得的是蔡元培拜访了许多世界著名的科学家和学者，并邀请其中部分人在适当的时候来华讲学。

　　蔡元培的二次出国考察都是以国家教育领导者的身份，带着中国高等教育现代化中存在的亟待解决的现实问题，也就是说不是留学式的学习，而是身负重任的学习取经。而且他发表了若干次演讲，畅谈访问观感，并十分注意介绍中国高等教育与中国优秀的传统文化，使西方各国了解中国，从而加强了中西文化交流。

　　总之，蔡元培两次出国考察，尤其是第二次访问欧美，对他本人高等教育思想的发展及中国高等教育的改革产生了深远的影响。一般认为蔡元培的大学教育思想"受到德国大学的模型之影响"。② 而这次 10 个月的欧美之行，使蔡元培的大学教育思想增加了兼采美、法等国的内容。他在比较了英、法、德、美等国的大学时说："德、法大学专重研究学问，德国注重精细分析的研究，法国注重发明新法的研究。英国大学，如乌克斯福（今译为牛津大学）及康白尼哲（今译为剑桥大学），重在陶冶学生道德，使成为缙绅之士。"而"美国大学之研究学问，与欧洲大学一样，……美（国）大学还有两种特色：（一）凡有用学问，如新闻学等，大学都可收入；（二）设夏科与校外教育，即无机会进入

---

① 《蔡元培先生学术年表》，刘梦溪主编：《中国现代学术经典·蔡元培卷》，河北教育出版社 1996 年版，第 452—453 页。
② 金耀基：《大学之理念》，中国台北时报出版社 1996 年版，第 79 页。

大学者，亦可来习"。"美国人服务社会之精神，不可多得。"①

　　1923 年元月，蔡元培因不满教育总长彭允彝干涉"罗文干"案，愤然辞去北大校长职务，发表《不合作宣言》，表示不与北京的黑暗政治同流合污。2 月，所撰《五十年来中国之哲学》一文收入《申报》印行的《最近五十年》一书。7 月赴欧。8 月底，抵比利时布鲁塞尔。9 月，开始编写《哲学纲要》。10 月，应比利时沙洛王劳工大学之邀，发表《中国的文艺中兴》演讲。1924 年元月，由比利时移居法国，一面从事著述，一面协助办理华法教育会及里昂中法大学事务。4 月，赴伦敦推动英国退还庚子赔款用于兴办中国教育事业。8 月，受北京政府教育部委托，赴荷兰和瑞典出席国际民族学会议。11 月，赴德国汉堡大学，研究民族学。1926 年 2 月，应北京政府教育部电促，回国抵沪。② 蔡元培以平民知识分子的身份出国，既非留学，也非考察，其主要使命是传播中国文化，是中学西渐。

　　蔡建国说："如果说，中日甲午战争后蔡元培在国内学习外国文化，使自己的知识和思想观念发生了变化，从一个传统士大夫向新型知识分子转变的话，那么走出国门，留学欧洲，就使他更具体、更丰富、更深刻地接触到了西方资产阶级的先进文化，从而获取了新的知识结构和精神营养，为他以后博大精深的文化思想的形成、为他在中国文化领域里所作的贡献都起到了极其重要的作用。"③ 当然也应该包括蔡氏的出国访问考察活动在内。

　　蔡元培从 1907—1926 年，五度出洋留学、访问、考察，历时 11 年。在学习考察和研究了西方资本主义国家的政治、经济、文化、教育、科学等方面的制度与思想之后，形成了他的"思想自由，兼容并

---

① 中国蔡元培研究会编：《蔡元培全集》第 4 卷，浙江教育出版社 1997 年版，第 375—376 页。
② 《蔡元培先生学术年表》，刘梦溪主编：《中国现代学术经典·蔡元培卷》，河北教育出版社 1996 年版，第 453—454 页。
③ 蔡建国：《在传统与近代化之间——蔡元培文化思想再论》，《史林》1996 年第 3 期。

包"的理念，作为他实现中国教育现代化、改造国民性、宣传科学与民主的行动纲领。

第三节　从教育总长到北京大学校长：
把"思想自由，兼容并包"付诸实践

一、对民国时期中国教育现代化的贡献

蔡元培于 1912 年 1 月被孙中山任命为中华民国成立后的第一任教育总长。7 月因不满袁世凯擅权而愤然辞职，虽然仅有短短的 6 个多月，但中国教育现代化的大政方针、纲领在此期间基本确立，以后将近半个世纪的中国教育都在沿着他指引的方向前进。在总长任上他对封建教育进行大刀阔斧的改革，首先废止清末学部规定的忠君、尊孔、尚公、尚武、尚实五项教育宗旨，规定国民教育宗旨为军国民教育、实利主义、公民道德、世界观、美育五项，除去与共和政体不合的"忠君"，与信仰自由相违的"尊孔"的封建专制主义性质的内容。① 这年 2 月，蔡元培发表《对教育方针之意见》，作为中国现代新教育的纲领性文献，它为中国确立了具有鲜明的民主主义性质的教育方针。它提出停止祀孔，废除读经，不仅在教育领域是开创新纪元的，在整个思想文化领域打破封建专制主义的禁锢、促进中国人的思想和个性解放、养成共和国民健全之人格等方面都起到了不可估量的革命性作用。

蔡元培虽然很快离开教育总长的位子，但自此以后，他始终以当然的独一无二的教育界领袖人物的身份活跃在 20 世纪二三十年代的教育舞台上。1922 年 9 月下旬，教育部召开学制会议，他被推为主席。先后草拟《全国教育会联合会所议决之学制系统草案评》《教育总长交议

---

① 高平叔编：《蔡元培全集》第 7 卷，中华书局 1984 年版，第 197 页。

案批注》等，最后制定出《壬戌学制》。这个"学制"借鉴了美国高等教育体制，贯穿着发扬平民教育精神、谋个性之发展、注重生活教育等西方教育理念。这之后，1926 年 9 月，全国国语教育促进会在上海成立，他被推为会长。1927 年 3 月在杭州之江大学发表《读书与救国》演说。在蔡元培等人的推动下，南京国民政府决定仿效法国推行大学区制，由其拟具大学区制组织条例八项。这次法国高等教育体制移植中国的实验虽未十分成功，但也由此推动了上海国立劳动大学、杭州国立西湖艺术院、中央研究院等高等教育及学术研究机构的建立。6 月，被国民政府任命为大学院院长。11 月主持召开中央研究院筹备会议，通过《中华民国大学院中央研究院组织条例》。1928 年 1 月，《大学院公报》创刊，蔡元培撰写发刊词，提出教育科学化、劳动化、艺术化等主张。2 月，大学院通令全国废止春秋祀孔。4 月，被任命为国立中央研究院院长。5 月，在南京主持召开教育会议，致开幕词，被选为中华教育文化基金会董事会副董事长。1935 年 5 月，发表《关于读经问题》一文，反对提倡读经。8 月，为《新青年》重印本题词："新青年杂志为五四运动时代之急先锋。现传本渐稀，得此重印本，使研讨吾国人最近思想变迁者有所依据，甚可嘉也。"①

由此可见，从民国建立的 1912 年至 1937 年发表《我在教育界的经验》作为他对中国教育改革的总结，中国教育的每一次重大改革都与蔡元培分不开。可以毫不夸张地说，中国高等教育现代化没有蔡元培先生是不可想象的。

二、对北京大学的贡献

1916 年 10 月，蔡元培应北京政府教育总长范源濂之请，自法国回

---

① 《蔡元培先生学术年表》，刘梦溪主编：《中国现代学术经典·蔡元培卷》，河北教育出版社 1996 年版，第 457 页。

国就任北京大学校长。12 月，由上海到北京，被正式任命为北大校长。从 1917 年 1 月到北京大学视事起，到 1927 年 6 月被任命为大学院院长，有近十一年时间在北大校长任上，实际亲自主持北大为六年半的时间。因为中间有过几次辞职，如 1917 年 7 月因张勋复辟一度辞职，事件平息后，又回校复任；1919 年五四运动爆发后的第四天辞职离京南下，7 月应各方敦请，宣布放弃辞职，于 9 月返京复职；1923 年 1 月因不满教育总长彭允彝干涉"罗文干"案而愤然辞职，后赴欧洲。至 1926 年 12 月，他还一直挂着北大校长的职务；1927 年 2 月蔡氏回到上海，6 月曾致电北京国务院和教育部，请辞北大校长职务。他于 1928 年 4 月被任命为国立中央研究院院长以后的一年多，即 1929 年 9 月又被任命为北大校长，但未到任，校务由陈大齐代理，一年后辞去校长名义，才算正式离开北大。但是，北京大学永远离不开蔡元培，或者说蔡元培治理北京大学的"思想自由，兼容并包"的精神永远留在北京大学。

关于"思想自由，兼容并包"的治校方针，是蔡元培于 1918 年 11 月 10 日在为《北京大学月刊》创刊写的"发刊词"中提出的。这篇"发刊词"实际上是蔡元培先生在通过此文宣布自己的治理北大的大政方针。他提出三点："一曰尽吾校同人所能尽之责任。"[1] 讲大学为学术研究之机关，及西学与中学之关系；"二曰破学生专己守残之陋见。"[2] 讲清除封建科举制度的余毒问题；"三曰释校外学者之怀疑。"[3] 提出"思想自由之通则"，"兼容并收之主义"。这里对第三点作详细的诠释，蔡先生指出："大学者，'囊括大典，网罗众家'之学府也。《礼记·中

---

[1]　蔡元培：《〈北京大学月刊〉发刊词》，刘梦溪主编：《中国现代学术经典·蔡元培卷》，河北教育出版社 1996 年版，第 280 页。

[2]　蔡元培：《〈北京大学月刊〉发刊词》，刘梦溪主编：《中国现代学术经典·蔡元培卷》，河北教育出版社 1996 年版，第 281 页。

[3]　蔡元培：《〈北京大学月刊〉发刊词》，刘梦溪主编：《中国现代学术经典·蔡元培卷》，河北教育出版社 1996 年版，第 281 页。

庸》曰：'万物并育而不相害，道并行而不相悖。'足以形容之。如人身然，官体之有左右也，呼吸之有出入也，骨肉之有刚柔也，若相反而实相成。各国大学，哲学之唯心论与唯物论，文学、美术之理想派与写实派，计学之干涉论与放任论，伦理学之动机论与功利论，宇宙论之乐天观与厌世观，常樊然并峙于其中，此思想自由之通则，而大学之所以为大也。吾国承数千年学术专制之积习，常好以见闻所及，持一孔之论。闻吾校有近世文学一科，兼治宋、元以后之小说、曲本，则以为排斥旧文学，而不知周、秦、两汉文学，六朝文学，唐、宋文学，其讲座固在也；闻吾校之伦理学用欧、美学说，则以为废弃国粹，而不知哲学门中，于周、秦诸子，宋、元道学，固亦为专精之研究也；闻吾校延聘讲师，讲佛学相宗，则以为提倡佛教，则不知此不过印度哲学之一支，借以资心理学、伦理学之印证，而初无与于宗教，并不破思想自由之原则也。论者知其一而不知其二，则深以为怪。今有《月刊》以宣布各方面之意见，则校外读者，当亦能知吾校兼容并收之主义，而不至以一道同风之旧见相绳矣。"①

　　这段话，甚至"发刊词"通篇主旨、灵魂是办大学必须坚持"思想自由之原则"，在这一原则指导下贯彻"兼容并收之主义"。由于蔡元培治理北大坚持"思想自由，兼容并包"的方针，对北大施行整顿改革，发扬民主与科学精神，不赞成因循守旧，尤其反对封建主义的复辟倒退，因而引起守旧派的不满与反对。守旧派的代表人物林纾于1919年3月初，在《公言报》发表致蔡元培的公开信，对这种方针进行攻击。《公言报》在发表林信的同时，刊出《请看北京学界思潮变迁之近状》一文，称受到蔡元培支持的陈独秀、胡适、钱玄同等新派人物"绝对的菲弃旧道德、毁斥伦常，诋排孔孟"云云。3月18日，蔡

---

① 蔡元培：《〈北京大学月刊〉发刊词》，刘梦溪主编：《中国现代学术经典·蔡元培卷》，河北教育出版社1996年版，第281—282页。

元培撰写《致〈公言报〉函并附答林琴南君函》，反驳林纾对北京大学及新文化运动的指责。4 月 2 日，蔡元培复函教育总长傅增湘，重申"兼容并包"的办学宗旨。

林纾致蔡元培信的内容，"不外两点：一曰'覆孔、孟，铲伦常'；二曰'尽废古书，行用土语为文字'。"① 蔡元培针对这两点一一进行批驳，明确"两种主张"：

"（一）对于学说，仿世界各大学之通例，循'思想自由'原则，取兼容并包主义，与公所提出之'圆通广大'四字，颇不相背也。无论为何种学派，苟其言之成理，持之有故，尚不达自然淘汰之运命者，虽彼此相反，而悉听其自由发展。此义已于《月刊》之发刊词言之，抄奉一览。

（二）对于教员，以学诣为主。在校讲授，以无背于第一种之主张为界限。其在校外之言动，悉听自由，本校从不过问，亦不能代负责任。例如复辟主义，民国所排斥也，本校教员中，有拖长辫而持复辟论者，以其所授为英国文学，与政治无涉，则听之。筹安会之发起人，清议所指为罪人者也，本校教员中有其人，以其所授为古代文学，与政治无涉，则听之。嫖、赌、娶妾等事，本校进德会所戒也。教员中间有喜作侧艳之诗词，以纳妾、狎妓为韵事，以赌为消遣者，苟其功课不荒，并不诱学生而与之堕落，则姑听之。夫人才至为难得，若求全责备，则学校殆难成立。且公私之间，自有天然界限。譬如公曾译有《茶花女》、《迦茵小传》、《红礁画桨录》等小说，而亦曾在各校讲授古文及伦理学，使有人诋公为此等小说体裁讲文学，以狎妓、奸通、争有妇之夫讲伦理者，宁值一笑欤？然则革新一派，即偶有过激之论，苟于校课

---

① 蔡元培：《致〈公言报〉函并附答林琴南君函》，刘梦溪主编：《中国现代学术经典·蔡元培卷》，河北教育出版社 1996 年版，第 284 页。

无涉，亦何必强以其责任归之于学校耶?"①

蔡元培在这里所阐述的是思想自由、学术自由，但其却鲜明地站在革新派立场上回击保守、顽固派，这与他在前一年发表的《北京大学月刊发刊词》的精神一脉相通，完全一致，而且有所深化。我们知道他对辛亥革命后的袁世凯窃权、张勋复辟等封建余孽势力都是旗帜鲜明地抨击反对的。在这封复林纾的信中，他支持新派人物在《新青年》杂志上批评孔子，不"拘泥孔子之说"，特别是"对于孔教会等托孔子学说以攻击新学说"②，认为是"孔子之罪人，而吾辈所当排斥之者耶?"③ 而对于新派人物胡适、李大钊等提倡白话文、掀起文学革命运动则表示支持。

蔡元培发表的这篇《致〈公言报〉函并附答林琴南君函》，距五四运动爆发不到一个半月，新文化运动正在新旧思潮的激战中酝酿着，民主与自由思想已经在北京大学师生中酝酿成熟，一触即发。5 月 2 日，蔡元培告知北大学生代表，政府已通知巴黎和会中国代表在丧权辱国的和约上签字，仅隔一天，北大及其他大学学生与教师就走上街头，游行抗议。

五四前后，新派与旧派或曰激进主义与保守主义进行激战的实质是自由（或曰"民主"）与专制之争。蔡元培在答林纾信发表不久，又于4 月下旬在北京高等师范学校修养会发表"科学之修养"的演说。他说："现在社会上不自由，有两种缘故：一种人不许别人自由，自己有所凭藉，剥夺别人自由，因此有奴隶制度、阶级制度。又有一种人甘心不自由，自己被束缚，不以为束缚，甘心忍受束缚。这种甘心不自由的

---

① 蔡元培：《致〈公言报〉函并附答林琴南君函》，刘梦溪主编：《中国现代学术经典·蔡元培卷》，河北教育出版社 1996 年版，第 287—288 页。

② 蔡元培：《致〈公言报〉函并附答林琴南君函》，刘梦溪主编：《中国现代学术经典·蔡元培卷》，河北教育出版社 1996 年版，第 284 页。

③ 蔡元培：《致〈公言报〉函并附答林琴南君函》，刘梦溪主编：《中国现代学术经典·蔡元培卷》，河北教育出版社 1996 年版，第 284 页。

人，自己得不到自由，而且最喜欢剥夺别人自由，压制别人自由，……
倘能全国人都想自由，一方面自己爱自由，一方面助人爱自由，那么国
事决不至于如此。要培养爱自由、好平等、尚博爱的人，在教育上不可
不注意发展个性和涵养同情心两点。……教育改造之点很多，我以为上
述二层，发展个性，涵养同情心，要更加注意。"①

　　蔡元培讲的"一种人不许别人自由，自己有所凭藉，剥夺别人自
由"，指的就是北洋军阀政府及其御用文人（鲁迅骂的帮闲派），而另
"一种人甘心不自由，自己被人束缚，不以为束缚，甘心忍受束缚"，
指的是受封建专制主义压迫、摧残，其个性被扭曲而变得麻木不仁的为
数众多"国民"，要对他们进行启蒙教育。蔡元培在当时讲自由，是以
启蒙主义教育为核心的，"培养爱自由、好平等、尚博爱的"国民性。
那么，靠谁来进行启蒙教育呢？当然要靠"一方面自己爱自由，一方
面助人爱自由"的新派人物。蔡元培指出民国前后，某些人对自己
"尊孔读经"的口实"夸张"宣传，卫孔孟之道，护封建纲常名教，而
对别人"精神上的自由"大张挞伐，不惜以强权暴力手段剥夺之，只
是由于他们为维护其统治者的利益而自己有所凭借（掌握生杀予夺的
权力），"这完全是用外力侵入个人的精神界，可算是侵犯人权"。② 蔡
元培特别指出在今天一般人看来不可理解的那种人：自己"甘心不自
由"却偏偏"最喜欢剥夺别人的自由"，这就是鲁迅所鞭挞的"奴隶们
的奴隶"——中国封建社会里臣民意识所特有的文化特征与国民性格。
蔡元培坚信"个人精神上的自由，断不容受外界的干涉"。③ 这是他提
出的"兼容并包"的理论基石。

---

① 《北京大学月刊》第 360 号（1919 年 4 月 24 日），高平叔编：《蔡元培全集》第 3 卷，中
　华书局 1984 年版，第 395—396 页。
② 蔡元培：《非宗教运动》，高平叔编：《蔡元培全集》第 4 卷，中华书局 1984 年版，第
　179 页。
③ 蔡元培：《非宗教运动》，高平叔编：《蔡元培全集》第 4 卷，中华书局 1984 年版，第
　179 页。

理论的意义与价值要通过实践验证，蔡元培的"兼容并包"方针在北京大学改革、实现现代化过程中显现出来，在五四运动中显现出来，被称之为"北大精神""北大传统"。

"兼容并包"在北大实施，首先是倡导学术自由。所谓"囊括大典，网罗众家"，即容纳各种思想与学术流派，不管是新派、旧派"兼容"于一校，让其在学术上自由发展，互相争鸣，"无论何种学派，苟其言之成理，持之有故，尚不达自然淘汰之运命，即使彼此相反，也听他们自由发展"。① 从传统视角看，是战国时期文化多元形成后"百家争鸣"学术传统的继承与发扬；从学习西欧大学办学理念来看，是受19 世纪初德国大学，特别是柏林大学创办人冯德波的影响。因此可以说，兼容并包的学术自由是中西融贯的产物，也是反对一元独尊、片面、极端、非此即彼的独断主义文化陋习，在大学里营造一种多元开放和自由选择的学术氛围。对待学者与学术实行兼容与并包，也有一个底线，即是真人才与真学问。

陈独秀在解释蔡元培的"兼容并包"方针时说："北大教员中，像崔怀庆、辜鸿铭、刘申叔、黄秀生四位先生，思想虽说是旧一点，但是他们都有专门学问，和那班冒充古文家、剧评家的人不可同日而语。蔡先生对于新旧各派兼收并蓄，很有主义、很有分寸，是尊重讲学自由，是尊重新旧一切正当学术讨论的自由；并不是毫无分寸，将那些不正当的猥亵小说，捧角剧评和荒唐鬼怪的扶乩剑侠，毫无常识的丹田术语，都包含在内。……他是对于各种学说，无论新旧都有讨论的自由，不妨碍他们个性的发达；至于融合与否，乃听从客观的自然，并不是主观上强求他们的融合。我想蔡先生的兼收并蓄的主义，大概总是如此。"②

对待不同的学术、学派坚持自然淘汰律。在历史发展中，先进的东

---

① 蔡建国：《蔡元培先生纪念集》，中华书局 1984 年版，第 247 页。
② 梁柱：《蔡元培与北京大学》，北京大学出版社 1996 年版，第 5 页。

西总会发展壮大起来，而腐朽落后的东西总是要被历史遗弃的，即使不是腐朽的反动的东西在历史变迁中已不为社会所需要，也会被淘汰掉的，如战国时的墨家学说传至汉代便消亡了；《诗》四家，至魏晋以后，齐、鲁、韩三家也逐渐失传了。蔡元培坚持让保守落后的学说、学派"达自然淘汰之运命"，而对学者本人要绝对尊重其个性自由。这是因为"各人的哲学程度不同，信仰当然不一样，一个人的哲学思想进步，信仰当然可以改变，这全是个人精神上的自由，断不容受外界的干涉"。① 思想自由、学术自由，断不容外界采取强制改造的手段，"用外力侵入个人的精神界，可算是侵犯人权的"。② 在古代秦始皇焚书坑儒、西方中世纪宗教势力控制大学学者的精神世界失败了，20 世纪的苏联对待知识分子实行文化专制主义也失败了。"洗脑筋"是推行文化专制主义者的一种异想天开的刑法思想，精神是火烧不掉、刀砍不掉的，只有靠"一个人的哲学思想进步"去改变，这就叫不妨碍人的"个性的发达"。

"兼容并包"就是"以一身而兼东西两文化之长"，特别是西方文化中自由、平等、民主等先进思想，以及在这些人类精神文明中孕育出的大学理念。"一所大学似乎是孕育自由思想并能自由表达思想的最糟糕同时又是最理想的场所。它是理想的场所，因为大学有大胆的、激烈的使命，要由理性的光辉来指引；因为大学充满了历史感，它教导我们，时间推翻了许多挑战性的信念；因为在其科研及教育使命中，大学必须尊重进化的思想，即自由的探索才会及时地更正谬误，代替愚昧，改变偶尔我们因为感情用事而认为世界是分离的、虚构的、骗人的偏

---

① 蔡元培：《非宗教运动》，高平叔编：《蔡元培全集》第 4 卷，中华书局 1984 年版，第179 页。
② 蔡元培：《非宗教运动》，高平叔编：《蔡元培全集》第 4 卷，中华书局 1984 年版，第179 页。

见。"① 这是耶鲁大学校长小贝诺·施密德特对现代欧美大学的学术自由的描述，蔡元培当年主政北大不正是这样的吗？当时新旧两种思潮在北大内外进行激战，不正是使北大成为"孕育自由思想并能自由表达的最糟糕同时又是最理想的场所"，坚持自然淘汰规律，历史会推翻孔教会、筹安会、国粹派的许多挑战性的信念。不正是"有大胆的、激烈的使命"，才使北大成为新文化运动的策源地、五四运动风暴的中心！不正是蔡元培倡导的自由的探索才会使北大的教师与学生及时地更正谬误、代替愚昧，使北大由半太学式学府变成现代化的大学。

蔡元培在北大推行的"兼容并包"不是搞折中、调和，是以新派、新文化去包容（实则批评）旧派、旧文化。他支持革新派，聘用陈独秀、胡适、李大钊、鲁迅、钱玄同、刘半农等新文化运动代表人物任教，使"文学革命、思想自由之风气，遂大流行"。② 蔡元培聘任早期马克思主义者李大钊为北大图书馆馆长，支持李在北大成立马克思主义学说研究会，客观上也有利于马克思主义学说的早期传播。所以"兼容并包"的主导是：着手采用西方资本主义国家大学的教育方针和制度，来代替北京大学那一套封建主义的腐朽东西。

杜威曾高度评价蔡元培执掌北京大学的业绩，"拿世界各国大学校长来比较，牛津、剑桥、巴黎、柏林、哈佛、哥伦比亚等等，在某些学科上有卓越贡献的不乏其人，但是，以一个校长的身份，而能领导那所大学对一个民族、一个时代起到转折作用的，除蔡元培而外，恐怕找不出第二个"。③

---

① 陈宏薇：《耶鲁大学》，湖南教育出版社 1996 年版，第 9 页。
② 蔡建国：《蔡元培先生纪念集》，中华书局 1984 年版，第 247 页。
③ 高叔平：《蔡元培教育思想研究》，辽宁教育出版社 1994 年版，第 1—2 页。

后　记

　　作为山东省社会科学规划研究重点项目结项成果的《中国近代学习思想研究》一书经过我与胡小林教授、刘春华教授数年的努力，终于撰述而成，其间的艰难曲折、酸甜苦辣真是一言难尽。

　　对这部著作有开山之功的当推袁伯诚教授、于云才教授两位老先生。是他们说服胡小林教授在枣庄学院组建了学习科学研究所，并罗致了一批青年才俊，专门从事学习思想史以及学习科学的研究。正是在此基础上，才先后有了《学习学》《人的发展与学习》《中国学习思想通史》等皇皇大作的问世。本人作为该所兼职负责人见证了学习科学研究所的成长、壮大。正是由于这一经历而使自己把研究方向转到了中国近代学术思想史和中国近代学习思想史方向上来，从而才有了山东省社会科学规划研究重点项目申报成功，也才有了这一部著作的问世。尤其令人高兴的是，在枣庄学院党委书记曹胜强教授及枣庄学院校长李东教授的悉心关怀和指导下，枣庄学院的学习科学研究又迈向新征程，更加地生机勃勃。

　　该著作分为"上编"和"下编"，上编为综述、下编为传记，基本内容为中国近代80年（1840—1919年）的学习思想研究。随着西方文化的大规模传入，中国固有的传统面临着崩塌的危机，近代学习思想进入重建的大动荡之中，打破以儒学思想为主导的，以经典为学习文本，诸子与释、道为补充的多元并存的矛盾统一形态，建立以中西文化的冲撞与融合为背景，以批判继承传统和学习西方科技文化为特征的创新形态；从理论建构上，通过探索找出中国近代学习思想的规律性，通过对其研究搞清并在新的形势下确立正确的学习态度，开拓创新，提出新的观点、新的理论，以推进学习型社会建设。

本著作的写作大量参考了许多前贤与同辈的研究成果，行文中能注明的地方都尽量予以注明，但由于资料出处不一，也可能与通行本有所不同，挂一漏万之处在所难免，敬请读者批评指正。

这部著作之所以能顺利完成是得到多方面的帮助和支持的。首先要感谢安徽大学哲学系博导陆建华先生为本书赐序。我与陆先生从未谋面，只是在编辑其稿件时有过电话和微信上的联系，此次非常冒昧并诚惶诚恐地向陆先生提出这一请求，可没想到陆先生竟然非常痛快地应允下来，再次向陆先生表示感谢。山东大学儒学高等研究院郭震旦先生原来是我的同事，他在项目的申报以及著作撰述过程中提出过许多宝贵中肯的意见，我也曾与其在嬉笑怒骂之中，不时产生灵感，故此对其深表感谢。人民出版社的领导、编审、责任编辑也都给予指教、鼓励，尤其是王萍编审为本书的付梓付出了巨大的辛劳，没有他们本书的出版是不可能的，谨此致谢。另外，还有不少专家、学者对本书提供了支持与帮助，在此不一一列出，一并表示真诚的感谢。

杨全顺

2017 年 12 月 26 日于枣庄学院

责任编辑:宫　共
封面设计:徐　晖
责任校对:吕　飞

图书在版编目(CIP)数据

中国近代学习思想研究/杨全顺,刘春华,胡小林著. —北京:人民出版社,
　2018.4(2021.4重印)
ISBN 978-7-01-019055-6

Ⅰ.①中…　Ⅱ.①杨…　②刘…　③胡…　Ⅲ.①思想史—研究—中
　国—近代　Ⅳ.①B250.5

中国版本图书馆CIP数据核字(2018)第046843号

中国近代学习思想研究
ZHONGGUO JINDAI XUEXI SIXIANG YANJIU

杨全顺　刘春华　胡小林　著

人民出版社出版发行
(100706 北京市东城区隆福寺街99号)

北京一鑫印务有限责任公司印刷　新华书店经销

2018年4月第1版　2021年4月第3次印刷
开本:710毫米×1000毫米 1/16　印张:20.5　字数:282千字
ISBN 978-7-01-019055-6　定价:56.00元

邮购地址:100706　北京市东城区隆福寺街99号
人民东方图书销售中心　电话(010)65250042　65289539